U0901573

中国领导力提升系列 | 主编 胡月星

领导决策

杨国庆◎著

中国出版集团 研究出版社

图书在版编目（CIP）数据

领导决策 / 杨国庆著 . — 北京：研究出版社，2017.5

ISBN 978-7-5199-0014-4

Ⅰ. ①领… Ⅱ. ①杨… Ⅲ. ①领导学—决策学 Ⅳ. ① C934

中国版本图书馆 CIP 数据核字（2017）第 031487 号

领导决策

作　　者 杨国庆　著
责任编辑 陈侠仁
出版发行 研究出版社
地　　址 北京市东城区沙滩北街 2 号中研楼
邮政编码 100009
电　　话 010-63292534　63057714（发行中心）
63055259（总编室）
传　　真 010-63292534
网　　址 www.yanjiuchubanshe.com
电子信箱 yjcbsfxb@126.com
印　　刷 河北赛文印刷有限公司
开　　本 710 毫米 ×1000 毫米　1/16
印　　张 18.25
版　　次 2017 年 5 月第 1 版　2022 年 1 月第 3 次印刷
书　　号 ISBN 978-7-5199-0014-4
定　　价 45.00 元

《中国领导力提升系列丛书》编委会

参与研究单位

国家行政学院

中国浦东干部学院

中国人事科学研究院

国家税务总局党校

北京行政学院

上海行政学院

黑龙江省行政学院

吉林省行政学院

广西行政学院

辽宁师范大学

宁夏行政学院

协助支持单位

国家行政学院中国领导科学研究中心

国家行政学院公务员培训研究中心

中国人才研究会领导人才专业委员会

西安思源学院新发展理念与领导力研究中心

提升领导力是聚焦点（代总序）

胡月星

领导科学研究告诉我们，组织发展与领导力提升并不是同步的。组织规模增大，并不意味着领导力随之提升。组织规模小，并不代表没有强大领导力。有的组织诞生时规模很小，但能够逐渐壮大，关键就在于其具有强大领导力。中国共产党诞生之初人数寥寥，但犹如喷薄而出的朝阳，光照四方。成功的秘诀在哪里？就在于党拥有强大的领导力，正是这一核心力量使党焕发出旺盛的生命力。今天，中国共产党是拥有436万多个基层党组织、8779万多名党员的大党，但规模越大并不意味着领导力就越强。加强和改善党的领导，必须把提升领导力作为聚焦点。

那么，领导力究竟是什么？以往人们通常把领导力等同于权力，认为有权力就有领导力。这种观点至今还停留在一些人的头脑中，限制了人们探索提升领导力的视野。领导力与权力确实有密切关系，但绝不是对等关系，有权力未必就有领导力，否则就难以解释个别领导“有权无威”甚至“众叛亲离”的现象。权力仅仅是领导力的一种重要资源，而不是领导力的全部。在领导科学研究中，领导力存在于精神信仰、思想观念、规章制度等方方面面，既包括组织领导力，也包括个体领导力。组织领导力是由个体领导力积极作用而成的合力，这就像百川终归大海一样。组织领导力与个体领导力相辅相成、高度融合，共同提升政党的领导力。我们讨论加强和改善党的领导，当然需要从组织领导力角度去分析，但领导科学研究表明，重视个体领导力对于加强和改善党的领导同样至关重要。因为组织领导力最终要具体落实到领导干部行为中，如果各级领导干部缺乏领导力所必需的知识、能力、品质以及积极行为表现等，组织领导力就会失去来源，组织就会变得软弱无力。可以说，领导干部的领导力直接决定着党的领导力。一个政党领导力的缺失，很大程度上是因为领导干部领导力的缺失。当前，从提升领导力入手加强和改善党的领导，需要把组织领导力与个体领导力紧密结合起来，从“领”入手，由“导”贯通，实现“心”与“力”的积极融合。

用信仰目标实现“领”。信仰就是希望，目标就是方向。没有信仰目标的政党是没有希望的，没有信仰目标的领导干部是难堪大任的。成立90多年来，我们党的领导之所以坚强有力，就是因为我们党有信仰、有目标，让广大党员有使命感，让人民群众有方向感。一个政党如果不能让自己的党员有使命感就无异于乌合之众，如果无法让群众有方向感就会失去号召力和凝聚力。新形势下，加强和改善党的领导，尤其需要把党的领导与党所坚守的崇高信仰、党所追求的远大目标紧密结合起来。要让广大党员和人民群众明白我们党究竟从哪里来、往哪里去，信仰什么、追求什么，党对人民群众来说有着什么样的功能和价值。把这些问题讲清楚，人民群众就会拥护党、追随党。

用科学理念实现“导”。信仰的追求、目标的实现都要有科学的理念。一个政党所坚持的科学理念凝聚着政党的智慧，能够引领人民群众的行动。从这个意义上说，理念科学，领导力就强。我们党一直强调用科学理念实现党的领导。习近平总书记在党的十八届五中全会上提出的创新、协调、绿色、开放、共享新发展理念，凝聚着全党的智慧，是统一全党思想和行动的指挥棒。领导干部能不能深入贯彻新发展理念，坚决纠正那些与新发展理念不相适应甚至背道而驰的错误观念与行为，直接关系我们党的领导力。领导干部要把学习贯彻新发展理念与提升领导力、加强和改善党的领导紧密结合起来。

用“心”与“力”的融合提升领导力。心为万力之本。提升领导力，从领导干部个体角度而言尤其要注重“心”与“力”的融合，具体而言主要包括以下几个方面：一是强调忠诚。忠诚是对“心”最重要的要求，是“力”的源泉。领导干部要对党忠诚，不论身在何方，不论处于何种境地，都要把对党忠诚作为自己的道德操守和行为准则，这样才能担负起组织重托。二是强调提升能力。有“心”无“力”，最终只能流于平庸。提升领导力，既要有“心”，也要有“力”。这就要求领导干部必须高度重视提升自己的能力。三是强调责任担当。责任是“心”，担当是“力”。当前，加强和改善党的领导特别需要领导干部有责任担当。有了责任担当，就能把“心”与“力”融合后的力量充分发挥出来，不断提升我们党的领导力。

原载《人民日报》（2016 年 04 月 15 日 07 版）

目录

导 论

领导是一种实践中的智慧，领导学是研究实践中领导智慧的学问，领导决策则是领导者在决策实践中进行超越自我利益权衡的智慧。作为中国领导力提升系列丛书之一，本书希望能够开展有别于公共政策、管理学或个体层面的决策研究，从领导学框架下探讨决策。不同的研究视角为理解决策行为提供了有益框架，各领域研究内容上也有较多共同之处，领导学框架可以提供有别于公共决策、管理决策和个人决策的视角。与上述三者相比，领导学视角有自己的特点。

一、从与公共决策差异看领导决策特征

第一，从学科来看，领导决策是在领导学框架下进行研究；公共决策则主要是在公共管理学框架下进行研究。

第二，从主体来看，领导决策更注重领导个体因素，因此对领导者个人特征以及领导集体的结构等关注较多；公共决策更注重组织因素，因此对组织背景与过程关注更多。

第三，从影响群体来看，领导决策更强调追随者这一要素，非常关注决策过程与结果是否能够得到追随者的拥护与认同；公共决策一般也需要公众的参与和配合，公众的认同应是题中应有之义，但不是关注的

核心焦点。

第四，从情境来看，领导决策适用于一切领导者所处的领域；公共决策则只适用于公共领域，不涉及私人企业等领域决策。

第五，从价值来看，领导决策更强调变革与创新，这是由领导学关注的重点所决定的。美国领导力大师约翰·科特（John P. Kotter）提出，管理者的目的是建立秩序；领导者的目的是产生变革；公共决策的价值取向更加多样化，相对比较强调规范与服务，主要旨在解决公共问题。

二、从与管理决策差异看领导决策特征

领导决策与管理决策的差异需要从领导与管理的差异出发来考察。

第一，从学科来看，领导决策主要是领导学学科下的研究；管理决策主要是管理学学科下的研究。相比领导学来说，管理学的研究基础更加雄厚，学科认可度更高。

第二，从主体来看，领导决策是领导者；管理决策是管理者。一个组织既要有设立规矩的人，又要有打破规矩的人，这是一个矛盾。很多企业的做法是：请职业经理人来做管理，进行规范管理，由企业家担任领导，带领组织寻找更有前景的发展方向。

第三，从影响群体来看，领导决策需要追随者来认同与执行；管理决策是管理对象，更加强调服从和遵循。

第四，从情境上来看，领导决策主要是领导情境，管理决策主要是管理环境，两者基本上没有区别。

第五，从价值来看，通常认为，领导与管理差异的核心点在于领导决策更强调变革与创新，管理决策则旨在维持规范与流程。领导是突破、创新、超越、打破规矩的，而管理是建立秩序、打造系统的。若从管理学角度看决策，可能很多属于技术性分析。而从领导学角度看决策，则更多地

从综合性上进行把握。

三、从与个体决策差异看领导决策特征

个人的影响一般是有限的，组织的影响比较广泛与直接，而在组织背后，其实还是个人，不过这个个人由于拥有了组织资源和支配力量，他可以让自身行为变得影响更大和效率更高。

第一，从学科来看，领导决策主要是领导学学科下的研究；个体决策没有清晰的学科背景，一般心理学研究较多，其他的如管理学、政治学、社会学等都有涉及。

第二，从主体来看，领导决策是领导者，其中既有领导个体决策，又有领导集体决策，还有团队参与式决策，三者的决策主体个数和决策方法均存在差异；个体决策主要是个人的各种类型的决策，比如个人的职业决策、投资决策等。

第三，从影响群体来看，由于会对追随者产生影响力，因此领导决策的影响较大，而且通常级别越高、决策事项越大，影响群体越大；个体决策则不将追随者作为必要条件，其影响大小根据个体所处的地位而论，普通人的职业决策影响自己的事业发展，名垂青史的大人物的职业决策甚至对整个世界文明都曾产生影响。

第四，从情境上来看，领导决策主要是考察领导者在扮演领导角色、承担领导职责情境下的决策规律；个体决策范围则宽泛得多，适用于与个体相关的所有情境。

第五，从价值来看，与注重变革与创新的领导决策相比，个体决策侧重于满足个体的利益与需求。

当然，领导决策、公共决策、管理决策、个体决策这四个决策领域不是截然分开的，它们的差异仅仅在于侧重点。各种类型的决策在决策目标、

决策方法、决策风险等诸多方面具有很大共性。因此，上述四个决策领域之间是相互渗透、彼此借鉴的，无论是内容、领域还是方法上都有很多交集。

领导决策、公共决策、管理决策、个体决策的比较表

	领导决策	公共决策	管理决策	个体决策
主要学科	领导学	公共管理学	管理学	心理学等多学科
决策主体	领导者	公共组织	管理者	个人
决策影响群体	追随者	公众	管理对象	不确定
决策情境	领导情境	公共领域	管理环境	所有情境
决策价值	变革与创新	规范与服务	规范与流程	利益与需求

领导者是在不断与自己人性恶的一面，包括自私、惰性、忌妒等做斗争，若战胜自我、斗争成功就可能成为成功的领导者。决策是个体或组织在两个及两个以上备选方案中进行权衡并做出决断的过程。在决策过程中，成功的领导者应该而且能够在各种利益之间进行超越自身利益的权衡，以达到总体收益最大化为目标。本书力图从领导学学科视角对领导决策的规律进行分析，比如对决策主体不厌其烦地细分，在决策过程中对人这一因素的高度关注，在决策目标中对变革的强调，在决策误区中主要描述的是领导者可改正的误区，在危机决策中对领导者个体特征的侧重，等等。这些笔墨力图使各个层级和各类组织中的领导者都能够从阅读本书中有收获。

本书以各类领导者，尤其是领导干部为主要读者对象，在领导学框架下，融知识性、实务性与可读性于一体。知识性体现在阐释决策的一般原理上，实务性体现在围绕领导者与领导干部在现实决策中经常遇到的难题来出谋划策，可读性体现在语言通俗易懂，并配以古今中外大量实例与故事。这些实务材料多数源于笔者在社会调研和课堂教学中的长期积累，与领导者与领导干部的决策工作高度相关。

C H A P T E R 0 1

第一章

领导决策主体

领导者是权力与能力的统一体，权力是组织形式，能力是心理效应。本章主要聚焦于直接进行领导决策的主体，包括决策者的个体素质、个人特征、职位特征。

第一节　个体素质与领导决策

素质是一个常用的词语，其含义非常宽泛。总体来看，素质是一个人具有的相对稳定的内功。领导者在领导工作中需要和蕴含的主要特征就是领导素质。领导者的素质有多种划分维度。这里从以下几个角度进行划分，阐述领导者的个体素质及其与决策的关系。

一、领导决策者的智力素质、人格素质与艺术素质

领导素质包括身体素质和精神素质，后者又包括智力素质、人格素质和艺术素质[①]。下面从智力素质、人格素质、艺术素质三个方面对领导决策

① 王雪峰：《领导者必须掌握的二十四条黄金法则》，中共中央党校出版社，2009 年版，第 205—206 页。

者的个体素质进行分析。

1. 领导者的智力素质对决策的合理性有重要影响

《论语》云："知者乐水，仁者乐山。知者动，仁者静。知者乐，仁者寿。"这里的知者是指有智慧的人，意即有智慧的人就像水一样懂得变通，能够与时俱进。智力素质包括知识与能力，其基础是科学和技术，分别用于认识世界和改造世界。具有较高智力素质的领导者，认识世界和改造世界的能力比较强，做出的决策比较符合实际，具有较强的合理性。中国的博士后制度是1984年邓小平在美籍华裔物理学家李政道的当面建议下亲自决策实施的，为高层次人才的引进、培养和使用开辟了一条"绿色通道"。如果没有科技智囊李政道的经历眼界，如果没有智慧领导人邓小平的重视和支持，当时不会产生这个与国际接轨的人才制度。

2. 领导者的人格素质对决策的可行性有重要影响

"仁者乐山"中的仁者是指有仁德的人，意即仁德者像大山植根于大地一样做事有原则。具有人格素质的领导者要在决策中方圆兼顾，既能坚持原则又能灵活处理，始终以大局为重来思考问题。宋仁宗当政时期被称为中国古代文人所处的"最好的时代"。仁宗知人善用，因而其在位时期人才辈出，群星璀璨，范仲淹、欧阳修、韩琦、富弼、张方平、包拯等一大批庆历名臣成为这一时期舞台上的主角，司马光、王安石、苏轼、苏辙也在仁宗朝崭露头角。仁宗时期也是文豪辈出，唐宋八大家中，出在宋朝的六人均出于仁宗时期。仁宗的个性特征是对世事宽容。他能容忍臣子与自己争辩，虚心纳谏。仁宗宽容带来的好处是言论比较自由，群臣什么话都敢说，这使他能比较全面地了解各方面的情况，不会受信息失真的蒙蔽。但也有不好的一面，就是对任何一件事都有不同的看法，议论纷纷，仁宗又没太坚定的主见，所以往往朝令夕改。

3. 领导者的艺术素质对决策的前瞻性有重要影响

领导者的艺术素养可以理解为内化的审美情趣和审美能力，以及从艺术中获得解决问题灵感的创造性思维。领导干部在具体的领导工作中，经常会遇到涉及文化艺术内容方面的决策问题，诸如城市规划、环境美化、文化创意、重大工程建设等。如果领导者没有一定的艺术素质，对这些领域的决策会感到无从下手。领导者个人的艺术素养也间接关系到决策水平的高低。有些平时不注重艺术素养的领导者，解决具体问题很有一套，但是思想仍然可能是落后的，这种领导者被称为“有能力没水平”。比如，很多城市的老城区有很好的历史建筑集聚区和人文气息，但是在一些领导者的粗俗决策中灰飞烟灭。这种做法短期看符合要求甚至政绩出色，但从长远看是给一个地区带来难以弥补的损失。

二、领导决策者的道德、能力与绩效

领导决策者的道德、能力与绩效三者是相互支持的，道德是基础，能力是保证，绩效是结果。

1. 道德是领导决策的基础

北宋司马光说，“才者，德之资也；德者，才之帅也”，后一句意思是德行是才学发挥的前提。《三国演义》中的刘备，《水浒传》中的宋江，《西游记》中的唐僧，虽然没有足够的神法和武艺，但都被时人视为仁德出众者，在领导者选拔实践中，道德常被作为一个否定性因素，即如果没有发现不道德，道德方面就是过关的。组织上要保证防止提拔不道德的人去做领导。个人收益有时被部分领导者当成决策关键考量之一。由于地位特殊，领导者很容易把私人动机转移到公共或组织目标之上，并以公共或组织利益的名义使之合理化。不少领导者推动经济工作很有一套，但道德品质可能不达标，比如在市政建设中只将工程承包给与自己关系密切的利益相关人，这种决策常常是违反法律和损害公共利益的。个别非本地出生的官员，对任职地和当地群众没有很深的感情，而仅仅看作仕途上的跳板，在决策中更有可能倾向于一些损害本地长远利益的短期政绩工程。

2. 能力是领导决策的保证

上述司马光所说前一句意思是才能是德行的资本。才能即能力，拥有足够才能的领导者可在良好道德的基础上做出成功的决策。领导者都是来自群众，又高于群众。极少有天生就做领导职位的人，每个人几乎都是从年轻人和基层岗位开始干起，最终被提拔到领导岗位上的领导者在下一级岗位上接受过考验和考察，总体上能力较强，视野较宽，决策能力也相应比较强。能力强有多个维度，专业能力强固然可贵，但对领导者来说最关键的还是领导能力强，比如目标远大、思路清晰、善于协调、行事果断、作风优良等。

在组织中，被提拔到领导岗位上的主要是能力强的人，即能够胜任更高层次岗位的人应该得到提升。那些思想无法集中、行事优柔寡断的人不适合做决策者；作风浮漂、不经过认真调研和考虑就妄下结论的人不适合做决策者；习惯于我行我素、听不进任何不同意见的人也不适合做决策者。在中国共产党的历史上，往往是谁的路线方针正确，谁的意见为大家所接受，谁就成为主导力量，谁就能够居于领导地位。

3. 绩效是领导决策的结果

作为组织的领导者，最重要的是要把个人的领导才能转换成绩效的能力。绩效是领导者实施领导活动所取得的成绩与效果，或领导行为的作用所产生的客观结果。良好的绩效常常是领导才能的体现。迪拜酋长谢赫·穆罕默德·阿勒马克图姆（Mohammed bin Rashid Maktoum）继其父兄之后，将迪拜在一半海水一半沙漠中建成世上最奢华的明星城市。迪拜固然有丰富的石油等天然资源，但是若没有几代领导者的超级才能，就不可能在全球诸多条件相当的城市竞争中脱颖而出，因此迪拜酋长们的领导绩效是非常显著的。然而，绩效的产生又比较复杂，不一定完全是由领导才能带来，有很多天时、地利、人和因素。因此，从实践来看，对绩效好的领导者应该奖励而不一定是提拔，是否提拔主要看能力是否符合岗位要求，这就是中国古代所谓“职以授能、爵以授功”。1980 年，中国当代人才学的主要开创者之一雷祯孝引用古人这一观点，为中央正在酝酿中的老干部离退休制度提供决策意见并被采纳。

三、领导决策者的智商、情商、胆商与逆商

智商、情商、胆商、逆商对每个人来说都是非常需要的，对不同人才来说各有侧重，领导人才相对更侧重情商和胆商，专业人才相对更侧重智商与逆商。

1. 智商（IQ）反映人作为一般生物的生存能力

对领导者来说，拥有较高的智商就可以对事物有敏锐的分析与判断。美国第 42 任总统比尔·克林顿（Bill Clinton）被认为是美国智商最高的总统之一，他的两个任期 8 年时间，创造了美国第二次世界大战后最为辉煌的时代。智商极高的克林顿对很多事物初一接触都能产生敏锐的理解力，做出令人拍案叫绝的决策。不过是否领导者的智商越高越好，学术界对该问题存在不同的看法。一些人认为，智商因素对领导者来说只是一个“入门变量”，在达到一定程度后就失去了它作为判断依据的意义。

2. 情商（EQ）反映人作为社会生物的生存能力

在实际的社会生活中，只有学习、科研、下棋等极少数领域高度依赖智商，更多领域的成功者并不是特别依赖智商，而是更加依赖情商，尤其是要想担任领导者，对情商的要求特别高。情商高者在借助他人力量共同完成任务和处理人际关系方面具有无可比拟的优势。情商高的决策者善

于认识和管理情绪，可以使决策认知更准确，更好地吸收信息做判断并创造性地解决问题；更倾向于采用考虑别人的和适应社会的决策方式，从而容易使得决策适应环境，取得成功；更加能够赢得别人的认同，从而汇聚各种资源进行发展的能力比较强。美国第32任总统富兰克林·罗斯福（Franklin D. Roosevelt）是身残志坚的典范，他履任于危难之际，以其大智大勇带领全体美国人民走出了20世纪两次最大的危机——大萧条和第二次世界大战。罗斯福首倡“炉边谈话”，以当时刚刚兴起的广播作为媒介，以“家常式”的谈话方式与民众交流。20世纪30年代壁炉是美国家家都有的取暖设施，人们经常坐在壁炉边取暖，因此一想到壁炉就想到温暖和温馨。罗斯福把谈话地点选在壁炉边，免去了官场中那一套排场，就像坐在自己家中，随意交谈，无形中拉近了和人民的距离，带给广大美国听众以亲切感。“炉边谈话”中的罗斯福表现出热情、乐观、随和、亲民等形象，向各界民众分析局势、解释政策，从而沟通了人心，凝聚了力量，战胜了危机，已经成为高情商领袖沟通民众的经典之作。

3. 胆商（DQ）反映人突破常规的冒险精神

通常做大事的领导者具有大眼光和大格局，有胆有识，有勇有谋，胆量和勇气具有巨大的力量，因此胆商高的人能够把握机会。胆子大的在生存竞争中往往比聪明的人更有优势，更能充分体现出自己的才能，因为他们敢拼、敢做。胆子小的人过于谨慎，瞻前顾后，抑制了自己的才能，无法把握应有的机会。胆商高的人面对逆境、困境时能够寻求突破。敢于面对压力，能把压力变动力；敢于面对变化，善于从变化中找到机会，甚至能够引领变化；敢于面对竞争，寻求创新；敢于承担责任。在面临前景不明、利益纠葛、众说纷纭等复杂形势却又需要当机立断之时，领导者要有力排众议、果断拍板的魄力，这是胆商在领导决策中的体现。大凡成功的企业家和政治家，都是具有非凡胆略和魄力的。美国第45任总统唐纳德·特朗普（Donald Trump）在参加2016年大选之前毫无从政经验，他却大胆决定参选总统，最终赢得大选。总体上看，不断跨界并取得成功直至登上权力顶峰是特朗普作为领导者胆商的体现。

4. 逆商（AQ）反映人面对逆境承受压力的能力

如果说智商决定了一个人会从事什么样的工作，情商决定了一个人在这份工作中是否会成功，逆商则决定了一个人在这份工作中会走多远。领导工作常常面对多重目标，遭受挫折的可能性较大。领导者在面对逆境时的反应方式，即面对挫折、摆脱困境和超越困难的能力，很大程度上决定了未来发展。美国第16任总统亚伯拉罕·林肯（Abraham Lincoln）就是一个屡败屡战、奋斗不止的高逆商领导者。他从二十多岁起，几次做生意失败，先后竞选州长、参议员、副总统都失败，但他不屈不挠，51岁终于在既无名气又无资历的情况下当选为总统，被时人称为“黑马式”的总统。林肯在任期间进行废除黑奴制等重大变革，成为美国历史上最伟大的总统之一。

四、领导决策者的知识、方法与理念

掌握决策权的领导者，在知识、方法、理念三个方面的素质都非常需要，应该不断在此方面学习提升。

1. 知识是领导决策的基础

一个人拥有的知识是外部信息的内在积累，知识的狭隘容易导致思维和视野的狭隘。总体上说，领导者拥有的知识面应该比较宽，不能只钻研一个领域甚至一个方面和一个点。华人首富的“常青树”李嘉诚十分注重知识积累，没有一天不看书，晚上睡觉前一定要看半小时的新书，了解前沿思想理论和科学技术。他阅读的速度特别快，范围特别广。李嘉诚的读书方法是每季度读一个专题，比如第一季度攻读哲学专题，第二季度又专读佛学专题，第三季度研读人文历史专题，等等。专题读书法既保证读书的深度，每个专题都能博采众家之长，又确保涉猎知识的广度。

2. 方法是领导决策的工具

方法的缺乏必然导致知识的无力。培根提出“知识就是力量”对当时那个无知年代是非常适用的，但在当今知识大爆炸时代，知识是不是力量就要取决于方法，只有用正确的方法对知识进行组织和使用，才能形成力量。日本企业家稻盛和夫（Inamori Kazuo）独创“阿米巴”这一风靡全球的管理模式，即让员工像老板一样思考、决策和行动，自主经营，从而获得企业经营的巨大成功。有一次，稻盛和夫读中国的《西游记》，孙悟空让他受到了启发。孙悟空一碰到险情就拔出一把毫毛来一吹，每一个现场都是孙悟空。稻盛和夫就想，我做企业老板，能不能在遇到困难时，拔出一把毫毛来一吹，然后公司每个现场都是稻盛和夫？1959 年的稻盛和夫给自己出了这么一道题，此后他经营企业的首要目标，就是为了让员工及其家属得到幸福。因为公司以员工的利益和发展为主要目标，所以每一个员工都能使出很大的劲头为公司努力，这就是稻盛和夫取得白手起家创造世界级企业、拯救日航等成就的关键方法。

3. 理念是领导决策的前提

知识很重要，但方法比知识更重要，最重要的则是理念。用正确的方法组织和运用知识形成的力量究竟会产生什么样的作用，则取决于理念。“脸谱”创始人马克·扎克伯格（Mark Elliot Zuckerberg）作为自主创业成功的年轻亿万富豪，在女儿出生时承诺，将在有生之年把其夫妇所持有的 99% 的“脸谱”股份（约价值 450 亿美元）捐出，用以发展人类潜能和促进平等，为女儿以及所有孩子创造一个美好的未来世界。这是他在以巨大的财富回馈社会，赢得了良好的口碑。除了巨大的事业成功之外，扎克伯格还以低调的生活方式和高调的慈善捐助而著称，难怪有不少人已经将年轻有为的他视为未来美国总统的强有力人选。

五、领导决策者的三种不同区分

1. 战略型和战术型区分

战略型领导者有大智慧，不太注重眼前小利益，对日常具体事务或操作性工作不感兴趣，点子不多，但他们却注重长远的建设，主要把当前的目标与长远的目标结合起来，抓得住长远的、关键的工作。毛泽东就是一位举重若轻的战略型领导者，在面对大革命失败的低潮期，他创造性地提出农村包围城市、武装夺取政权的革命道路，探索出一条符合中国国情的正确的革命道路；战术型领导者比较精明能干，处理各方面的关系较好，工作非常有条理，办事有规矩，点子多方法得当。相对于长期搭档毛泽东，周恩来顾全大局，思维方式与行事风格上非常缜密精细，能够将毛泽东的战略思想完美地付诸实施。

2. 稳重型和创新型区分

稳重型领导习惯于建设秩序、维持正常工作局面、保证既定目标有条不紊、按部就班地进行。西汉刚刚建立时，人民饱受战乱之苦，迫切需要休养生息，发展经济。首任丞相萧何顺应民意，制定了一系列鼓励人民生产的积极措施。到了曹参继任丞相的时候，大的社会环境还是如此，因此曹参审时度势，采取"无为而治"的策略，遂留下了"萧规曹随"的佳话；创新型领导者常常打破常规、开拓新的局面，危机意识强，思维是开放式、发散式的。明朝经过两百多年的风风雨雨，到了嘉靖年间已是百病丛生，危机四伏。平民出身的内阁首辅张居正此时被推上了历史的前台，以其非凡的魄力和智慧，整饬朝纲，巩固国防，实行创新变革，使奄奄一息的明王朝重获生机。张居正以其卓越的创新能力成就了大明王朝的持续发展，堪称一位创新型领导者。

3. 事业型和生活型区分

事业型领导者有自己的理想、目标，事业心很强，勤奋敬业、思维开阔，做出的决策往往有利于长远未来。被称为“将世界甩在身后的人”的IT奇才埃隆·马斯克（Elon Musk）是继斯蒂夫·乔布斯（Steve Jobs）之后的“硅谷之神”。他在上大学的时候就常常思考，这个世界面临的真正问题是什么，哪些会影响到人类的未来。马斯克与其团队打造出当时世界上最大的网络支付平台（PayPal），造出世界领先的电动汽车特斯拉（Tesla），发明最终目标是将人类送往火星的发射火箭（SpaceX），创立太阳能发电系统公司（SolarCity），并设想发明在固定真空管道中运行的洲际超级高铁（Hyperloop），等等，创造了一个又一个令人不可思议的奇迹，被称为“21世纪的爱迪生”。生活型领导者则更多地注重物质利益、眼前利益、具体事情，工作上主动性差一些、守护维持现状的意识强一些、思维要迟钝一些，做出的决策往往有利于眼前收益。与其说他们是领导者，不如称为管理者更为恰当。

第二节　领导类型与领导决策

在决策过程中，领导者的个人特征对决策具有显著影响。本节分别对常见的年轻领导、新任领导、专家型领导、业务外行领导、女性领导这五种常见领导类型的决策提出建议。

一、年轻领导与领导决策

年轻是年龄因素，它代表着一些东西，但又不代表一些东西。年龄大者通常有经验，但可能缺乏闯劲和激情，工作相对比较平淡；年轻人可能经验稍逊，但拥有闯劲和激情，与未来的联系更加紧密，工作相对比较容易创新。年轻领导在决策过程中应注意如下事项。

年轻领导要特别尊重老资格下属。老资格下属情况不同，有些有较强的专业水平，有些工作经验非常丰富，有些对单位情况非常了解，有些拥有丰富的资源，有些长期默默耕耘没有功劳也有苦劳，等等。年轻领导要了解和尊重他们的这些特点，挖掘他们的优势，尽量借助他们的优势，也从内心深处肯定他们以前的贡献。年轻领导平时要充分尊重资历深的下属，态度上尊重他们，工作生活上关心他们，以赢得他们的认同和追随。在决策时尽量多听取他们的意见，他们丰富的经验有时有助于破解决策中的难题。有些老资格下属年龄大了，提拔无望又即将面临退休，因而工作态度可能有些消极，这时年轻领导可交付一部分他擅长而又能够激发成就感的工作，比如利用其丰富经验带教年轻人，老资格下属参与工作的积极性便会得到提高。当然，如果在决策中遇到老资格下属一味摆老资格，或者维护自己的不当利益时，年轻领导还是要能够在争取到上下各级人员支持的基础上勇于破局，大胆决策。

年轻领导要特别尊重老领导。很多高学历和能力业绩突出的年轻人提拔到领导岗位上，而有的昔日老领导或退居二线，或成为自己的下属。有的老领导就会摆老资格，严重者甚至不把昔日下属现在上司放在眼里，不时给年轻领导出些难题，降低其威信，给工作造成困难。如果年轻领导缺乏与老领导处理好关系的经验，就会在工作中不知所措。为了尊重老领导而放任不管，就会坏了规矩，若严格要求，又在老领导面前拉不下面子，总之左右为难。尊重老资格下属的做法同样适用于老领导。

年轻领导要适当展示才华服人。下级最关注上级的，就是决策能力；下级最钦佩上级的，是总有能力和胆识及时做出正确的决策。决策力强，是最能为领导者树立威信的。年轻人能够担任领导者，说明他在某些方面有其优势。在这个信息网络日益深入、迅速变革的社会，年轻领导以其对社会创新的敏感性而决策相对较为有效。年轻领导要充分展现自己的水平和能力，以自己出色的政绩、良好的人格力量赢得大家的认同。年轻领导重点解决单位的重点难题，把整个单位的人心凝聚起来，老资格下属们自然就会改变原来观望和轻视的态度，心悦诚服地接受领导。

年轻领导要注意综合平衡。年轻领导闯劲十足却经验相对不足，有时盯住某些方面的重点工作狠下力气，可能在此方面会取得良好效果。然而也容易顾此失彼，比如只抓特色，没抓基础，结果导致后院失火，前功尽弃。因此，单位的各项工作要注重平衡，在基础工作抓牢的基础上开展开创性工作。

二、新任领导与领导决策

领导干部平级或提拔调动，以及就地提拔的领导均是新任领导。从基层员工刚刚被提拔起来的新任领导没有正式领导经验，外来的空降领导对本单位情况了解不深，本单位就地提拔的新任领导则可能存在下属不服气之忧，这些都是在决策中需要注意的问题。

空降领导要尽快熟悉情况。常言说，“新官上任三把火”。然而，新任领导要善于审时度势，掌握火候，不能贪一时之功，急于做出政绩。组织一般都有着根深蒂固的文化传统，在不深入了解的情况下，外来的空降领导不宜贸然大动干戈，刚刚到任时熟悉情况是关键。空降领导要防止“信息孤岛”，首先要尽快学习，很重要的是向前任领导学习，前任领导对该部门最为了解，由于各种原因留下一些问题，可以最快了解到本源，保证自己工作不会出现大的偏差。其次要尽快开展调研，进行大量正式与非正式的上下级沟通。有时员工中有意见领袖，尽快找到这类非正式领导进行沟通也是一个捷径。

空降领导要尽快融入团队。下属对领导者通常是先认同人，再认同事。领导与下属的关系，功夫在平时，不要急于改变现状，先交心交朋友。要善于授权，充分尊重和继续利用原来各个岗位上的骨干力量。新任领导可适当承认自己的短处，但一定不要过分强调这一点。在决策中注意扬长避短，多采用自己擅长的决策方法。要适当放低身价，从团队中来，文化融入；到团队中去，沟通认同；再从团队跳出来，高瞻远瞩地从全局角度思考和决策。新任领导有时也需要借势打开工作局面，如请上级领导前来视察，借机对自己推行的工作给予肯定。

新任领导要善抓关键问题。通过调研沟通了解大家都在关注什么问题，寻找重点突破口。如果发现确有很多问题需要改革，也要看具体情境。如果人心思变，则大刀阔斧；如果安于现状，则逐步唤醒；如果要动手，第一炮要打响。决策之前三思而行，一旦决策确定下来，就坚定不移，一抓到底；遇到阻力的时候显示自己的能力，能够让下属服气和配合。刚刚走上领导岗位的新任领导则需要注意花一段时间用来适应领导岗位、探索领导实践经验，向有经验的领导者学习请教，在缺少经验的情况下，更加不能轻举妄动。很多党政部门都有退居二线但暂未退休的原领导班子成员，他们虽然由于年龄和工作安排等原因不再担任领导职务，但有的经验非常丰富，有的在单位仍然有较大影响力，有的愿意发挥优势为组织做贡献。新任领导对这类人要高度重视，注意向他们学习请教，同时充分借助他们的经验和影响力，既要发挥其积极作用，又要抑制其中个别人可能带来的消极作用。

新任领导要巧妙处理历史难题。新任领导常常需要面对历史遗留问题，新官不能不理旧事。现状再不合理，也有其存在的理由，也要暂时维持。如果贸然而动，很可能遇到各种抵制。新任领导对历史遗留问题要做具体分析，有时可以抓住关键矛盾进行破解，其他问题就会迎刃而解；有时可以由易而难，逐步推进；有时可以对抵制者分化瓦解，各个击破；有时需要先夯实自己的基础，再寻找合适时机打破平衡。如果是前任领导存在个人问题被组织处理的，新任领导对前任的下属要有个明确的责任切割和心理安抚，否则下属存在心理压力，积极性很难调动。

个别新任正职领导有时甚至面临副职或其他老资格下属出于各种原因的“软硬钉子”，遭到他们在工作中或明或暗地抵制，以至于迟迟难以有效开展工作。正职在上任前要对工作中的对象的心理状态有预期，用自己的态度、能力以及给下属解决实际困难等办法来逐渐打破局面。要真正赢得下属的追随，必须赢得他们对自己的认同。如果预料到这一点，上级领导也可出面提前与副职等谈话，希望其树立正确态度，配合新任正职工作。

三、专家型领导与领导决策

技术技能也是领导者获得权威的重要途径之一。决策领域不同，对领导者的专业性要求有差异。在很多领域，比如金融投资、建筑施工、医疗卫生、刑事侦查、军事指挥等情境高度专业的行业，对领导者的专业要求相对较高，领导者一般要求是在该业务领域耕耘多年的专家，能够研究和把握业务领域的规律，并在此基础上进行前瞻性思考。然而，一个人的才能是有限的，同时具备优秀领导者与优秀专家素质，而且在合适领导岗位和合适专业领域的人毕竟非常有限。领导者与专家对人的素质的要求存在很大差异，不能混淆。

专家要善用专业领域的硬知识。人们遇到难题要找相关领域的专家咨询，是因为专家在该方面比较精通，更擅长解决这方面的事务，虽然他们在其他问题上并不见得高明多少，也不见得智商比其他人高。专家的专业知识丰富，而且知识是系统性的，在遇到问题时能够很快理解问题情境，在专业方面的材料掌握比一般人记得快，这让他们能够留出更多的精力来解决问题。然而辩证地来看，拥有相关的知识多并不必然能够帮助人们很快解决问题，有一种情况叫“思维定式”，有时拥有相关知识多反而阻碍对问题的解决。因此，专家型领导要用自己所长，把业务干好，但又不能被业务所局限，还要注意在综合领导能力上提升和展现。

专家也有一定的局限性。专家担任领导有几个常犯的毛病：（1）专家对领导工作所需要的软知识不一定具备，导致工作中顾此失彼。（2）在从事领导工作时有时更容易过度自信，因为拥有较强的专业知识，他们比一般人更加相信自己的判断是正确的，在决策中更可能采取专断的方式。（3）专家型领导常常陷于专业细节而缺乏宏观视野，看问题角度比较单一。实际工作要从多种角度出发来考虑，比如组织文化、人际关系、历史传统、风俗习惯等，只强调某一方面而忽视其他势必容易失败。（4）专家型领导常常因看不中下属的工作而越俎代庖，不利于下属成长。有些领导职位是单位的业务领导，典型的如传统国有企业中普遍设立的“三总师”，就要尽量避免进行非业务问题的决策。西汉政论家贾谊才华横溢，少年得志，但书生气太浓，不懂人情世故，不知权衡轻重，被汉文帝赏识时，没有清醒地看到朝中旧势力的强大影响，缺少应变的步骤、策略，结果遭到一些大臣的忌妒和排挤，陷入孤军奋战，又缺乏受挫折和奋争的思想准备，结果英年早逝。苏轼对贾谊有“志大而量小，才有余而识不足”的批评。

被提拔担任领导职务的专家要虚心学习如何做领导。专业型的人才掌握的是知识，领导型的人才拥有的是智慧。智慧不同于知识，知识靠学习，而智慧靠感悟。一个人能够成为专家，说明其既聪明又勤奋。一个人能够成为领导，说明其既有智慧又有远见卓识。远见就是能科学地判断形势、预测未来。卓识是有卓越的见识，对社会、对人生、对工作有独到而深刻的见解。1867 年，美国国务卿威廉・西沃德（William H. Seward）从沙皇俄国手中以 700 万美元外加 20 万美元手续费的代价购买了阿拉斯加，平均每英亩土地 2 美分。但当时，美国人民都反对这桩买卖，认为购买这块冰天雪地的土地是无比愚蠢。西沃德在接受质疑时说：“我现在也不知道买这块地有什么好处，但我希望我们的子孙最终能从中受益。”后来，阿拉斯加这块当年的“不毛之地”被发现拥有丰富的宝藏，除了广袤森林和海洋捕鱼之外，金、铜、铂、银、煤、石油和天然气等储量也极大，仅自然资源估计价值 5000 亿美元。现在看来，美国人都得感谢西沃德的远见。有知识不等于有见识。古代把仅有知识而缺乏见解和思想的人称为“学究”。领导的关键还在于带领下属一起干，把下属的积极性充分调动出来，而不是自己钻到业务里出不来。专家的价值在于对事理的执着追求，领导则需要有足够的灵活性与弹性。专家型领导应有融专家对事理的执着和领导对人道的通融于一身的双重品性。

四、业务外行领导与领导决策

与专家型领导相反，业务外行领导对专业不甚了解，但通常对领导工作和人际关系比较擅长，其劣势与优势都非常明显。外行领导者若能扬长避短，同样能够创造辉煌业绩。1993 年刚刚到 IBM 担任董事长兼首席执行官时，郭士纳（Louis V. Gerstner Jr.）尚属于计算机界的外行。当时岌岌可危的 IBM 之所以选择郭士纳，是看中了他的优势——善于迅速吸收大量信息、立即归纳企业问题。为了找到蓝色巨人的关注点，他为自己定下了“90 天内不做决策”的规定。随后郭士纳仅用两年的时间就摘去了 IBM 亏损的帽子，而且在随后的十年间，成功地将 IBM 从制造商改造为一家以电子商务和服务为主的技术集成商。2002 年，郭士纳从 IBM 功成身退。这时，IBM 已经从废墟上再度崛起，重现昔日辉煌。

外行可以领导内行，理由有多种。从个人来看，有些外行领导甚至比内行领导效果更佳，因为做领导者最关键的是领导能力要强；从领导班子搭配来看，一个领导班子成员之间应该是有机搭配的，不需要都是内行，一定要有核心业务领域的专家，领导班子如果全部由外行组成将会是毁灭性的；从内外行区分上来看，一般没有绝对的内行与外行之分，外行领导者也不会对业务完全不懂，一般都能够把握行业的大方向，带领团队向这个方向前进；外行领导者成功的关键是用好内行下属，尤其是那些业务骨干。哪怕是业务内行领导者，也不宜处处与下属比业务，比如有些高校校长与教授比论文、争项目，多少有利用职务便利之嫌，这样做会压抑业务下属的积极性，造成意见和矛盾。

外行领导者要努力学习，争取变成内行。如果这样当然是最为理想的状态，但是鉴于如下两种情况，这种目标有时难以充分实现。其一，从领导者角度来说，调动工作岗位是比较经常的，往往根据岗位需求和组织需要随时调动，有时很难在一个岗位上深耕下去；其二，从工作本身角度来说，一些工作专业性比较强，没有基础的外行在较短时间内也很难深入了解，变成内行。因此，业务外行领导客观上是长期大量存在的。中国古代进士、翰林出身的“官”们，“学问”虽好，能力却很可疑。他们往往不屑于（其实也未必能）处理烦琐的具体事务。“吏”却是这方面的专门人才。由于胥吏没有别的出路，无法像官僚那样步步高升，也就更加努力地把自己打造成“专门人才”，并在执行领域“大显身手”。在处理国家事务和地方行政时，官是外行，吏是内行①。

外行领导者应有较强的柔性领导力。外行领导者在业务上可以是外行，但在思想境界、道德水平、个人魅力、为人处世、沟通协调、激励用

① 易中天：《帝国的惆怅：中国传统社会的政治与人性》，文汇出版社，2005年版，第209—210页。

人等方面应该是内行。业务外行多管人，业务内行多管事。对组织最高层来说，往往只需管好人即可，让内行来管事。外行领导要尊重内行下属，业务型下属最希望的就是有一个能给予很大信任放手去闯，却在关键时候能给予大力支持协助的领导。内行下属是在工作意义上的，如果成为领导事业的对抗力量，就失去了作为内行的意义。

外行领导者选择工作方法时可扬长避短。世上的每一件事几乎都有几种不同的处理方法，许多方法往往是殊途同归的。如果表达能力强，但协调应变能力不够强，可以在协调时不当场表态，了解情况后找几个“参谋”听听意见，然后再进行协调，发挥表达能力的优势，让人不感到领导无能，而是感到作风民主。如果实干能力强，表达能力不强，可以经常召集大家总结经验教训，把大家好的表达方式借鉴过来，形成自己的表达材料。

五、女性领导与领导决策

当今世界一个普遍的规律是，女性领导者逐渐增多，一方面，战争逐渐远离，和平期渐长，比如北欧的和平时期较长，女性领导者较为普遍。另一方面，社会文化的男性特征退化，也给女性领导者提供了发展空间。

女性领导要注重与男性领导的优势互补。根据霍夫斯塔德（Geert Hofstede）的文化差异维度理论，社会的男性化和女性化是指不同文化的成员有不同的性别意识，不同文化的成员对性别角色有不同的认识。女性文化相对倡导和平、包容、平等；男性文化相对强调竞争、对抗、压制等。男性领导者更趋向于以任务为导向，而女性领导者更注重人际关系。女性领导者特质还包括：可同时应对多项任务、情绪化、感性、坚强、体贴、细致、富于直觉、有同情心、擅长措辞、致力于达成一致意见、具有协作精神和喜欢聊天等。女性领导者在决策中更善于运用直觉，对下属也更具有亲和力，有助于决策及赢得下属认同。硅谷最为知名的女性高管谢丽尔·桑德伯格（Sheryl Sandberg）接受 CEO 马克·扎克伯格邀请出任“脸谱”首席运营官，她上任之初即能够用真诚与员工建立信任，并很快创造了很好的业绩。她领导庞大组织的能力有效地配合了精于分析和注重发展策略的扎克伯格。

女性领导要积极主动地发表自己的意见和建议。传统社会观念中把女性作为男性的附庸而存在，加之领导工作任务重、责任大，女性领导者要将工作做得尽善尽美，必须全力以赴，这就使女性社会角色与个人角色发生较大冲突。很多女性要从事繁重的家务劳动，在身心疲惫的情况下抑制了工作能力和水平的发挥。女性婚姻家庭与职业发展的平衡方面存在困难。女性领导者另一个常见不足是情绪化大，这种心理特征同时决定了女性面对压力的柔韧度很高而短期的刚性不够。缺乏自信和学习、竞争意识较弱和凡事求稳的心理定式。因此，不少女性领导者事业发展到一定程度就产生了“玻璃天花板”。在 2016 年美国总统大选中，民主党候选人希拉里·克林顿（Hillary Clinton）有着丰富的从政经验和履历，在竞选阶段也被各界普遍看好，却在最后投票中意外败北，很大程度上表明美国人还没做好准备迎接一位女性总统。调查表明，整体而言女性的创新能力无论在哪个年龄段都不如男性；且男性领导者的年龄通常不会影响到其创新能力，而女性领导者随着年龄的增长，创新能力会有一个很显著的下降。由于女性对事情的理性判断能力相对较弱，在决策时往往不够果断和坚决，常常瞻前顾后、优柔寡断。谢丽尔·桑德伯格认为，女性之所以没有勇气跻身领导层，不敢放开脚步追求自己的梦想，更多是出于内在的恐惧与不自信。她鼓励所有女性，要大胆地“往桌前坐”，主动参与对话与讨论，说出自己的想法。

女性领导要平衡运用女性魅力与意志魄力。美国哥伦比亚大学教授明塞尔（Jacob Mincer）提出，男女职业发展差异是由于妇女在生育期间工作中断，由于工作经验积累而引起人力资本增加慢于男性。因此，女性与男性相比缺乏的不是能力，而是机会。美国和以色列的研究表明，从董事会的决策建议职能来看，女性有助于董事会讨论深度和最终决策效果的加强。女性董事会成员比例上升后，董事会参会与讨论的效果增强。在长期的职业生涯发展中，被提拔到领导岗位上的女性基本上都是事业心较强、比较成功的职业女性，她们作为一个群体与男性领导者在决策领域相比差异并不是很大，这种差异甚至比个体和角色之间的差别还要小得多。女性领导者常常将女性的魅力和智慧与意志和魄力融于一身，达到以柔克刚、刚柔并济的效果。可以预测的是，在未来的领导和决策领域，性别角色将越来越淡化。

第三节　领导职务与领导决策

决策意味着权力的行使。权力的行使与权威的行使往往是叠合在一起的。在正规的组织架构中，领导决策需要首先从组织层级的角度进行考察，即决策在一定程度上依赖与权力相对应的职位特征发挥作用。本节从高、中、基层、正职、副职、非正式领导和社会领导等多个层面看不同的领导职位在决策中所体现出来的特征。

一、高、中、基层领导决策

组织中的决策是多层的，高层领导者进行决策的同时，中层领导者、基层领导者在自己职责范围内也要进行各种决策。

高层领导的决策特征是“引领 + 推动”。高层领导者引导着整个组织走向良好的发展方向，其决策具有全局性、长远性，属战略决策。对他们来说，视野和思路是宏观的，决策重心集中在制定战略和政策，在组织战略引领下有效地制定政策框架和标准，从组织内外多方面寻找发展的资源。接下来，高层领导者推动中基层理解并执行其制定的战略与政策。企业设置董事会和管理层有助于战略发展与日常经营适度分离，战略决策与日常管理适度分开。就大型组织而言，高层领导内部也是分层的，可能有一个灵魂人物，还有若干高层领导辅佐该灵魂人物，那么这个灵魂人物就发挥引领作用，若干高层领导则发挥推动作用。比如阿里巴巴的灵魂人物马云卸任 CEO 之后继续担任董事局主席，主要负责阿里巴巴董事局的战略决策，做好组织文化和人才的培养。其他高层与合伙人领导并推动着各个主要业务模块的事业发展。

中层领导的决策特征是“推动 + 执行”。中层领导者是指居于中间领导层级，并且不直接管理一线员工的领导者。有中层领导者的组织至少有四个管理层级，因而在规模较小的组织中可能没有中层领导者，只有高层领导者、基层领导者、一线员工三个层级。中层领导的决策相对基层有全局长远性，属战略决策，相对高层有局部短期性，属战术决策。中层领导的作用是上下沟通协调，他们对上沟通反馈、对下安排布置。中层领导一般在组织中负责某一具体职能部门或业务单元，他们没有能力和权力来决定整个组织发展方向和组织文化，但可以通过为领导者提供信息和建议来间接地影响组织决策。中层领导要学会做团队里的一分子，在组织的决策面前，把服从放在首位。将组织领导者的决策转化成本部门的工作，并调动下属的积极性来执行决策。当遇到难以克服的困难时，他们往往向上级领导反映请求调整决策或给予变通。

基层领导的决策特征是“执行 + 业务”。在规模较大的组织中，基层领导一般就是内部机构的领导者，其决策属于执行性决策和业务性决策，主要是解决作业中的实际操作问题，具有局部性和短期性。与中层领导一样，基层领导也主要是在组织内部负责某一具体部门或职能工作。但如果在此基础上有深入的思考和宽广的视野，关注周边环境和本单位部门的战略方向，这就是一个有潜质的领导者。独立单位与内部部门两者决策的差异在于，内部部门领导者必须在组织的政策框架内来进行决策，相对来说决策的范围空间比较有限。基层领导做出的决策是为了执行高层和中层的决策而进行的决策。基层领导还有一个职能是反馈基层执行的信息给中层和高层，供其决策参考。某领导微服私访遇到一位村支书，村支书对领导说，我这个村财力不算是宽裕的，但是财力这个事情关键是怎么看，确实重要但也不是核心问题。我这样的角色关键是责任心，活做好了老百姓满意，说你好、服帖你，自己心里也踏实，不然老百姓天天骂你，自己也难受。这番话典型体现了一位基层领导干部的工作特征。

除了领导职务序列，中国党政部门还有一个非领导职务序列，主要包括三个层级：巡视员（对应于厅级）、调研员（对应于处级）、主任科员（对应于科级），这三个层级又都有正副之分。非领导职务者在单位有时也被视为领导者，或者至少享受同级领导者的待遇，但一般没有决策权，除非得到一把手授权。非领导职务者有时根据单位工作安排协管某方面事务，或者担任某些非常设机构负责人，从而也能够在该事务范围内得到有限的决策权。

二、正职领导决策

正职领导也常被称为主要领导、一把手，在领导班子和全局工作中处于核心地位，起着关键作用。

正职需要具备比较全面的能力，比如掌控全局的能力、较强的凝聚力，需要思考深层次和长远的问题。上下左右、内部外部的各种问题都要解决，一把手要把千头万绪的工作方向把握好。正职的管理范围很宽，除了管理下属外，还要与其他部门协作，以及了解上级的意图并贯彻下去。总体上来说，正职对本部门工作起到组织指导协调作用，以及负责与上级与其他职能部门协调，因此正职对各项事务的精力分配往往是个难题，若做不到精力合理分配，就会顾此失彼，陷入忙乱而难以解脱。如果正职精力有限难以兼顾，就需要更多地授权副职或其他骨干下属积极承担责任。

决策和用人是正职领导传统上最重要和最基本的两个职能。正职领导具有三个功能：价值引领、资源调配、最后拍板。领导者不仅确立自己的价值观和生活原则，还为别人的价值观和生活原则设定标准[①]。正职领导的价值导向直接决定了一个组织的发展方向；组织内外所有的资源应该纳入正职领导的调配视野，正职领导也理应有能力去调配这些资源；在组织范围内的所有事务上，职务赋予正职领导最后拍板人的角色。

如果得不到副职的充分支持，正职工作也很难充分开展。正职领导要注意处理好与副职的关系，重要事情经过领导班子集体研究，对副职分管的工作尽量与副职多商量，决策也经过副职来具体安排。正职的领导风格有差异，但工作中要尽可能扬长避短，比如在负责全局工作的同时，可选择分管自己擅长的领域。有些正职的工作方式是，不直接管具体部门的事情，有事找分管副职协商。有些正职则喜欢过问具体部门的事情，有时会越过副职直接发号施令。正职领导如果缺乏专业能力，就需要更多地依靠专业副职，就要给副职以更多的信任和放手，给予副职在专业领域内进行决策的权力。

在中国，地方政府、行政机构、事业单位以及国有企业等机构中，常常存在两位正职——书记与行政首长。他们常常通过党政联席会议的形式进行集体决策，两者在决策中的角色和关系因单位类型而有差异。在地方政府中，虽然书记与行政首长（省、市、县、乡镇长）分别是党政一把手，论行政级别都相同，工资福利相同，理论上待遇相当，但实际地位并不相

---

① ［美］提姆·爱摩：《自我领导的艺术》，曹文丽译，万里审校，新华出版社，2006年版，第29页。

同，书记地位明显比行政首长高。党政分工是党委决策、政府执行。书记主持的常委会定下的很多决定，都要由行政首长去负责执行。同时，行政首长一般是党委副书记，也就是从党内职务来说要在书记的领导下工作。在行政机构中，党组（党支部）书记是党组织的一把手，业务事务都是实行行政首长负责制，当然绝大多数行政机构是书记与行政首长一肩挑。对于少量两个职务由两人分别担任的机构来说，一般业务事务可由行政首长直接决定，重要业务事务由行政首长在集体讨论的基础上拍板，行政首长也通常会与书记进行大量的沟通协商，在书记负责或分管的领域内事务主要由书记决定，具体决策流程根据两人的个性特点、关系融洽度、资历能力、分管领域等各有不同。对于事业单位，根据类型不同而有所差异，书记与行政首长大多属于分工合作关系，决策领域虽有党务和业务之分，但一般分工不分家，在实践中重大事情通常是在一起商量的，从程序上则须遵循议事规则；而大多数国有企业党委书记都是由董事长兼任，这种安排有利于加强国有企业的党建工作，总经理则主要负责执行，也有些兼任书记的董事长同时兼任总经理。

三、副职领导决策

不同国家的副职定位有所不同。一些西方国家的副职是辅佐型的，他们出谋划策，协调各方，都是为正职服务。中国的副职是分管型的，要具体分管某一领域的工作。不管中国还是西方，副职领导作用的发挥，很大程度上取决于正职领导。对副职领导来说，权力资源不足，相当一部分工作要围绕正职的思路开展，对组织中的重要决策仅是参与者而非主导者。

副职领导有三重角色：配角、主角和领导。相对于正职领导而言副职领导是配角，处于辅助地位；对于分管工作而言副职领导是主角，承担主要责任；相对于下属而言副职领导是领导，具备领导职权。在决策中，主角意味着副职领导对自己分管领域的常规事务具有决定权；配角意味着副职领导对分管领域的重要事务需要服从正职领导或领导班子的集体意见；领导意味着副职领导在职权范围内的决定在下属那里具有合法性而应得到执行。副职要努力成为分管工作领域的专家。对于有些专业性很强的领域，分管副职一般都应是专业能手，如果正职领导不是很懂行，副职领导在专业范围内施展作为的空间就会比较大。副职在自己的分管领域出主意想办法，一般被正职接受后才转变成正式决策。副职要在分管领域大胆工作，分管有底，守土有责。副职对职责范围内的事情努力做好，职责范围外的事情适当了解，注意衔接与配合。

正职与副职之间是密切配合和相互成就的关系。优秀的副职能够成就杰出的正职，而杰出的正职同样能成就优秀的副职。比如从青年时代起，周恩来一直是很出色的，但真正能使他在一个正确方向下充分施展才能的，还是因为有了毛泽东的领导，以至于有“谋事是毛，成事是周”的说法，毛泽东与周恩来两人之间密切配合对现代中国政治产生了极大的影响。在中国近现代历史上，常常有两人并称的例子。比如太平天国的洪杨（洪秀全、杨秀清）、戊戌变法中的康梁（康有为、梁启超）、辛亥革命时期的孙黄（孙中山、黄兴）、中国共产党成立前后的“南陈北李”（陈独秀、李大钊）等。两个人中总是以一个为主，另一个也有别人难以替代的作用，往往是相互补充和相互成就。

副职领导要找准定位，最终决策以正职领导为主。很多事情既可以这样也可以那样，当副职与正职就决策发生分歧时，如果后果不严重的话，一般服从于正职。如果明显是自己正确，要坚持，但不可情绪对立。如果后果很严重，坚持原则，努力争取。如果争取不下来，在告之正职之后再告诉上级分管领导。另外要注意沟通方法，比如在集体开会场合，副职不要与正职唱反调，但在会前与会后等私下酝酿和沟通时，要勇于提出自己的看法。如果上述措施均无效，正职仍然坚持自己的决策，只能服从，尽力提出对该方案的补充完善意见，以尽可能降低决策风险。之后，在执行过程中可能会发生副职所预料的不利后果，此时发现问题时立即进行沟通和补台。有人错误地认为，正副职决策意见不一致，副职只能服从，不管后果有多严重。

正职揽责不揽功，副职揽事不揽权。如果正职非常强势，副职乐于做一个默默奉献的无名英雄。遇到喜欢个人说了算的正职，副职应泰然处之，来个换位思考，多从正职的角度考虑问题，充分理解正职的良好愿望，这样思维空间就大大拓宽，从而跳出一己之见这一狭小的圈子，既增长见识，又开阔心胸。对于喜欢个人说了算的正职，副职肩上的责任相对轻很多。借机会也要向正职学习，因为大多数喜欢个人说了算的正职都是很有能力的，至少某些方面优势突出，在其手下做副职其实是很好的近距离学习决策的机会。

四、非正式领导决策

人们常说的领导者一般是职务意义上的领导者，但还有非职务意义上的领导者，比如非正式领导以及社会领导。管理大师彼得·圣吉（Peter M. Senge）所说的关系网络领导就是非正式领导。非正式领导不是由组织正式任命，而是由组织内或在非组织成员中自发产生的领导者，他们拥有非正式权威。与正式领导者相比，非正式领导权力非常有限甚至没有，然而他们还是产生着非常显著的影响力。正式领导者一般是工作中的领导，非正式领导者往往是感情上的领导；正式领导者和非正式领导者可以集于一身，也可以分离；一个真正有作为的领导者，必须同时将工作领导与感情领导两种角色集于一身。

非正式领导的来源多样，包括：正式组织中能够产生实际影响力的人物，正式组织中临时任务团队的临时负责人，非正式组织中的具有影响力的人物。当一群人聚在一起时，通过信息交流，一个非正式的权力地位等级结构会很快在他们当中自然形成。每个组织除了有正式的组织结构，实际上还存在这种非正式的影响力结构。由于这种非正式关系的存在，一个好的领导者必须知道正式与非正式这两种结构的相互作用，才能更有效地推动决策执行。

非正式领导者的领导地位主要是依靠个人才能和魅力赢得的。他们的主要作用是协助组织成员解决个人化的问题、协调成员间的关系、充当成员的代言人等。非正式领导进行决策可以有三种渠道：（1）团队目标，紧密围绕团队目标进行决策，会得到团队成员的配合；（2）特长优势，既然成为非正式领导，一般会有一定的特长优势，在工作中充分发挥这些特长优势，让其他团队成员产生信任和依赖；（3）人际关系，在团队交往与决策中不要处处以领导自居，而是充分尊重所有的团队成员，同时发挥他们所长，让他们在愿意并且擅长的领域发挥积极作用。

五、社会领导决策

如果说普通的非正式领导仅对组织中或周边的人产生影响，属于非正式领导一种类型的社会领导者对整个社会乃至全球范围内都产生着影响力。

黑格尔（G. W. F. Hegel）所谓“时代精神”是某一历史阶段的时代特点，是由那个时代的一群英雄的精神和气质决定的，“时代精神”就是社会领导者群体的精神体现，从这个意义上来说，其他人都是追随者。社会领域的领导者是乐于进入未知地带的先锋，他们寻找创新、增长和改善的机会。他们有些是创新原创者，有些不一定是原创者，创新往往来自他人，而这些领导者只是在坚持不懈地追求这种创新，并有资源去支持别人的创新得到推广运用。

美国学者、“软权力”首创者约瑟夫·奈（Joseph Nye）认为，正式组织是社会生活的一个重要组成部分，但仅是一个部分而已，而不是全部。许多领导环境，不管是政治团体、街头黑社会、大专院校还是网络在线社区，都具有很大的流动性。领导一个正式机构与领导非机构化的社会运动完全是两码事。先知式的领导风格适合组织松散的社会运动，但在正式组织中则需要经营管理技巧。可以想见，领导者在社会运动中的作用要胜过其在企业环境下的作用。仅凭正式组织行为的研究就做出结论，是不能全面反映领导问题的方方面面的[①]。有些领导者有正式职务，有些则没有。有些领导者在组织中产生作用，有的则在非组织群体中发挥影响，甚至有的影响远远超越其所在组织。比如在争取印度独立的斗争中，尼赫鲁（Jawaharlal Nehru）长期作为国大党首领，而在世界范围影响力超过尼赫鲁的“圣雄”甘地（Mohandas Karamchand Gandhi）却基本没有正式职务。有时，掌握正式权威职务的人又不是团体中真正的领袖，在实行君主立宪制的英国，女王是国家名义上的领导人，首相是国家实际上的领导人，两者合一才构成整个国家的政治支柱。

社会领导作为时代先锋和趋势的引领者，主要在社会活动领域发挥影响力。其决策最初发端于某个领域，但因适应社会需求而得到广泛认可，掀起社会运动。出生在孟加拉的穆罕默德·尤努斯（Muhammad Yunus）从美国获得经济学博士学位，后来回到了他的祖国孟加拉国，在吉大港大学担任经济学教授。当时是20世纪70年代，他发现很多人在社会动荡与贫困潦倒中挣扎，感受到刚刚独立的祖国的积贫积弱，也开始反思：“我的那些优雅的经济学理论又有什么用呢？”于是他就尝试着给穷人提供少

① ［美］约瑟夫·奈：《灵巧领导力》，李达飞译，中信出版社，2009年版，第4—6页。

量的一点儿钱作为小额贷款，帮助他们开展手工业。从此开创了格莱珉（Grameen Bank，意为“乡村”）银行，由此发展出一种社会企业商业模式。他因“从社会底层推动经济与社会发展”的努力而于2006年被授予诺贝尔和平奖。尤努斯就是一位典型的社会领导者，他能够想前人之所未想，做前人之所未做，以开创性的思想和行动改变着他所身处的社会。他们决策的影响是超越组织的，超越国家的，甚至是超越时代的，成为全人类共同的财富。

【案例阅读】高龄成功创业的褚时健

褚时健，云南红塔集团原董事长，曾经一手将乡间小厂玉溪卷烟厂发展为世界级行业巨头，被称为“中国烟草大王”。他临近退休却因贪污罪入狱，被判处无期徒刑、剥夺政治权利终身，后减刑为17年。出狱后，75岁高龄的褚时健与妻子开荒种橙，86岁身价过亿。2012年11月，褚时健种植的“褚橙”开始通过电商出售，红遍大江南北。由于他不同寻常的人生经历，“褚橙”也成为“励志橙”。

1979年，褚时健出任玉溪卷烟厂厂长。他以战略性的眼光强化资源优势、抓住行业机遇，带领团队用17年的时间将这个陷入亏损的小烟厂打造成为亚洲第一、世界第五的红塔集团，为国家累计创造利税991亿元，红塔山品牌价值400多亿元。然而春风得意之时，1995年，褚时健被匿名检举贪污受贿，唯一的女儿在狱中自杀，1999年褚时健被判无期徒刑、剥夺政治权利终身，又患有严重的糖尿病。他经历多少常人难以承受的磨难与坎坷，才等到2011年刑满释放和高龄创业成功。

褚时健从年少家贫时开始酿酒，到后来制糖、产烟、种橙，每做一个产品都远超同行。在《褚时健传》的封面上写着“莫闲着”，他喜欢做事，喜欢琢磨问题，即使是酿酒、拿鱼等小事情也要做得细致、经得住考验。当他从国家机关干部被打成右派下放到糖厂做副厂长时也没闲着，他发现熬糖的锅厚薄不一浪费燃料，努力解决问题，后让糖厂扭亏为盈。在玉溪卷烟厂当厂长的时候，褚时健有办法调动工人的积极性，由以前吃“大锅饭”的消极怠工变成人人抢着上班；做别人不敢做的事情——贷巨款、负债引进先进设备；突破体制与观念的壁垒：请外国专家重新制定烟叶合格标准，提高了玉溪甚至整个中国的烟叶质量；建立产、供、销一体的“三合一”制度，创建“第一车间”，亲自指导烟农种出优质烟；最终使得红塔山、阿诗玛、红梅名列中国名烟前三甲。

重新出山创业种植“褚橙”的过程中，褚时健用管理企业的办法管理果园，也建立了一整套橙子种植的工业化体系，提高农民的积极性、保证生产效率，亲自研究肥料配方，提高褚橙的甜酸比，丰富口感，亲自监督果农施肥、剪枝、打药，严格按流程执行。这些都是他创业成功的秘诀。

案例启示：

褚时健的传奇经历与他身上所具有的企业家精神密不可分。关于企业家精神，管理大师彼得·德鲁克等提出了创新、冒险、合作、敬业、学习、执着和诚信七大要素。褚时健身上就具有许多这类特质，比如勤奋、专注、创新、挫折承受力以及冒险精神等。

成功的“褚橙”背后是一个励志故事。褚时健这个极富争议的人物，给人们衡量一个人成功的标志——不是看他登到顶峰的高度，而是看他跌到低谷的反弹力。从红极一时的大企业家到被捕入狱的囚犯，经历如同过山车，高龄褚时健居然能够东山再起，再创辉煌，足见其逆商之高。

CHAPTER 02

第二章

领导决策相关者

领导决策的参与者构成一个多层次的体系。核心层是起决定性作用的领导者，外围层由起辅助作用的相关人员构成。本章主要聚焦于领导决策的相关者，包括上级、智囊和追随者。

第一节 领导决策中的上级

在一个领导系统内部，上级和下级是相对的概念，在子系统中的上级，在母系统中也可能是下级。上下级之间是相互依存、相生相伴的。上级为下级提供决策框架，下级为上级提供决策信息。这里所说的上级，是指有权指挥负有直接决策权的领导者的机构和个人。在决策中，上级用好了可能是个积极因素，用不好也可能成为消极因素。本节主要考察上级在决策中所扮演的角色，以及领导者在做决策时如何处理与上级的关系。

一、上级的政策与精神是领导决策的重要依据

领导决策一般要在上级的政策与精神范围内进行，避免与上级政策发生冲突。领导决策的依据可以分为不同维度，比如法律法规、上级政策、发展

规划、规章制度、领导指示、下属愿望、群众需求、实际情况等。维护上级权威是领导工作的重要出发点，因此一般情况下不要与上级政策发生冲突，尤其要避免公开叫板。下属永远遵守的一条“戒规”是，不要当众同上级发生冲突。不管下属如何拥有真理，一旦与上级发生公开冲突，便会失去拥有真理和实践真理的机会，这是一条存在于任何组织的真理。即使下属拥有真理，也要通过其他途径而绝不要通过与上级公开冲突来表达。

下属常常存在上级指导性的政策不明确而给工作带来困惑，其实一般只要把握好上级的政策精神，因地制宜地开展自己的工作即可。上级政策不明确有四种可能的原因：一是上级还没有想好具体办法；二是上级有办法，但因各地情况不同不宜统一要求；三是上级没有关注到某个领域；四是希望充分发挥基层智慧和积极性。这四个原因，都给下级灵活掌握政策因地制宜地开展工作提供了空间。上级政策是帮助开拓思路的，下级不要被政策限制死。比如很多人事政策都是原则性的，操作性不强，因此需要对下级人事工作者进行专业培训，让他们吃透上级精神，在本单位灵活掌握。

领导决策如果违反上级政策与精神，应该有非常充足的理由。上级的政策与精神虽是决策的重要依据，但不是唯一的依据。各种决策依据可能会发生矛盾冲突，这时就看负有主要责任的领导者综合平衡了。领导决策如果超出上级政策与精神范围，应该与上级及时沟通取得支持。如果领导决策的确符合实际情况，实事求是地做事情，一般来说上级领导还是有正确判断力的。上级由于处在特殊的地位，有时一叶蔽目，反而不了解真实的情况，做出的决策不一定非常符合基层实际。下级要跟上级领导多沟通，必要时请上级领导来现场参观，用语言、他人、事实等多种途径来打动上级领导。上级领导一般不会拘泥于具体工作，而是讲求原则。若上级不讲原则，只一厢情愿地强求下级按照自己的意见办，下级会非常为难。有时上级政策刚刚调整，下级配套政策若来不及相应跟上，就会在特定时间内造成执行工作难以开展。

领导决策可以借上级政策与精神来为本组织发展或困局破解服务。密切关注上级出台的新政策与精神，并将其与本组织实际情况进行对照，看哪些政策可以为我所用，解决难题。上海市崇明区瀛东村从几十年前的一片荒芜滩涂地发展成一个集生态农业和观光旅游业于一体的现代化海边小村，带领该村群众艰苦创业的老支书、全国劳动模范陆文忠曾说，中央和上级的政策文件，以及上级领导的讲话，都要仔细看，这些都对政策走向很有价值。这反映了这位基层领导者的政策敏感性，也是他能够抓住各种机会带领村民致富的深层原因。

二、争取上级支持是领导决策的关键步骤

上级是领导决策的指导者和支持者。不管领导者有多大的本事，你要是想干成一件事，尤其是大事，没有上级领导的支持是不可想象的。上级并不必然比下级高明，但其职位决定了权力的大小和资源调配能力的强弱。为什么人们总结工作经验时，首先都要强调的是领导的支持和重视？因为每一项工作都要有一定的资金支持，需要人、财、物协调。上级领导不重视，一项重要工作就很难做好，甚至举步维艰，尤其是对那些需要跨部门合作的工作。每一个领导者所负责的工作都是上级整体工作的局部，领导者工作中所取得的成就，自然地也在为上级的整体工作做贡献。因此一般来说上级领导会积极支持下级的工作开展。但是就具体情境来看，领导者有时也需要努力争取上级的支持。

应设法调动上级支持自己决策的积极性。20 世纪 80 年代，李瑞环当时担任天津市市长、市委书记，他通过“调动”中央领导的积极性，推进了天津市的城市现代化建设。李瑞环第一次请邓小平同志去天津视察，说天津是国家的门户与窗口，但是城市基础设施建设落后，不配套，苦于没

钱，计划难以实施，希望得到中央支持，最终如愿。中央支持，天津市有了很大变化。李瑞环第二次请邓小平去视察，是让他实地考察天津的变化。李瑞环把天津的变化都归功于党中央的正确领导。邓小平听后非常高兴，于是又给了天津市更大的支持。

事前多渗透，事中多沟通，事后必汇报。首先，领导者在对所要做的大的决策还是在筹划阶段的时候，要通过“下毛毛雨”的办法进行逐步渗透，让上级领导感到有超前与创新意识，从而认可；其次，领导者在做出决策后，要及时进行汇报，让上级了解下级的想法；最后，领导者在将这件工作、工程或项目完成后，要及时进行汇报，做到善始善终。这样很容易与上级建立信任关系。

三、领导决策中应创造性地执行上级的政策与精神

决策工作最根本的是要实事求是。对领导干部来说，有时候实事求是比坚持原则更需要勇气。在决策中，一般应以多数人的看法与利益为准，有时也会遇到上级的政策严重不符合本地实际，若机械执行会带来较为严重的不利后果，因此决策违反了上级政策的情况，这样领导者是有勇气、敢担当、值得钦佩的。执行上级政策并不等于机械地照搬上级政策，执行者在执行上级政策时应充分考虑当地的实际情况，常常需要主动创造政策执行所需要的环境、条件、时机，否则不但不能解决具体问题，而且浪费了政策资源，还会把责任推给政策本身，使公众对政策本身的质量问题产生怀疑，有损上级政策的权威和严肃性。1950 年 5 月 10 日，国民党残部败退台湾前，疯狂抓壮丁充兵源，从福建东山抓走大量青壮年。当时东山全县不过 12000 多户人家，差不多一半的家庭被拆散。如果按当时的政策论，他们都是不折不扣的“敌伪家属”。时任东山县委书记谷文昌经过再三考虑，认为那些壮丁并非心甘情愿地为国民党效劳，而是被强行抓走的，他们的

家属都是贫苦百姓，应该成为我们团结的对象。他向县委提出建议，将“敌伪家属”改为“兵灾家属”，这一定性的改变有非常高超的政治智慧和实事求是精神。这样对他们政治上不歧视，经济上与其他村民一律同等，并且还对困难户给予救济，孤寡老人由乡村照顾。相比而言，小说《狼图腾》中包顺贵这个角色，则是典型的官僚代表，他的唯一原则就是执行上级命令，其他人甚至他自己本身的想法都不重要，但他从来不考虑上级命令的对与错。

领导决策要兼顾上下级的诉求，不能只唯上，不看下，不唯实。比如，某上级领导安排基层领导来开展某项工作，基层领导工作推进了一段时间之后，该上级领导又将工作思路做了较大调整，并再次布置给基层领导，基层领导手下的员工因为原来的工作计划被打乱，对该调整有些抵触情绪。在这种情况下，作为基层领导可自行检视前后两个决策的客观合理性。在沟通方式上则可分两种情况分别处理，若改变带来的成本高，主要跟上级领导沟通；若改变成本低，主要跟下属沟通。

领导者遇到决策分歧要有策略地与上级沟通。对待某一个决策，如果上级和自己想法不一样，判断想法对错的标准不是由人来确定的，而主要是由事实来决定的。上级做决定的时候，通常事实还没有发生，所以此时谁对谁错无法判断。如果此时坚信自己是对的，要看事情是什么性质，如果是小事就按上级的意见办，但如果是由你执行，可以在具体执行过程中适当加入自己认为正确的内容和方法，这样即使错了也能减少损失。如果不是小事，要多次向上级陈述，甚至可以请其他有关人员一起向上级陈述、劝说。不管损失大小，如果最后事实证明这个事情自己的意见是对的，也要给上级台阶下，得理也要饶人，不要去穷究上级的责任，弄得上级下不来台。如果因此造成了重大损失，组织上会依法依规进行追究。

第二节　领导决策中的智囊

领导决策分为决与策两个部分，决策的成功，不仅要有外脑的多谋，更主要的是要有内脑的善断。外脑之责在于谋，内脑之责在于断。智囊参与的谋是领导决策的基础，领导做出的断是领导决策的关键。

一、为领导决策提供决策咨询的智囊

智囊是指智谋多，善于给人出主意的人物。这类人物或者足智多谋，或者经验丰富，或者专业精通，能够为领导决策提供有价值的意见。由于不少决策具有一定的保密性，所以业界盛传一句话：公开露面讲得越多的智囊实际上知道得越少。可以说，如果离开了核心智囊，很多领导者事业不会发展顺利。先秦谋略家范蠡帮助勾践兴越国，灭吴国，一雪会稽之耻。功成名就之后看出越王勾践可共患难不可共富贵而急流勇退，之后三次经商成巨富，三散家财，自号陶朱公，令同代人望尘莫及，也叫后人难继项背。范蠡可谓家事、国事、天下事，无不精通，于从政，于从商，总是得心应手，堪称极为杰出的智囊。原本国小力弱的越王勾践因得此千古奇才而成就霸业。

看似具备相当智慧的智囊，一般却很难成为主要领导者，这与主要领导者应具备的素质与条件均有关系。领导者需要责任担当，成为领导者需要雄心抱负，成为领导者需要具备合法性，成为领导者需要天时地利人和等综合因素，等等，绝大多数智囊并不具备这些成为主要领导者的条件。比如，范蠡出生在楚国，但不是贵族，楚国当时政治黑暗，非贵族不得入仕，他即使才高八斗，在楚国也很难有发展机会。范蠡明知勾践是个“可与共患难，不可与共乐”的不义之人，却还要受苦受辱，助其灭吴，是因为范蠡需要一个施展才华的舞台，也有建功立业、青史留名的文人情结，当时却没有其他更好的去处。

公共事务智囊的重要载体是智库。智库，即智囊机构，也称“思想库”（think tank），一般是指由多学科的专家组成，为决策者在处理社会、经济、科技、军事、外交等各方面问题出谋划策，提供最佳理论、策略、方法、思想等的公共研究机构。它是一种相对稳定的、独立于政府决策机制的政策研究和咨询机构。在发达国家，智库游刃于政界、商界和学界，是影响政府决策和推动社会发展的一支重要力量。

当代美国拥有世界上最发达的智库，多数美国智库都有自己长期专注的研究领域，并且聘请和邀请相关领域的权威专家领衔，能够为政府决策提供高水平咨询建议。美国政府的很多重大决策，都是基于智库机构的研究成果而行，对于特别重要的事项，同时会选择几家机构的成果进行比较研究。政策出炉的流程常常是智库先提建议，然后媒体讨论、国会听证，最后政府采纳。有人分析，美国近几十年来重大的高科技决策基本都是正确的，原因不是总统有多么懂科技，而在于正确运用了高水平的智库。

与西方相比，中国智库以官方为主，中央层面以中共中央党校、国家行政学院、中国社会科学院、中国现代国际关系研究院、中国国际问题研究院、国务院发展研究中心等为主要代表。目前，顺应大量公共事务决策的需求，传统智库影响力和国际排名不断上升，一大批新型智库正在迅速崛起，比如中国人民大学重阳金融研究院、中国（海南）改革发展研究院都有一定影响。一些民间智库初步形成自己的特色，比如阿里研究院的信息经济和大数据产品，中国与全球化智库的全球化战略和国际人才研究、零点研究咨询集团的市场调研和民意测验等。

企业智囊的重要载体是管理咨询公司。管理咨询公司是从事管理咨询活动、主要为企业和企业家提供咨询性服务的公司。他们接收委托方的意向和要求，运用专门的知识和经验，用脑力劳动提供各种咨询服务。企业在竞争激烈的环境下很难承担决策失败的风险，所以需要专业的外部独立视角来对企业的管理决策做检验。管理咨询公司的竞争力一方面来自知识与经验的长期积累，另一方面因第三方身份而具有独立性，因第三方视角而具有权威性。与智库领域美国实力突出一样，管理咨询领域并称为“MBB”的全球最顶尖三大战略咨询公司——麦肯锡（McKinsey）、波士顿咨询（BCG）和贝恩咨询（Bain）全部来自美国。中国内地的管理咨询行业也处于快速发展中，和君咨询、正略钧策、北大纵横等比较有规模和实力。这三家总部均位于北京，与智库高度集中在北京有一定类似之处。这些大型管理咨询公司多以北京为基地向外辐射，咨询客户遍及全国各地。

二、智囊与决策的关系

谋是策划，断是拍板。善谋的领导者点子多，善断的领导者拍板快。唐太宗李世民有两个得力的宰相，一个是“尚书左仆射”房玄龄，另一个是“尚书右仆射”杜如晦。那时，唐朝开国未久，许多规章典法，都是他们两人商量制定的。因此人们把两人并称为“房、杜”。《旧唐书·房玄龄杜如晦传》说：唐太宗同房玄龄研究国事的时候，房玄龄总是能够提出精辟的意见和具体的办法，但是往往不能做决定。这时候，唐太宗就必须把杜如晦请来。而杜如晦一来，将问题略加分析，就立刻肯定了房玄龄的意见和办法。房、杜二人，就是这样一个善于出计谋，一个善于做决断，所以叫作“房谋杜断”，形容他们各具专长而又各有特色。相对来说，善谋的人更适合做智囊，善断的人更适合做领导。

智囊主要帮助领导处理重要的非程序化决策。那些可以呈现重复和例行状态的程序化决策主要靠组织中的直线部门去完成，一般不需要智囊帮助。非程序化决策是那些偶然发生的或首次出现的非重复决策，这些决策的后果难以预料。领导活动更多地体现在这种非程序化决策上。领导者在做非程序化决策时，常常仅凭经验无法准确判断，请有专业知识水平和长期钻研的智囊进行有针对性的咨询就会成为必要。新中国成立初期，技术与人才的严重匮乏也限制了领导者制定与执行合理政策的能力，这是当时一些决策从今天看来不是那么合理的重要原因之一。改革开放之后，中国教育与研究的大规模发展促进各行各业专家辈出，极大地提升了决策水平。中国杰出的战略科学家江上舟推动了包括大飞机和半导体在内的多个重大科技项目。大飞机项目的论证资料很难找，江上舟建议借鉴国外陪审团制度：论证委员会由多方面人士组成，避免行业内自行论证；论证过程中，专家保持独立性，凭良心和人格对国家、民族有所交代；论证中所说的每一句话都有录音和文字记录，并由本人签字确认存档。这些方法在当时是超前的。中国商用飞机有限责任公司的实践证明当时的决策是对的，而这与科技智囊江上舟当年提出的先进决策方法有密切关系。

智囊可以为领导决策提供多样化的决策建议和服务。（1）提供咨询，为决策者献计献策、判断运筹，提出各种设计；（2）反馈信息，对实施方案追踪调查研究，把运行结果反馈到决策者那里，便于纠偏；（3）进行诊断，根据现状研究产生问题的原因，寻找解决问题的症结；（4）预测未来，从不同的角度运用各种方法，提出各种预测方案供决策者选用；（5）专门挑错，有人说，多数人用来挑错，少数人用来决策，拍板决策主要是领导者的责任，而听取内外部智囊的不同意见，可能会促使决策者进行反思和改善决策状况；（6）挡箭牌，有些领导者在改革推行中可能会遇到利益相关者的阻挠，因此请外部专家和智囊来做改革方案，借外部力量及其权威性来推行改革。

智囊即使再知名和水平高，也不是十全十美、万无一失的神人，都有其局限性。领导在进行决策咨询时，要注意鉴别真伪、判断优劣，根据咨询事项选择最为合适的智囊。以兴建黄河三门峡工程为例，由于新中国成立初期技术不过硬又缺少兴修水利工程的经验，在政治上中国又与苏联建立了特殊的互助关系，这导致在修建三门峡工程之前过分依赖和相信苏联专家的意见和看法。它的主要技术是依靠苏联列宁格勒水电设计院，而苏联境内很少有泥沙量如此之大的河流，苏联专家缺少泥沙河流治理的经验，他们的总体思路不过是蓄水拦沙，认为高坝大库拦截泥沙过后下泄的清水可以一劳永逸地将黄河改造成地下河，事实说明这个方法并不奏效，导致了三门峡工程这一决策留下水库库尾泥沙淤积等不少后患，至今毁誉参半。领导者的重大决策方案要根据科学决策程序借助智囊充分论证，为最终拍板敲定决策方案打下坚实的基础。除借用外脑之外，有时也可请本单位经验丰富的退休人员发挥余热，在某些特定领域发挥智囊作用。

三、领导者在决策中要善用智囊提升决策质量

领导者是决策的主体，处于主导地位，方案有多种，主意还得自己拿。在决策中智囊只能起辅助的作用，而不能越俎代庖。领导者必须用良好的判断力去做出决策，必须合理地正当地处理好与智囊的关系，这样才能保证决策不断完善。听多数人的意见，和少数人商量，最后自己一个人做决定的决策方式之所以备受很多领导者推崇，就在于它很好地融合了智囊与决策者的关系。不少人认为，这种开明专制比民主制度的成本低得多，而民主制度又比独断专行的风险低得多。领导在进行决策咨询时不要先入为

主，不能专门挑选符合自己心意的智囊进行决策咨询，只有兼容并收各种意见的智囊，才能真正保证咨询的质量。

领导者要充分尊重智囊的独立性。智囊所提咨询意见的质量一定程度上取决于其独立性。如果智囊高度依附于领导者及其所在的体制，很可能只选择领导者爱听的说。美国著名管理学家德鲁克（Peter F. Drucker）1944年曾受聘于美国通用汽车公司，任管理决策顾问。第一天上班时，公司总经理斯隆（Alfred Pritchard Sloan，Jr.）就对他说："我不知道我们要您研究什么，要您写什么，也不知道该得到什么结果。我唯一的要求，只是希望您将您认为正确的东西写下来。您不必顾虑我们的反应，也不必怕我们不同意。尤其重要的是，您不必为了使您的建议易为我们接受而想到调和折中。在我们公司里，谈到折中，人人都会，不必劳您大驾。但您当然可以折中，只不过您必须告诉我们'正确的应该是什么'，我们才能有'正确的折中'。"斯隆被西方管理学界誉为"现代化组织天才"，他作为决策者对智囊的这种态度是非常合理的。

在互联网时代，基于共享理念的网络连接为人们拓展智囊搜寻范围提供了高度便捷。比如，在决策环境复杂、决策风险较大的择业与创业活动中，均可以到"在行"等网络知识技能共享平台上通过少量付费，找一位经验丰富、头脑清楚，又没有利益关系的资深人士请教做参考。对领导者乃至所有的人来说，"知乎"等网络问答社区上有各行各业专家，到上面去提问获得自己不确定决策事务的专业性意见，也是一个不错的选择。

第三节　领导决策中的追随者

从领导学角度来看领导决策中的追随者[①]，其重要性无论如何强调都不过分。本节主要从追随者角度来看领导决策，以及作为追随者在领导决策中如何发挥作用。关于领导者在决策过程中如何发挥追随者的作用，将放在后面相关章节来讲。

一、追随者在领导决策中起着不可或缺的关键角色

追随者是追随别人的意见和教导的人，他们是在追求组织利益和价值中的参与者、拥护者与合作者。领导决策中的追随者有两层含义，第一层是作为下属的追随者，他们从组织关系角度直接听命于领导者；第二层含义是不限于下属的追随者，不一定是在组织关系中的下属，而范围扩大到组织内非下属、非组织成员和社会公众。领导决策中要兼顾这两个层次的追随者，赢得他们对决策的支持和认同。追随者与领导者的互动构成追随力。追随力是追随者有效执行领导者的指令、支持领导者的工作的能力，其目标是达到组织目标最大化。追随力反映上下级之间的关系，及上级对追随者的行为反应。

下属在决策之前要贡献自己的想法，在决策之后要执行上级的决定。追随者在领导决策中具有三种功能：首先，他们的需求是领导决策考虑的重要起点之一，不少决策都是应下属或群众的呼声而启动；其次，他们的

① 追随者（follower）不限组织层级积极主动参与和接受领导决策。与追随者相接近的下属（subordinate）又称被领导者，则是根据组织层级接受领导决策。本书有时使用“追随者”，有时也根据内容情境使用“下属”“下级”，三者基本同义。

看法是领导决策的重要考虑，如果下属或群众大多持反对态度，一项决策就很难执行下去；最后，他们的实践工作为领导决策提供有效的信息和反馈。比如外交决策主要由中央领导层来做，但决策依据则很大程度上来自作为下属的外交届人士，比如驻各国使领馆人员提供的当地第一手信息资料，外交研究人员和智库提供国际形势的深度分析和前瞻性建议，等等。有学者提出好的被领导者的标准：坚决支持和拥护能够代表人民群众根本利益和历史发展方向的正确领导者，坚决贯彻落实一切正确的领导决策；坚决抵制和反对一切损害社会与人民根本利益的错误领导，积极帮助好的领导者改正领导工作中的错误；脚踏实地地做好本职工作，为制定和实施领导的正确决策创造经验①。中央的很多重要决策，就是建立在各地好的探索基础上，地方成功经验通过中央推广到全国。

现实中的权力差距和组织文化限制了下属在领导决策中发挥作用。在一个高权力差距的组织中，下属常常趋于依赖其领导，在这种情况下，领导者采取集权化决策方式，自己做决策，下属接受并执行。而在低权力差距的组织中，领导者与下属之间，只保持一个较低程度的权力差距，下属则广泛参与影响他们工作行为的决策。

在中国，很多组织的基层和下属都不太了解高层的决策过程，由于对上层具体运作的了解不够，加上缺乏一个鼓励下级参与决策的机制，使得决策过程只能是一个自上而下的过程，从而导致顺从多而追随少。与下属概念直接相关的是基层员工，下属不一定是基层员工，基层员工则一定是下属。基层员工的作用是正确地理解与执行领导的决策。由于所处层级和面临任务，基层员工往往关注眼前和细节，关心的是把手边的事务做好。作为决策链条最终端的角色，基层员工常常没有多少发言权，如果遇到作

---

① 邵景均：《怎样做好官》，中国方正出版社，2014年版，第247页。

风比较民主的领导，他们还可以反映一下决策有关的执行情况。如果遇到作风霸道的领导，他们连工作的积极性都可能会受到抑制，仅仅勉强应付般地执行决策，决策在他们手中的执行效果可想而知。

二、影响下属对领导决策态度的因素

下属对领导决策的态度直接决定了领导决策的成败。这里引入西方领导理论的结构、关怀和发展三个衡量领导行为倾向的维度，来分别考察下属对领导决策的态度。

1. 结构维度

结构维度下，领导者主要关心任务，他们更愿意界定和建构自己与下属的角色，以达成组织目标。权利分明，谁重谁轻，必须主次分明，才能起到良好的制约作用。有些领导者因为个人领导风格的原因，比如过于强势、回避、有明显的喜好和偏心等，下属在表达自己想法时常常有所保留，甚至很少讲出自己的真实想法。仅仅盯住任务的领导者其实是活在自己诠释的世界中，并没有花时间、精力好好了解他人的感受和观点，他们有点类似于“皇帝的新装”中的皇帝。在这种情境下，领导者做出的决策很可能导致下属借故拖延，积极性不高。

2. 关怀维度

关怀维度下，领导者主要关心人，尊重和关心下属的看法和情感，更愿意与下属建立相互信任的工作关系。关怀维度可以被看作结构维度的一个有效辅助，毕竟人与人之间也是有情感成分存在的。关怀维度为结构维度塑造有益的氛围与环境，认同才会追随领导者及其决策，在关怀维度下，下属能够感受到领导者的尊重与信任，从而产生认同。领导者有勇气面对真实，下属不再顾忌表达真实想法，在充分分享真实状况的基础上，做出的决策对大家通常是更有利的。

3. 发展维度

下属的发展维度，如下属的领悟能力、教育程度、对成就的需要、对独立的需要，对命运的看法等也都影响领导决策的有效性。弗罗姆（Victor Vroom）的领导者参与模型将领导行为与下属参与决策联系起来，强调下属参与决策的程度、对下属的激励与培养等。这些都是影响领导决策有效性的重要因素。

根据“经济人”假设，下属出于趋利避害的考虑，对领导决策的态度很大程度上受其利益的支配，甚至自身利益是下属考虑领导决策的首要因素。换句话说，若符合利益就积极支持，若触犯利益就消极抵制甚至反对。比如基层在执行上级决策时还要考虑本地人收益情况，如无收益就打折走样，导致上级决策在基层很难落实到位，进展情况不尽如人意，有时甚至南辕北辙。因此对下属利益的关注常常是领导决策中的重要考虑因素。领导决策在实现任务的同时，尽可能为下属提供利益，比如关怀和发展，而且在做触犯下属利益的决策时应特别谨慎。

三、下属在领导决策中如何发挥有效作用

基于各种主客观原因，下属对领导决策提出意见并不一定会非常顺畅。这就需要下属根据情况，灵活掌握尺度和方法，力争使自己的意见能够纳入领导决策视野。

一般来说，处于主要决策者地位的领导者会从全局角度来做出决策。外人从旁观者的角度可能看出一些问题并提出意见，但要注意分寸，把握决策规律。首先，每一项改变都意味着对原有决策的否定，决策者心理上有个接受的过程；其次，改变很可能意味着投入增加，实施成本也是一个重要考虑；再次，领导者通常事务很多，能分配在某一事物上深入细致思考的时间与精力也比较有限；最后，改变有时后果难以估计，维持现状成为最佳

选择。基于上述诸多原因，领导者在决策中不采纳下属看似合理的建议也属正常，这就需要下属具有较高的劝谏技巧。战国末期，秦国李斯在《谏逐客书》中始终站在完成统一天下大业的高度来劝谏，紧紧抓住秦王的心。第一句“臣闻吏议逐客，窃以为过矣”。李斯在该句中所针对的对象，吏也！逐客令是秦王所下，正常人如果谏言会直接说秦王之错也，但是李斯却巧妙地把逐客的过错归之于“吏”，不仅措辞委婉，而且十分注意谏言的语言策略。同样是直谏因为不同的语言策略产生很大的反差，从古至今有无数少人因未注意到这个细节而“忤逆”了上司让效果大打折扣甚至掉了脑袋。

如果下属对某项决策有意见，向领导提出后不予采纳，可把大的意见分解成一些小的意见，根据情况先提出最关键、最急需改正的，以后再逐渐提出更多的改进意见。尤其是对年轻下属来说，人微言轻，有时提出的意见不一定能被领导听进去。年轻下属不能仅仅服从安排，在关键时候要显示自己的独特性，如果能够切中要害，其意见可能会得到领导者的重视。

下属在执行现行政策过程中，发现有些政策就像“第二十二条军规”一样明显不合理，或者不符合本地区、本单位实际情况，而且自己都想不通时的处理技巧。首先，既然是现行政策，在不带来明显危害的情况下还是遵照执行；其次，如果按该政策执行起来明显会造成重大危害，要暂停执行，并紧急向上级汇报，同时具体说明不可行的问题或后果是什么；再次，平时工作中注意收集这些情况，到一定时候整理出来向上级进行汇报，为上级修改政策提供有效信息；最后，如果有必要，向政策执行对象进行解释说明。

领导决策方案本身或者在执行过程中遇到相关政策制约而无法执行时的处理技巧。此时下属要适当进行提醒，领导者如果知道该政策规定，一般会考虑如何修改决策或规避政策；一些业务性非常强的领域，领导也不一定具体了解相关政策，如果领导者不了解，下属要同领导者从政策角度进行劝说以及更为细致的沟通。提醒与沟通过程中都需考虑到策略，不要让人形成领导者不懂行等不良印象。这是基于美国女学者玛丽·福列特（Mary Folltee）的动态管理理论，该理论认为，处理冲突有三种方法：压制、妥协和整合。后者是处理冲突的唯一积极的方式，可以通过先“暴露”出真正的冲突所在，然后把双方的需求分解后组合成有机的整体。

下属提建议时，尽量让领导做选择题，而不是做问答题。下属要带着方法和建议去见领导，如果真的没有就回去想。一敲门进来就是请示不行，下属要提出自己的建议、方法和意见。下属提出意见不仅仅提一个，最好能提出多个方案供领导者挑选。本着凡事要有依据的原则，下属要随时准备汇报各种备选方案的优缺点及自己的倾向，理想的状态是领导者只需要听取后在各种方案里选择一个，拿笔勾选即可。

下属在执行决策中遇到自己难以克服的难题时的处理技巧。对于一般领导者而言，很多决策工作主要是将上级政策转化成本地区、本单位的实施行动。如果下属在工作中遇到导致暂时完不成任务的巨大难题，首先寻找困难原因，然后请示汇报，听取上级意见。如果上级坚持要继续做，他应该为你提供继续做下去的解决指导或方案；如果上级态度暧昧，可先放一放，冷处理一下，等有机会再克服；如果上级执意要求继续执行，但又不给出具体有效的指导，这时可继续与上级沟通，基本态度是诉苦但不抱怨。

有些组织层级较多，经常会出现上级领导和再上级领导对某事意见有分歧，并且有时会都给同一名下属下达不同指令，导致该下属无所适从。这时，最理想的情况是两位领导先统一意见，下属好操作。如果两位不同层级的领导意见不统一，下属主要应听直接领导的，对决策的建议可以反馈给直接领导。至于再上级领导的意见，下属可跟直接领导汇报，从正式组织层级上来看自己主要根据直接领导的决策行事。不过，虽然越级汇报是忌讳，越级指挥也不宜，但是越级沟通则是被允许的，前两者是正式的，需要按照组织管理程序，后者是非正式的，不用遵循程序。若没有后者，组织信息流动就会缓慢而低效。

【案例阅读】滑铁卢的一分钟："格鲁希困境"

维也纳会议正在举行之时，拿破仑从厄尔巴岛的牢笼中闯出，占领了里昂，赶走了国王，军队改旗易帜，他重回巴黎，住进了杜伊勒里王宫。那些刚刚还在互相抱怨和争吵的大臣们现在需要再次联合起来，彻底击败这个篡权者。9.3 万英荷联军在英国威灵顿将军的率领下，从北边进攻法国；11.7 万普鲁士士兵在布吕歇尔元帅的统领下支援威灵顿的部队，从另一个方向挺进法国；规模更大的奥地利与俄国军团也正在集结中。

拿破仑知道，他必须在普鲁士人、英国人、奥地利人联合成为一支欧洲盟军以前就将他们分而攻之，各个击破。他必须行动迅速。1815 年 6 月 15 日凌晨 3 时，拿破仑大军的先头部队越过边界，进入比利时。16 日，他们在林尼与普鲁士军遭遇，并将普军击败。被击败而并未被消灭的普军向布鲁塞尔撤退。现在，拿破仑准备向威灵顿的部队进攻。他不允许自己喘息，也不允许对方喘息，因为每拖延一天，就意味着给对方增添力量。

17 日，拿破仑率领全军到达四臂村高地前。威灵顿，这个头脑冷静、意志坚强的对手已在高地上筑好工事，严阵以待。拿破仑抽调出一部分部队去跟踪追击普鲁士军，以阻止他们与英军会合。他把这支追击部队交给了格鲁希元帅。格鲁希，气度中庸，老实可靠，兢兢业业。他从戎 20 年，参加过从西班牙到俄国、从尼德兰到意大利的各种战役。他是缓慢地、一级一级地升到元帅的军衔的。不能说他没有成绩，却无特殊的贡献。是奥地利人的子弹、埃及的烈日、阿拉伯人的匕首、俄国的严寒，使他的前任相继丧命，从而为他腾出了空位。他不是青云直上登坐最高军衔的职位，而是经过 20 年战争的煎熬，水到渠成。

6 月 17 日上午 11 时，拿破仑第一次把独立指挥权交给格鲁希元帅。拿破仑的命令是清楚的：当他自己向英军进攻时，格鲁希务必率领交给他的三分之一兵力去追击普鲁士军。同时，他必须始终和主力部队保持联系。格鲁希元帅踌躇地接受了这项命令。他不习惯独立行事。只是当他看到皇帝的天才目光，他才感到心里踏实，不假思索地应承下来。使他放心的是，大本营就在附近。只需三小时的急行军，他的部队便可和皇帝的部队会合。

6 月 18 日上午 11 时，炮手们接到命令：用榴弹炮轰击山头上的身穿红衣的英国士兵，决定拿破仑命运的时刻开始了。此后整个下午，拿破仑军团向威灵顿的高地发起了一次又一次的冲锋。战斗一次比一次残酷，投入的步兵一次比一次多。他们几次冲进被炮弹炸毁的村庄，又几次被击退出来，内伊元帅把全部骑兵投入了战斗。于是，一万名殊死一战的盔甲骑兵和步骑兵踩烂了英军的方阵，砍死了英军的炮手，冲破了英军的最初几道防线。虽然他们自己再次被迫撤退，但英军的战斗力已濒于殆尽。山头上像箍桶似的严密防线开始松散了。当受到重大伤亡的法军骑兵被炮火击退下来时，拿破仑的最后预备队——老近卫军正步履艰难地向山头进攻。欧洲的命运全系在能否攻占这一山头上。双方的军队都已疲惫不堪，双方的统帅都焦虑不安。双方都知道，谁先得到增援，谁就是胜利者。威灵顿等待着布吕歇尔；拿破仑盼望着格鲁希。

格鲁希并未意识到拿破仑的命运掌握在他手中，他只是遵照命令于 6 月 17 日晚间出发，按预计方向去追击普鲁士军，但在开始时始终没有找到任何普军。正当格鲁希元帅在一户农民家里急急忙忙进早餐时，他脚底下的地面突然微微震动起来。所有的人都悉心细听，从远处一再传来沉闷的、渐渐消失的声音：这是大炮的声音，是远处炮兵正在开炮的声音，不过并不太远，至多只有三小时的路程。格鲁希征求意见，副司令热拉尔急切地要求："立即向开炮的方向前进！"第二个发言的军官也赞同说："赶紧向开炮的方向转移，只是要快！"所有的人都毫不怀疑，皇帝已经向英军发起攻击了，一次重大的战役已经开始。可是格鲁希却拿不定主意。他习惯于唯命是从，他胆小怕事地死抱着写在纸上的条文——皇帝的命令：追击撤退的普军。热拉尔只能尽最后的努力，他恳切地请求：至少能让他率领自己的一师部队和若干骑兵到那战场上去。他说他能保证及时赶到。处于两难困境中的格鲁希考虑了一下，他只考虑了一秒钟，便使劲地摇了摇手。他说，把这样一支小部队再分散兵力是不负责任的，他的任务是追击普军，而不是其他。军官们闷闷不乐地沉默了。而决定性的一秒钟就在这一片静默之中消逝了，它一去不复返，以后，无论用怎样的言辞和行动都无法弥补。

最后的决定性的增援部队就该到达了，威灵顿知道布吕歇尔就在附近，而拿破仑则希望格鲁希也在附近。现在双方都已没有后备部队了，谁的增援部队先到，谁就会赢得这次战役的胜利。普军的大批人马突然毫无阻挡地、浩浩荡荡地从树林里穿出来。仅仅几分钟的工夫，法军这支有着赫赫军威的部队变成了一股被人驱赶的抱头鼠窜、惊慌失措的人流。头昏目眩的拿破仑逃到一家低矮的乡村客店里，疲倦地躺坐在扶手软椅上，这时，他已不再是个皇帝了。他的帝国、他的皇朝、他的命运全完了。

摘自［奥］斯蒂芬·茨威格：《人类的群星闪耀时》，舒昌善译，广西师范大学出版社，2004 年版。有删节和调整。

案例启示：

在滑铁卢战役中，如果格鲁希真的及时回去增援拿破仑了，那么世界历史可能会因此而改写。但这只能说是后人的看法。对于当时身处其中的格鲁希来说，这是不可能的事。表面上面临两种选择的格鲁希事实上只能有一种选择，就是他已经做出的选择：不折不扣地执行拿破仑的命令，追击普军，即“格鲁希困境”。

主观上，这与格鲁希跟随拿破仑20年来养成的性格有关，那就是：服从命令，绝不产生半点儿差错。客观上，格鲁希也会这样做。当拿破仑把三分之一的兵力交到格鲁希手上去追击普军时，他给格鲁希的明确规定是：必须随时与主力部队保持密切联系。也就是说，不管情况如何，他格鲁希都无权做最终决定，做出最终决定的仍然是拿破仑自己。作为军人，绝不能违背皇帝的旨意，这是死罪。皇帝给他的命令是追击逃兵，擅自违抗命令肯定会受到严厉的惩罚。格鲁希当时的选择并不是真的“糊里糊涂”的选择，而是在内心里经过认真分析后的选择。这种分析选择的出发点和落脚点只有一个：提升地位和避免失去生命的权衡，他理性地选择了后者。

C H A P T E R 0 3

第三章

领导决策思维

领导决策是领导者个人或群体的思维过程及其结果。决策思维中蕴含着多重价值，如科学、民主、法治、共赢、创新、利益等，这些价值有时相互补充，有时又互相冲突。关于思维方式的分类多种多样，本章选择对领导者来说最为重要的四种思维方式，来看领导者如何运用这些思维方式来进行决策。

第一节　辩证思维与科学决策

辩证思维是按照唯物辩证法的原则进行思考。领导者掌握唯物辩证法这一科学认识方法就能够为科学决策提供有力的思想武器。对领导决策来说，辩证思维主要包括：领导者根据事物的普遍联系进行决策，领导者根据事物的发展变化进行决策，领导者根据事物的对立统一进行决策。

一、领导者根据事物的普遍联系进行决策

领导者要用普遍联系的观点来考察思维对象，从空间上来考察思维对象的横向联系。中国政府发起的“一带一路”倡议，就从空间上把中国与

欧亚非沿线国家联系起来了。“一带一路”从空间上横跨欧亚大陆，撬动亚太崛起。它是中国连通世界的桥梁，也是沿线国家携手共进的纽带。在国内，“一带一路”倡议与国内区域开发开放有机结合起来，以沿边地区为前沿，以内陆重点经济区为腹地，以东部沿海发达地区为引领，加强东中西互动合作，打造中国全方位对外开放的新格局。在国际上，“一带一路”贯穿亚欧非大陆，一头是活跃的东亚经济圈，一头是发达的欧洲经济圈，中间广大腹地国家经济发展潜力巨大。丝绸之路经济带主要畅通中国经中亚、西亚、俄罗斯至欧洲（波罗的海）等地。21 世纪海上丝绸之路的重点方向是从中国沿海港口过南海到印度洋，延伸至欧洲。中国政府决策者的思维在空间上超越了传统的丝绸之路的限制，区域空间进一步扩大，合作空间也得以深化。

领导者决策时，眼光不能仅仅放在决策对象本身，而要用联系的观点来观察其他事物，寻找解决问题的最佳切入点。战国中期，势力强大的魏国进攻赵国，魏国将军庞涓指挥大军包围了赵国的都城邯郸。赵国向齐国求援，齐国任命田忌为将，孙膑为军师前往救援。田忌本来打算带领军队直接去赵国与魏军作战，孙膑认为，魏国的精兵都在攻打赵国，国内空虚，主张采取避实击虚的灵活战术，向魏国的国都大梁（今河南开封）进军，造成兵临城下，大军压境之势。田忌采纳了孙膑的计谋，率军进攻魏国。庞涓得知消息后急忙星夜从赵国撤军回国。孙膑预先在魏军回国的必经之地桂陵设下埋伏，大败魏军。战史上把这种作战方法叫作“围魏救赵”。这里孙膑用了普遍联系的思维，在没有把握在邯郸击败魏国大军的情况下，就不再直接把援兵派往要救的对象赵国，而是出兵后防空虚的魏国，达到败魏和救赵双重目标。他以表面看来舍近求远的方法，绕开问题的表面现象，从事物的本源上去解决问题，避实就虚，击中要害，从而取得一招制胜的神奇效果。然而，从更长远来看，孙膑围魏救赵的谋略，最终得利的是秦国。秦国利用魏国疲敝之时，尽收河西之地，收回了函谷关，确立了其一统六国的必要基础，这是从“围魏救赵”衍生出来的进一步联系。

二、领导者根据事物的发展变化进行决策

领导者要用发展变化的观点来考察思维对象，从时间上来考察思维对象的过去、现在和将来的纵向发展过程。中国政府的“一带一路”倡议，从时间维度上看，借用古代“丝绸之路”这一历史符号，以古代的丝绸之路为基础在世界版图上继续延伸。古代丝绸之路在经贸合作、文化交流、民族稳定三个方面发挥了积极作用，“一带一路”一头牵着历史，一头连着现实。它见证千年风雨沧桑，也充满了日新月异的发展活力。中国政府根据当今时代主题，既在性质上赋予了古丝路新的内涵，又超越了传统丝路的思维模式，不仅传承古人开辟古丝绸之路、追求交流合作的基因，也蕴含着涤荡冷战残余、探索全球治理新模式的志向。如今，共建“丝绸之路经济带”和“21 世纪海上丝绸之路”这个新的构想在世界政经版图铺展开来。

从发展的角度看，人们对事物的当前的认识都是有局限性的，认识常常伴随着实践的发展而逐渐深入。中国政府花了几十年的工夫建立和巩固一套套观念系统，改革开放后又花费更多的时间来破除它们，改革的成本高昂就是因为原有的观念系统过于顽固。因此，社会发展更多的是一个“试错”的过程。不要急于去建立一套自以为正确和永恒的观念系统。这不仅是一种科学的态度，也是一种社会公共生活的大智慧[①]。滴滴快车、Uber 等颠覆了用户和出租车的连接，从而让资源真正重新配置，产生化

① 秦德君:《公共生活的地平线》，中国社会科学出版社，2007 年版，第 20 页。

学反应甚至核反应效果。专车这种对传统出租行业的“破坏性创新”刚刚出现时，不仅遭到传统出租车行业的抵制，也时常遭到一些执法部门的查处，相关部门对其是否合法则大多持比较模糊的态度，体现了这些颠覆性的服务模式应用与传统模式之间的摩擦。后来新模式逐渐在一些地方开始得到有条件的认可，纳入政府规范和认可的合法范围，体现了政府部门面对新技术发展有一个逐步了解和接受的过程。

再比如，城市化发展带来的产业园区产城分离现象严重的弊端日益暴露，这种问题正在得到纠正。中国在改革开放中建了大批产业园区，但由于土地利用规划的呆板，产业园区按规定只能用于生产性建设，缺乏居住、购物、餐饮、娱乐、教育、医疗、休闲等生活配套，导致产业园区白天热闹，晚上几乎成为空城，产业与城市融合度很低。随着城市规模的扩大，这种规划的缺陷逐渐明显，园区员工上下班路上花费时间过长，对本已拥堵的城市交通造成巨大压力。为了破除这种弊端，一些大中城市开始调整规划，实行产城融合，建设产业城，而不是单纯的产业园区，比如各地高铁沿线大量规划的高铁新城，以达到产业、城市、人之间有活力、持续向上发展的宜居宜业模式。

领导者要从现象发现本质以及未来的趋势走向，也就是及时发现风口。1945 年 7 月，美英苏三国首脑在德国的波茨坦举行最后一次战时会议。在前几天的会议中，美国总统杜鲁门（Harry S. Truman）和苏联领导人斯大林（Joseph Stalin）身边的英国首相，还是之前的老朋友丘吉尔（Winston Churchill），但是到了后几天，则变成了新任首相艾德礼（Clement Richard Attlee）。丘吉尔在第二次世界大战中战功赫赫成为英雄，却在第二次世界大战尚未完全结束时就被工党领袖艾德礼在大选中击败下台。这是因为艾德礼高举福利国家的旗号，而不是与竞争对手丘吉尔在第二次世界大战这一平面上对话，在议题上成功地扬长避短。竞选时欧洲战争已经结束，人民渴望和平，厌战情绪强烈，而仍然沉浸在战争状态的丘吉尔的政治主张已经不符合当时英国民众的意愿，不适合时代的潮流。英国民众希望选出一位能够以建立维护和平为主导思想的领导者。艾德礼此时成功当选的重要原因就在于积极推动福利国家建设这一“战后共识”，在议题上迎合了英国选民的心理需求。

领导者要抓住那些以点带面的小事，见微知著。西汉宣帝时期，丞相丙吉十分关心百姓的疾苦，他经常外出考察民情，一次外出，他见一群人在斗殴，他没有去制止；而看到一头牛在吃力地拉车，他却停下叫人去询问。下属说他只重畜不重人，丙吉解释说：“行人斗殴，有京兆尹等地方官处理即可，我只要适时考察其政绩，有功则赏、有罪则罚，这样就可以了。丞相是国家的高级官员，所关心的应当是国家大事。而问牛的事则不同，如今是春天，天气还不应该太热，如果那头牛是因为天太热而喘息，那么现在的气节就不太正常了，农事势必会受到影响。所以，我过问了牛的事儿。”汉朝还属于农业社会，农事如果不好，势必影响到老百姓的生活乃至国计民生。丙吉问牛而不问人，说明他作为领导者善于发现自己职责范围内的问题发展的苗头，从而抓住了要害。

三、领导者根据事物的对立统一进行决策

领导者要用全面的观点来考察思维对象，对其进行多角度、多层次的思考。领导者眼中的世界应该是多彩的而不是黑白的。领导决策往往在灰色区域，没有非此即彼。比如企业在市场竞争中，不要老想着同竞争对手对立，而是要想办法让自己弥补竞争对手的不足。正是竞争对手的存在和相互竞争，才使市场具有一种生态意义上的合作，这是一种最高程度的市场合作。因为对手的成功和强大，也给自己带来低成本学习强者的机会以及快速吸取人家教训的捷径。从长远来看，市场竞争与其说是一场对手博弈，还不如说是一场长跑接力更为准确，还极有可能达成各方共赢的局面。因此要感恩竞争对手而不是抱怨和仇视。

中国长期存在的“官本位”现象，与权力和责任严重不对等有关。如果真正建立问责制，对决策失误要追责，没有足够能力承担责任者就会知难而退。当然，责任制度也不能做得太过，否则就没有官员敢大胆探索创新，因为探索创新的失败可能性大。如果官员为了避免承担责任都原地踏步走，又会导致因循守旧，死气沉沉。

现实中任何问题都没有唯一的解，任何决策都有利弊两面。福列特提出：“当我们的思想不能挣脱‘非此即彼’的桎梏，我们将鼠目寸光、左右碰壁、成功渺茫。千万不要让非此即彼埋没了我们。这个世界上可能还存在很多比‘此’‘彼’两种选择更好的方法。”从这个角度来看，人们主要不是应争论事情的“对”与“错”，而是“好”与“差”，最终追求的是“更好”。比如，对社会发展模式的认知上，即使美国、日本和欧洲一些发达国家的发展总体上比较成功，但也并不代表它们是人类社会发展的唯一正确的模式，更不能代表后发展国家一定要采用它们的模式才能成功。因此中国探索出适合自己国情的中国特色社会主义发展道路。尽管备受一些笃信西方式民主者的攻击，但在走中国特色社会主义道路中，中国成为世界第二大经济体，并成功地使几亿人脱贫，社会文化也比较繁荣，这些实践证明这种制度对中国来说是有效的。

领导者要用辩证思维来看待不同学科的视角，兼容并收。比如，领导学强调变革创新，与依法行政、制度建设的关系在于，如果没有法律制度，人们将面对一片混乱，而如果没有变革创新，未来将是一潭死水。制度着眼于现在，创新着眼于未来，两者是一个硬币的两面，缺一不可。

领导者在统筹全局的基础上要抓住重点。营销里面有“第一法则”，说明位居首位的特殊重要性。比如对美国人来说，谁是第一个飞越大西洋的人？一般人都能答出来，但问谁是第二个，就没人能答出来。又问谁是第三个？大家也都能记得。因为第三个是女性，她也有一个第一。因此领导者把“第一”挖掘出来至关重要，因为它很可能就是关键价值点。领导者既要抓住中心工作，又要围绕中心工作而同时开展其他方面的工作。工作中矛盾很多很复杂，其中决定和影响其他矛盾的矛盾就是主要矛盾，主要矛盾反映到工作中就是中心工作。在从两点甚至多点思考的同时，常常还是要有重点才行。

第二节 系统思维与战略决策

系统思维是以系统论为基础的一种思维模式。领导者运用系统思维就能够进行战略层面的决策。对领导决策来说，系统思维主要包括：领导者要根据事物的整体进行决策，领导者要根据事物的结构进行决策，领导者要根据事物的要素进行决策，领导者要根据事物的功能进行决策。

一、领导者要根据事物的整体进行决策

领导者在分析和处理问题的过程中，始终要从整体来考虑，把整体放在首位。罗马帝国时期，北非古国迦太基的军事天才汉尼拔（Hannibal Barca）在“汉尼拔战争”中成就卓著，他在外交上孤立罗马帝国是成功的，在军事上在意大利境内十几年基本上不败也是成功的。然而，就在汉尼拔率大军在罗马帝国攻城略地、所向披靡之际，作为后方基地的迦太基政府却害怕汉尼拔胜利后会回到迦太基夺取政权，因此愚蠢地决定不再给汉尼拔持续的援助，导致汉尼拔的失败。迦太基被迫接受了罗马屈辱的和约。在局部战略上和大战略上，汉尼拔作为实际在前线坚持战争的指挥员，他的军事才能发挥到了极限。但是，由于汉尼拔本人并不是国家政策的制定者，即便在一个局部上实现了战术与战略的双重胜利，但当个人成就与国家整体利益被最高统

治者认为冲突时，汉尼拔的失败在所难免。因此，汉尼拔的失败与其说是由于罗马战略战术运用得当的成功，还不如说是迦太基总体国家战略的失策。

事物的整体性要求领导者具有整合思维，把思考问题的方向对准全局和整体、从全局和整体出发。日常工作中，跨部门协调比较难，各个职能部门利益分割，有好处的争着做，没好处的踢皮球，常常用上级主要领导或分管领导出面担任组长的领导小组来解决。其他如大部制、联合执法等，都是为了整体性地解决某项工作的衔接问题。比如人们常吃的食品，原料大多是农业部门管，生产是质监部门管，销售是工商部门管，食用是卫生部门和食品监管部门管，分头管理弊端很大，相关职能合在一起，几个部门就变成一个市场监管部门，这就是整合思维。

系统思考是一种概念框架，一个知识体系，一个在过去50年里开发出来的工具系列，它的功能是让各类系统模式全部清晰可见，并且帮助我们认识如何有效地改变这些模式。[①] 各大城市开展智慧城市建设，很多都是每个部门成立信息中心，自己建一套独立的信息系统，花费巨大，由于标准不统一，互联互通程度不高，造成“信息孤岛”现象，数据的共享价值没有得到充分体现。除了公安系统等一些涉及保密的数据不能共享之外，各个部门诸如摄像头数据和统计数据等均可以在一定范围内共享，技术是可以通过电子政务外网信息云平台实现的，进一步还可以建立统一的政府数据信息中心。至于涉及泄密问题可以通过研究协商出办法。然而一些部门出于部门利益，缺乏全局观，导致这种无度的重复建设。整合电子政务信息系统的事项如果不明确牵头部门，很难有某个部门出面去做。这就需要上层领导者来明确某个部门或成立跨部门临时机构牵头进行整合。

有些事物从大系统（高层和全局）来看是不合理的，而从子系统（基

---

① ［美］彼得·圣吉：《第五项修炼——学习型组织的艺术与实践》，张成林译，中信出版社，2009年版，第7页。

层和局部）来看有合理性。而有些事物从子系统来看不合理，从大系统来看却又有合理性。这种合理与不合理，都有着显著的主观色彩，也即很大程度上是人们认知的产物。正因为存在这种主观色彩，所以实际上并非所有看似不合理的现状都是有必要立即去改变的。协调大系统和子系统之间的矛盾是这里的关键，如果无法系统协调，仅抓住其中一点去改变，有可能会带来更多的问题。“仆人眼中无英雄”，这是一句西方谚语，说明英雄要放在一定时代，系统地来看才能看出。因为离得太近，伟人所有的生活细节、小小的毛病和瑕疵都逃不过仆人的眼睛，而伟人赫赫的功业、巨大的光环并不能在仆人的面前掩盖个性的缺陷。仆人只能看到局部，无法看到全局，无法历史地、系统地来看主人。

领导者要在领导过去、领导现在、领导未来三个功能维度保持均衡：过去功能，就是从过去的经验教训中寻找现在问题的思路；现在功能，就是专注于现在的情况，考虑从哪里下手寻找突破口；未来功能，善于从未来的发展趋势看问题。

从这三个功能维度出发，领导者对事务安排的决策要稳步推进，量力而行，不可操之过急。隋炀帝杨广在位只有短短的 13 年，却有不少泽被后世的大手笔。赞之者从长远历史贡献来看，称隋炀帝具有雄才大略，敢为人先，治国能力可比秦始皇和唐太宗。仅就开凿大运河来说，凝聚着决策者隋炀帝高瞻远瞩的战略眼光和敢办前人不敢办的大事的自信和决心。然而，隋炀帝在后世得到的却只是暴君的千古骂名，身败名裂。因为在当时，13 年干了这么多大事，平均到每个百姓头上，人民负担之重、劳役之苦可想而知。这些大手笔显然大大超出了当时的国力承受范围，对于社会生活的破坏是灾难性的，因此遭到社会民众的激烈反对，其统治很快被推翻。因而有一种评价，隋炀帝不是不伟大，而是伟大得过了头，正可谓“罪在当代，功在千秋”，这是被政绩工程拖垮的典型。如果隋炀帝合理规划政策步骤，大项目一步步展开而非一哄而上，施政效果应该会好得多。

利用系统思维可以解决决策中常见的跨部门合作与沟通问题。比如利他思维，行事方式如果以自我为中心，就难以得到其他部门的支持。但若心怀助人之意，自然达到自助的目的。伊索寓言里的太阳和北风打赌，看谁能让路上的行人先脱下衣服。北风想凭借自己的威力吹落行人身上的衣服，结果失败；太阳以和善的方式遍洒温暖，行人脱衣回赠。再比如大局意识，思考跨部门问题时不能仅仅站在自身角度，不能仅把自己完成某项指标作为目标，而是要站在本部门与其他部门之上的全局角度进行综合分析，找到解决问题的制高点。

二、领导者要根据事物的结构进行决策

一个领导者能力的强弱取决于他能在多大程度上使组织运作有序化。领导者进行系统思考时宜采用金字塔原理，即整个思路是单一思想统领下的金字塔结构，这样就会思路清晰，条理分明。另一个相关的思维工具是思维导图，与使用归纳演绎逻辑的金字塔原理相比，思维导图更注重发散性，而且图形化呈现。要注意系统内部结构的合理性，即各部分之间组合是否合理。各个领域和主体的政策互相可能会产生牵制。身为领导者必须将这些政策统一起来纳入单一思想，而行动应遵循基于精心构思的思想。

领导决策的事务就像弹钢琴一样，要综合平衡结构，发挥协同效应，维持常规工作、寻找开拓工作、抓住机遇工作。常规工作属于基础，不做便是过；开拓工作属于创新，做了便是功；机遇工作属于机会，不抓便是罪。比如，无论对国家、地区还是组织来说，人才、资源、环境、制度、文化、价值观等都不可或缺，单独讲哪个最为重要没有意义，主要是看具体情境下哪个已经成为显著制约性短板，就要更多地强调哪个，缺什么就补什么。军队里盛行一句话：外行谈策略，内行谈后勤；外交界有句话：外行谈策略，

内行谈能力。这些都说明，不同领域的关键点也不一样。作为领导者，一定不能让自己所处领域的关键点出现明显短板，否则几乎必败无疑。

领导者可根据事物结构统筹推进工作。中国改革版图是在几代中央领导集体不断探索基础上推进形成的。20世纪80年代，广东的深圳特区率先崛起；20世纪90年代，上海浦东新区傲视群雄；21世纪前十多年，天津的滨海新区令人瞩目；此后全国逐渐形成“一带一路”、京津冀、长江经济带三大区域改革统筹推进的总体格局。在实施京津冀协同发展的大战略中，重点规划建设雄安新区，调整优化京津冀城市布局和空间结构，集中疏解北京非首都功能。每个阶段都有重点推进的区域，最终实现全国整体改革开放的局面。

领导者可根据事物结构解决历史遗留问题。在特定历史阶段所产生的历史遗留问题的解决，不能突破法律和政策的底线。上级领导接访或者包案时多听取基层同志的意见，不要轻易对基层的处置底线“开口子”。一旦引起连锁反应，难以收场。因为类似的问题太多，牵一发而动全身，因此常常只能采用迂回战术。比如，对由于历史政策原因导致的贫困和历史性补偿，在无现有政策可循，又暂时无法通过出台新政策一揽子解决的情况下，可以通过个别帮困的个案方式解决，也能达到类似的解决效果。

从思维上将要素进行分类，对不同要素采取不同的策略。战国时期，各大国连年争战，争雄称霸，但一直未能使中国达到统一。当时，秦国最为强大，在战争中也经常取胜，鲜有败仗，但是没有一套正确的战略决策，多年实践劳兵伤财，收效甚微，疆土依旧不能扩大。自从范睢任秦国相国之后，提出“远交近攻”的策略，才使局面逐步打开。远交近攻，就是将其他国家按照与秦国的距离远近分为两种，和较远的国家交朋友论友谊，取得道义上的支持，而同邻近的国家开战，就近开疆拓土。根据该策略，秦国和燕、楚、齐等遥远国家亲善，出兵征伐韩、赵、魏等邻近国家，开疆拓土，蚕食鲸吞，最终完成了统一中国的大业。

三、领导者要根据事物的要素进行决策

领导者进行系统思考时，要注意相对具有重要意义的构成要素。要使整个系统正常运转并发挥最好的作用或处于最佳状态，必须对各要素考察周全和充分，充分发挥各要素的作用。事物没有一元的本质，只有多元的特质。维度越多越精确，越接近真实，但若过多又会过于复杂而超越人们的理解范围。因此，单一维度太简单，过多维度太复杂，一般三维较好，比如常见的自由平等博爱，民有民治民享、三大纪律、三大法宝、三生万物等，以损失精确换取理解有效。再比如，美国哈佛大学教授达奇·李奥那多（Dutch Leonard）等提出经典的战略决策工具“三圈理论”，即“价值、能力和支持”的分析框架。在制定一项公共政策时，首先必须考虑该政策方案的目标能否体现公共价值，其次必须考虑政策方案的实施与执行中的约束条件，最后必须认真考虑政策方案所涉及的利益关系者的态度与意见。把能力、支持和价值各用一个圈表示，这三个圈重叠的部分是能力、支持和价值都具备的最佳决策或实施区。重叠部分越大，成功的可能性越大。

人们一般认为多元化经营容易导致失败，然而专业化企业失败的例子也是不胜繁多。在 20 世纪 80 年代，当面临信息化和来自亚洲产品激烈竞争的情况下，美国通用电气（GE）董事长兼 CEO 杰克·韦尔奇（Jack Welch）上任后推行“数一数二”战略，将核心业务分为三类：核心生产、技术及服务。对于其他那些没有竞争优势的行业进行“整顿、出售或者关闭”。这些行业美国公司成本过高，而且进入门槛很低，附加值也不高。腾出来的资金可以在别的领域实施“数一数二”战略，GE 就这样非常成功地组合了 12 大不相关的产业板块。该战略获得很大的成功，大大增强 GE 的竞争力，使之成长为又大又强的超级企业帝国。

领导者要注意进行资源集聚。任何一个组织的资源都是有限的，领导

者的主要关注点应放在组织的弱点还是强项呢？中国营销理论长期遵循“木桶理论”，即企业应该“补短”，以求“滴水不漏”，从而获得最大价值。但这种传统营销理论已经不能适应企业发展的超高速度。战略大师迈克尔·波特（Michael E. Porter）1985 年提出“价值链分析法”受到企业追捧，该方法抛弃“短板”，加长“长板”，形成利器。企业要强化业务流程中真正创造价值、具有比较优势的环节，即价值链上的“核心战略环节”。“归核”就是把一些非核心战略性活动外包出去，充分利用国内、国际市场降低成本，提高竞争力和赢利水平的一种经营战略。如果组织注意力一味地放在短板，容易造成战略偏差，无法树立自己的优势。因此，在短板不过于影响常规工作的情况下，把决策注意力聚焦在自己的优势上，能够取得更好的结果。在零售业高度发达的美国，基本上是连锁店的天下，没有连锁的单个商店基本上很难生存，这同样是资源集聚的结果，也就是将成功经验这种宝贵的资源进行复制。连锁店产生了整体大于部分之和的效应，每个店的价值都高于单独经营时的价值。

特色小镇建设也是资源集聚的体现。特色小镇是一个集产业、文化、旅游和社区之功能于一体的新型聚落单位，它是以产业为核心，以项目为载体，生产、生活、生态相融合的一个特定区域。浙江原本就有一个县（镇）专门做一个（类）产品的传统，具有历史传承性，后来在省政府领导推广下开展特色小镇创建工作，理念日益清晰起来：互联网创业小镇、云计算产业小镇、基金小镇、旅游风情小镇，等等。主要起源于浙江的特色小镇建设经验后来被推广到全国。特色小镇符合资源集聚的规律，使得每个小镇都可以梳理自己的历史传统和优势特色，并将资源向这方面重点倾斜。上海市松江区车墩镇作为首批中国特色小镇，在位于镇域的上海影视乐园基础上打造特色，由单一的影视拍摄功能向多元的影视拍摄、影视制作、影视服务、影视节庆、影视会展、影视旅游等功能转变，形成松江南部新城华阳湖影视文化核心区、车墩永丰影视产业集聚区、延伸松南郊野公园影视文化生态休闲旅游区和华阳老街古镇风貌区，最终目标是建设中国科技影都。

四、领导者要根据事物的功能进行决策

领导者为了使一个系统呈现最佳态势，须从大局出发来调整或是改变系统内部各部分的功能与作用。各种功能根据需要发挥不同的作用，其中有些潜在功能需要特定时机才能发挥出来。战国时期，齐国的宰相孟尝君慷慨好客，门下的食客达三千多人。有一次孟尝君接受秦昭王邀请，带着门客来到秦都咸阳，并献给秦昭王一件纯白狐狸皮袍子。后来秦昭王听了谗言，把孟尝君软禁起来，孟尝君请秦昭王的宠妃帮忙解救，妃子要一件白色狐皮袍。孟尝君很为难，此时有个门客挺身而出，当天夜里模仿狗叫声，从狗洞潜入秦王内库，盗出了那件白色狐皮袍送给秦王的爱妃，孟尝君因此得了自由，并急忙带领门客连夜逃离秦国。他们半夜逃到秦国边界的函谷关时，有个门客学起了公鸡叫，守关的人听到鸡叫打开城门，让孟尝君出了关。等到秦昭王派人追到函谷关时，孟尝君和他的门客已经走远了。孟尝君手下食客有模仿鸡鸣狗叫的卑微的技能，在关键时刻用上解决了大问题，这就是领导者把下属的特定功能在特定时间发挥出来了。

春秋时，齐桓公问丞相管仲说："要怎样才能让人民生活安定，成就人民的事业？"管仲回答说："士、农、工、商这四种身份的人不可以杂处而居，不然就会混乱，无法各司其职。所以圣王的时代，士都住在环境清净的地方、农民一定住在田野乡间、从事劳动的人一定住在官府附近、经商的人一定住在靠近市场的地方。士如果能聚居在清幽的地方，那么从早到晚、从小到大都在这样的环境中，学习义、孝、敬、爱、悌等处世原则，他们的心就可以安定下来，不会受到别的事物干扰而改变他们的意志。"管仲在这里的管理

思想，就是将民众分而治之以便统治稳定，同时实现士、农、工、商各类社会群体专业分工的功能最大化，这满足了早期社会身份等级制管理的需要。

根据事业需要进行功能转变。一些志同道合的优秀事业伙伴变成拥有股份的合伙人和领导者，发挥领导作用，同时承担领导责任。曾经在律师事务所、会计师事务所、投资银行领导层盛行的合伙人制如今席卷创新创业领域，成为很多创新创业企业首选的组织形式，部分取代了以前的职业经理人制度。职业经理人发挥的功能是专业商业运作。职业经理人通常是解决具体问题的高手，但对企业的忠诚度不足，用合伙人制可将这些优秀人才的直接利益与企业捆绑，增强他们的忠诚度。合伙人制度提供平台化发展，适应组织弱化、个人崛起的时代趋势。

对事的协调要系统诊断，对症下药。只抓住表面现象，不能解决根本问题。那些容易解决的矛盾，当事人会自行解决。不得不需要领导者出面的，往往是不容易解决的矛盾。不容易解决的矛盾，都有其深层次的原因，而且深层次原因往往与表面上的现象并不一致，所以要对深层次的关键原因进行协调。例如，发现有的工作无人过问，最简单的办法是采取增设专人进行负责的措施。但经过系统诊断后发现造成无人过问的根本原因可能不是没有部门管辖，而恰恰是管辖的部门过多，见有利的或容易做的大家一哄而上，见不到利的或难做的大家纷纷推卸。因此真正合理的措施不是增加管理人或部门，而是减少管理人或部门，形成专门部门管辖，责权利统一的局面。

战略的最高境界，是做最好的自己。领导者要善于抓住自己的主要特色，并将其放大转化成优势。以企业为例，一般企业个体决策的角度有三：其一是技术角度的决策，认为组织内最先进的技术等同于消费者喜欢或必然购买。其二是成本角度的决策，成本是有边界的，其边界不在于本身，而在于与成本相反的另一端，即质量。成本只是组织内部的各种费用，质量才是消费者愿意花钱的根本所在。其三是顾客需求的决策。选择需要角度，角度都是双胞胎，这让人们在进行二选一的决策时变得容易：只要找到其中一端，沿着相反的方向就可以找到另一端。最糟糕的决策并非不知道两端，而是知道两端却贪婪地通吃。一般来说，企业越极端，排他性越强，反而很容易鹤立鸡群，相反，如果面面俱到，反而会被淹没在同一片海洋中默默无闻。因此，不懂得极端价值的中庸之道才是企业决策的大敌。只有排除一部分与价值主张不相干的东西，才会让价值主张凸显出来。

第三节　创新思维与变革决策

创新思维是在表象的基础上进行分析、综合、判断、推理，为最终解决问题开创新途径。领导者进行创新思维可以为变革决策打下基础。对领导决策来说，创新思维主要包括：领导者在决策中进行逆向思维，领导者在决策中进行联想思维，领导者在决策中进行发散思维。

一、领导者在决策中进行逆向思维

逆向思维，是指与现有事物或理论相反方向的一种创新思维方式，它是创新思维中最主要、最基本的方式。逆向思维包括如下三种类型。

1. 反转型逆向思维法

这种方法是指从已知事物的相反方向进行思考，产生发明构思的途径。“事物的相反方向”常常从事物的功能、结构、因果关系三个方面做反向思维。某单位由于历史特定阶段遗留下来不少问题，利益矛盾非常复杂。有员工不断到单位乃至上级单位上访，要求解决历史遗留问题，甚至还形成上访专业户，令单位领导十分头疼。新任领导上任后，希望尽快改变这种局面。通过调研了解基本情况之后，他发现上访户上访的主要根源还是心理不平衡，利益在其中已经不再是主要矛盾。于是，该领导决定变上访为下访，到上访户家里一一拜访，充分表达解决问题的诚意，最终以诚恳的态度感化了上访户，逐步解决了单位这一突出矛盾。

在传统的计划经济体制下，城市基础设施建设常被列为配套项目，就是配角，建设投资中配角往往得到的是边角料、资金严重不足。从1991年开始，上海市决策层决定反其道而行之，将配角变成主角。此后每年都有一项市政道路建设被列为“一号工程”给予重点倾斜，1991年南浦大桥、1992年杨高路拓宽、1993年杨浦大桥、1994年内环高架路、1995年南北高架路、1996年延安高架路等，都是在成为投资主角的情况下高效完成的。经过多年“一年一个样，三年大变样”大规模建设之后，上海中心城区形成建筑在城市空间上的“申”字形高架路网，道路立体，四通八达，城市一改旧貌，变化惊人。

2. 转换型逆向思维法

这是指在研究问题时，由于解决这一问题的手段受阻，而转换成另一种手段，或转换思考角度进行思考，以使问题顺利解决的思维方法。战国时代，有一天魏惠王坐在高高的王座上，问身边的谋士庞涓与孙膑：你们有什么办法使我从王座上走下去？庞涓用惯性思维，苦苦思索良久，想出了外敌入侵、大军压境非要大王亲征等诸多办法，但魏惠王都不为所动；而孙膑运用逆向思维，把问题倒过来想，他说：“我虽不能让大王从王座上走下来，但我能让大王从地面走上王座。”魏王信以为真，痛痛快快地从王座上走了下来，这样孙膑就达到了使魏王从王座上走下去的目标。

3. 缺点逆向思维法

这是一种利用事物的缺点，将缺点变为可利用的东西，化被动为主动，化不利为有利的思维发明方法。这种方法并不以克服事物的缺点为目的，相反，它是将缺点化弊为利，找到解决方法。公元前205年，韩信率几万汉军对战二十万以逸待劳的赵军，并且汉军中很多士兵都是新入伍的，没有经过严格的军事训练。在以少对多、军力处于明显弱势的情况下，如果有退路，士兵很容易就逃散了，不会在战场上拼命。于是韩信采取了背水一战的兵家大忌战法，使士兵无处逃亡，只有与敌死战。同时也可以骄敌，方便诱敌深入。最后汉军大获全胜，一举占有了赵国的大片土地。

二、领导者在决策中进行联想思维

联想思维，在原先并不直接相关的事物之间，从思维上搭起一座认识的桥梁，将表面看来互不相关的事物联系起来，从而达到创新思维的境地。

1. 相似联想

由一个物体外部构造、形状或某种状态与另一种事物类同、近似而引发的想象延伸和连接。20 世纪 80 年代中期的一天，正处于艰难转型起步阶段的西安旅游食品厂厂长李照森陪客人去西安饭庄吃饭，看见一个牌子上写着“锅巴美肴”，于是引发了以下联想：“锅巴能作菜肴，为什么不能成为一种小食品呢？”“美国的土豆片能风靡全球，作为烹饪大国的中国，为什么不能创出锅巴小吃打出国门呢？”接着就是试制、成功、投产、走俏。之后，联想进一步展开，既然搞成了大米锅巴，当然还可以用其他原料、别样风味的锅巴。一时间，小米锅巴、五香锅巴、牛肉锅巴、麻辣锅巴、孜然锅巴、海味锅巴、黑米锅巴、果味锅巴、西式锅巴、乳酸锅巴、咖喱锅巴、玉米锅巴等不一而足、琳琅满目。这些锅巴食品一经面市，就赢得了广大消费者的青睐，迅速形成了一股“太阳”旋风。李照森因此被称为“锅巴之父”。李照森运用联想思维的相似联想，从锅巴做原料的菜肴，美国的土豆片风靡全球，联想到锅巴做小食品，投入市场，结果大获成功。

2. 相关联想

联想物和触发物之间存在一种或多种相同而又具有极为明显属性的联

想。国内很多城市定位都打“国际化牌”。对一些城市来说，国际化一方面可以看作城市发展目标，另一方面也可以理解为一种宣传策略。这些城市与“国际化”挂上钩之后，会增强美誉度，人们想到这个城市，会与“国际化”联系在一起。

宋代大文豪苏东坡曾经在杭州任知州，当时西湖的很多地段都已被泥沙淤积起来，成了当时所谓的“葑田”。苏东坡多次巡视西湖时，反复考虑如何加以疏浚，从而再现西湖的秀美风采。他一直在思考如何解决从湖里挖出的淤泥无处堆放的难题。有一天，苏轼突然想到，西湖这么大，环湖走一圈太长。如果能把从湖里挖上来的淤泥堆成一条贯通南北的长堤，那不是很好吗？这时他又想到，在挖掉葑田之后，可以招募农人来种麦，种麦获得的收益，便可以作为整治西湖的资金。这样一来，不仅疏浚西湖有了钱，挖掘出来的淤泥有了去处，西湖附近的农人增加了收益，同时，西湖还有了一条贯穿南北的通道，这样，既能便利来往的游客，又能增添西湖的景点和秀美。事后证明，这项被后人称为“苏堤”的工程一举数得，真是高明之至。苏东坡的决策是一种统筹兼顾、通盘谋划的考虑，从现代科学的观点来看，属于系统工程理论的应用。只要人们稍微地变换一下思维角度，就可以把很多事物联系起来，达到系统解决问题的目标。

3. 对比联想

联想物和触发物之间具有相反性质的联想。结束“文化大革命”以后，经过十年破坏，中国的经济和技术发展水平很低，迫切需要了解外国，学习国外经济建设的经验。1977 年 7 月国家计委给中央的报告中，首次提出要“认真组织好出国考察工作”。中央领导同志的意见是，通过考察“看看国外有什么好的东西”，“联系自己作为借鉴”。从 1977 年底开始，全国掀起了一股声势浩大的出国考察热潮。1978 年这一年先后有 12 位副总理、副委员长以上领导人出访20次访问了51个国家，其中邓小平出访4次访问了7个国家。国家领导人这样频密出访，很重要的意图，就是要亲眼看一看世界现代化究竟发展到什么程度，寻找中国可以借鉴的经验。邓小平在日本乘新干线超特快列车时说："就感觉到快，有催人跑的意思，我们现在正合适坐这样的车。"在日产汽车公司参观时，当邓小平了解到公司每个工人每年能生产汽车94辆，而中国最先进的长春汽车厂每名工人每年只能生产1辆汽车时，他不禁感慨地说："我懂得什么是现代化了。"邓小平访问新加坡时，对新加坡引进外资发展经济的成功经验印象深刻。他当时就表示，要把新加坡的"经"取到中国去。中央领导人和代表团通过一连串的密集出访，通过对历史的反思、与有关国家的比较以及国内外发展强烈反差的对比，最终在推行改革开放政策上达成共识。

1978年成为邓小平学习榜样的新加坡，在此十几年前作为新加坡现代化的开拓者的李光耀，也曾经历了国外考察的对比。20世纪60年代初，李光耀像其他反殖民主义同盟领导人一样，把帝国主义和资本主义混为一谈。后来李光耀出国进行了广泛的考察，获得指引其他国家刚建立时取得进步的第一手资料。回国后，通过对其他新兴国家领导人所作所为的分析，他不仅获得观念上的突破，而且获得更正确、更完整的真实画面。他实施了开放市场的政策。此后新加坡从一个贫穷的按种族分区的城市变成了一个整体上最具有经济竞争力的国家之一。而与李光耀同时代的其他领导人，凡沉浸在殖民主义的创伤中，视出口、开放自由市场等经济政策为魔鬼的，没有一个取得类似的成就。[①] 可见，从参与者到观察者之间的角色互换对领导者是必要的，他们时常要跳出来从系统外部进行观察和对比。

---

① ［美］罗纳德·海菲兹、马蒂·林斯基：《火线领导力》，燕清联合译，机械工业出版社，2004年版，第40—41页。

4. 因果联想

源于人们对事物发展变化结果的经验性判断和想象，触发物和联想物之间存在一定因果关系。1984 年 1 月，33 岁的王石骑着一辆自行车路过深圳国贸大厦，看到很多警车、警察和聚集的人群。一打听，才知道原来是邓小平到大厦顶层俯瞰特区全貌，公安局正在清理现场。他后来回忆说："我感觉干大事情的时候好像到了。"很快，这位年轻人用倒卖玉米赚的钱成立了一家公司，这便是后来中国房地产龙头企业之一万科的前身。1984 年是中国改革的"小高潮年"，空气里流淌着躁动和激情。"小平南方视察"以及经济特区的示范效应，吸引了一大批先知先觉者纷纷"下海"改写人生，王石就是其中的佼佼者，他从小平视察这一事件中敏感地嗅到改革开放的气息，后来成为中国最知名的企业家之一。

三、领导者在决策中进行发散思维

发散思维，是大脑在思维时呈现的一种扩散状态的思维模式，它表现为思维视野广阔，思维呈现出多维发散状。

根据 U 型理论，领导者需要掌握非常关键的一种思维方法是感知正在生成的未来，在决策中要跳出自我和现有机构的小圈子，走到所在系统的边缘或者边缘之外，打开思维、心灵和意愿去倾听、观察。正是这些边缘地带蕴藏着解决现有问题的巨大潜能，而非系统的中心地带。领导决策有时需要跳出既定范围，从根源角度进行跳跃性思考。亨利 · 福特（Henry Ford）1896 年没有只关注改进马车，而是创造新产品——汽车去满足人们对"安全快捷地交通工具"的需求；史蒂夫 · 乔布斯（Steve Jobs）也没有停留在改进传统手机，而是创造 iPad 和 iPhone 去满足人们对"高效娱乐与通信工具"的需求。如果你在 1896 年做市场调研，问消费者想要什么样的交通工具，你猜消费者会怎样告诉你？——"快马"。如果亨利 · 福特听信了这个调研结果，那么汽车就不会被制造出来。乔布斯声称苹果不做市场调研，因为真正引领潮流的产品不是由消费者告诉你的，而是你告诉消费者的。消费者仅仅能告诉你他们不喜欢什么，但无法给你一个改变世界的蓝图。创造世界的人需要自己去观察并做决策。

领导者的思维可以发散寻求灵感，但最后要进行综合性的思维，即决策要放入整体系统中进行思考。加拿大管理大师明茨伯格（Henry Mintzberg）批判性地指出，今天典型的商学院从事的是突出专业，而不是归纳综合；关注的是商业职能，而不是管理实践。有个老笑话说 MBA 三个字代表的是靠分析来管理（management by analysis）。MBA 项目现在做的是把商业变成各种职能的集合体。而综合是管理的真正精髓，管理者必须以连续的远见、一致的组织、综合的系统等形式把事物组合在一起。[①] 不管中间过程有多么专业，决策最终都是整合思维的结果。

互联网时代的互联网思维同样具有发散性与整合性，即所谓“羊毛出在猪身上，由狗埋单。”2002 年起，杭州开始探索试行“免费西湖”，西湖和环湖的公园以及不少景点都陆续免费开放。取消门票使得西湖每年承受了不小的经济负担，不过“免费西湖”算的是一笔更大的账。杭州市决策者认识到，保护好、经营好西湖，不仅要打通环线，还湖于民，还必须有大量的资金投入，恢复西湖的历史景观，使西湖不断增值，“一个湖养活一座城”。决策实施后，杭州旅游接待人数和国内、入境旅游收入均连续大幅度上涨，游客满意率也长期居于高位。杭州市的这种思路是互联网思维，用免费入口接入客户带来巨大流量，然后用流量来赚钱。正确的思维带来卓越的成绩，这就是杭州“免费西湖”决策成功的根源。

---

① ［加］亨利·明茨伯格：《管理者而非 MBA》，杨斌译，机械工业出版社，2010 年版，第 34—35 页。

第四节　法治思维与依法决策

法治思维就是以法律规范为基准，将法治的诸种要求运用于认识、分析、处理问题的理性思考方式。领导者运用法治思维就能够在工作中依法决策。对领导决策来说，法治思维主要包括：领导者在决策中要依法办事，领导者在决策中要有规则意识，领导者在决策中要有底线和敬畏。

一、领导者在决策中要依法办事

"法律必须被信仰，否则它将形同虚设。"这是美国当代法学家伯尔曼（Harold J. Berman）的名言。古罗马大思想家西塞罗在《论法律》中说的一句名言："我们如果想要自由，就必须成为法律的奴隶；只有成为法律的奴隶，我们才能获得自由。"缺少了法治，眼前和短期内看不出来，但长期来看人治主宰一切是十分可怕的，最终可能导致人人都可能处于危险中。法律只有被信仰，才会内化为人们自身的信念，法律的作用是预防不是惩罚，如果人们不弄清楚法律的真正目的所在，那么法律的价值就很难实现，而制定的法律也会流于形式，从而形同虚设。20 世纪 50 年代，美国最高法院在布朗诉托皮卡教育委员会案中，裁决南方公立学校中的种族隔离制度违宪，但由于大多数南方白人的强烈反对，一些南方州拒不执行最高法院判决，阿肯色州州长甚至动用州国民警卫队在该州首府小石城封锁学校，禁止黑人学生入学。当时的美国总统艾森豪威尔（Dwight David Eisenhower）尽管与最高法院的首席大法官存在政见分歧，却毅然派遣了美国第 101 空降师中的一千名伞兵进入小石城强行执法，武装护送黑人学生进入学校就读，充分展示法律至上、有法必依。

中国领导者依法办事思维的书面证据形成在古代可以追溯到春秋时期。公元前536年，子产将郑国的法律条文铸在象征诸侯权位的金鼎上向全社会公布，史称“铸刑书”。“铸刑书”是中国历史上第一次公开公布法律，开创了古代公布成文法的先例，成为中华法系的萌芽。当时，很多人反对子产公布成文法这种做法，他们认为法律规定越隐蔽越好，绝不能让国人知道，法不可知，才好操纵，公布成文法反而会束缚自己的手脚。而子产铸刑书于鼎的意义正在于否定了“法不可知，威不可测”的游戏规则，从此，中国官家做事的依据开始公开，对领导者胡乱决策形成非常有限的制约。在世界范围内，颁布于公元前18世纪的《汉谟拉比法典》是迄今世界上最早的一部较为完整并且完整保存下来的成文法典。

领导者需要具备合法性思维。合法性思维以合法性为起点，要求领导者在行使权力时，无论是决策，还是执行，或者是解决社会矛盾、纠纷，推动发展、深化改革，都应不断审视其行为是否符合法律的规定和要求，包括行为的目的是否合法，行为的权限是否合法，行为的内容是否合法，行为的手段是否合法，行为的程序是否合法，等等。中国古代传统的社会秩序，不是靠法来维持，而主要是靠宗法、靠纲常、靠下层对上层的绝对服从来维持。于是，“人治”与“礼治”便被宣扬来代替“法治”。[1]在中国古代，法和令是分开的，法是经过反复讨论正式出台、为各方所认可的基本规则，令只是各级领导临时性的行政命令，政令经常超出律法的规定范围，甚至互相矛盾、抵触，接到政令的各级官吏是捍卫律法还是执行命令呢？绝大多数官吏会选择后者，他们的命运掌握在朝廷与上级手中，而

① 王亚南：《中国官僚政治研究》，中国社会科学出版社，1981年版，第23页。

不在律法手中。[①]很显然，这种政治生态不具备合法性基础。现代商业的核心是平等交换、契约和法治、信任与守诺，在此方面中国法治建设的任务很重，道路漫长。

领导者按现行法律法规办事，不能违法违纪。坚守法律是每一位领导者的原则，破坏法律也是每一位领导者的禁区。在一些行政生态不良的地方，一边是党规党纪的日益完备，另一边是各种潜规则的盛行。这就意味着不少领导干部都处于“非法化”的生存状态，纪委如何切割成了一门技术。造成这种现象的根本原因是法制不健全，行政部门并非完全依法行政，而是依权行政、依事行政，这样就淡化了行政机关的本职工作。在法律、政策与上级指示三者面前，如果三者矛盾，实践中官员一般都会倾向于选择后者，因为命运掌握在上级手中，而非法律，导致本来最为刚性的法律反而最难实施。此外，由于受到一些红头文件及会议精神的挤压，个别既定的法规也难以切实执行。鉴于新的法律法规和政策层出不穷，政府领导者无法完全动态掌握，因此政府政策或其他政府行为在推行之前均需要安排合规检查，由专门的政策法规部门和人员来把关，防范政府自身的违法行为。

二、领导者在决策中要有规则意识

权利义务相统一的思维方式。权利和义务是法律关系的核心要素，是判断是非对错的重要标准。目前，中国公民缺乏权利义务相统一的观念。有些人的权利意识、维权意识比较强，但义务和责任意识边界弱。这与整个发展中国家的政治发展状况是一致的。从世界范围来看，后民主化国家之所以民主化进程受挫，一个原因是“权利意识”和“责任意识”的不均

① 曹给非：《帝国模式：历史兴衰成败终极密码》，中国国际广播出版社，2014年版，第39—40页。

衡发展。人人都觉得国家欠自己的，却鲜有人各司其职按规则办事，民众往往在“子民”角色和“刁民”角色之间摇摆，却少有日积月累的建设性参与。当发展中国家民众的权利意识的觉醒大大超越责任意识，就到达了亨廷顿所说的“政治超载”状态，政治动荡几乎不可避免。[①]公民如此，政府管理人员也有权利意识与责任意识不对等的显著印记。中国政府管理推行的“负面清单”“责任清单”和“权力清单”通过“法无禁止皆可为、法无授权不可为、法定职责必须为”的理念，旨在界定政府部门与公务人员的权利与义务。

法律意义上的程序是人们进行法律行为必须遵循或履行的法定的时间或空间上的步骤和形式，它是实现实体权利和义务的合法方式和必要条件。因此，讲程序是法律思维的一个重要特征。中央正逐步健全依法决策机制，明确公共决策的程序，把公众参与、专家论证、风险评估、合法性审查、集体讨论决定，确定为重大行政决策法定程序，确保决策制度科学、程序正当、过程公开、责任明确。为确保决策的合法规范，就一定要经过合法性审查程序。很多政府机构都有内设的政策法规部门，里面所有政府文件，都要经过政策法规部门会签审查才能出台，有的地方所有政府出台的文件都要经过法制办的合法性审查。未经合法性审查或经审查不合法的，不得提交讨论。中央出台的“三重一大”决策制度规定，重大决策事项、重要人事任免事项、重大项目安排事项、大额度资金运作事项必须经过集体讨论决定，并明确了“三重一大”事项的决策规则和程序，完善群众参与、专家咨询和集体决策相结合的决策机制。程序公正优先于实体公正。只有按照程序做出的决策，才能更让人信服、更加有说服力，才能够更好体现决策的科学化、民主化和法治化。程序具有公开性，可以保障

① 刘瑜:《民主的细节》，上海三联书店，2011 年版，第 28 页。

权力在阳光下运行。这些都表明，程序在党政领导干部的决策中是一个关键性的因素。很多企业中所设的合规部门也有类似功能。

法律意义上的证据是以法律规定的形式表现出来的能够证明案件真实情况的一切客观事实。在诉讼程序中是凭借证据来认定相应事实的，并以此作为适用法律的根据，这就是重证据的根本原因。领导者要培养证据意识，注意决策要有客观依据，不能一厢情愿地拍脑袋决策。西汉武帝后期社会秩序混乱，地方各郡县治安状况很差。汉武帝命令几个酷吏制定法律，规定如果地方官发现群盗而没有能够全部捕获破案，自郡守以下各级官员都要处死刑。这种严酷而荒唐的立法，把至多只能算失职的行为判为死罪，其结果只能是适得其反：地方官一旦发现盗贼都不予上报，封锁消息是最佳选择，上下各级政府官员都装聋作哑，假装不知道，盗贼越来越多。相反，东汉初年，地方治安状况也很差，东汉光武帝并不逼迫各级地方官拼死捕盗，而是凡能够捕获盗贼的有赏，不能捕获的也并不惩罚。地方官有了积极性，地方治安状况也很快得到扭转。汉武帝时期的决策很显然没有客观依据，只能导致盗贼越来越多的恶果。

领导者要形成规则性思维。规则具有确定性、可预期性、可执行性等特点，是人们对事物理性期待的体现。领导者以身作则，首先表现在不能随心所欲，要按照规则做事。领导者经常会遇到一些没有先例的事情，也经常会遇到一些合情不合理或合理不合情的事情，根据当时的情景就事论事地处理了，然而这种处理就开创了一个先例，以后遇到类似的事情可能会出现麻烦，因为随着事态的深入，原来没有注意的不顺就会在这件事与其他事情的关系中显现出来，使领导者陷入左右为难的境地。[①] 比如，某单位刚刚颁布迟到禁令后就有一位骨干员工迟到，而经单位主要领导了解

① 王雪峰：《领导方法创新实例解析》，中共中央党校出版社，2008 年版，第 153 页。

其迟到的原因则是其孩子突发疾病所致。此时主要领导该怎么处理？领导者处理此类事情的技巧：其一，按规定惩罚。因为禁令的出台一般是有针对性的，很可能就是此前单位纪律涣散、迟到早退现象严重而设。如果一开始就不按规定惩罚，该规定在以后就很难有足够的震慑力。其二，原则性的工作，灵活性地开展。按规定惩罚之后，考虑到该骨干员工面临情况的特殊性，主要领导可以到医院或家里去看望其生病的孩子，这是关怀下属的表现。其三，由点到面，不断收集类似意外事件，在一定时候进行制度修正，将一些合情合理不合规的类似事件列出来作为例外不予惩罚。因为制度建设是一个持续渐进的过程，不能期望一蹴而就。总之，领导者在处理这类事件时，思维要周全，能够自圆其说，不能自相矛盾。领导者处理一件事情时必须考虑到与类似事情处理的平衡，否则很容易引起部分人的不公平感，甚至带来“破窗效应”。

三、领导者在决策中要有底线和敬畏

领导决策中要有对法律和正义底线的敬畏，这既是出于保护自己，也是为了升华自己。如果缺乏正义感，再优秀的领导者也无法为人类做贡献，甚至会沦为罪人。被誉为“现代航天之父”的德国科学家冯·布劳恩（Wernher Von Braun）是集科学家、工程师、管理者与领袖气质于一身的人物。布劳恩是公认的世界顶尖火箭专家，他领导开发的 V-2 火箭使得纳粹德国在“二战”中的火箭技术远超对手美国和苏联。如果单纯从科学家和领导科研团队工作的角度来讲，他是非常卓越的，然而为倒行逆施的纳粹德国服务多年，使得他的这种超强能力成为反人类的工具。“二战”结束时，他位列美军必须抢到的德国科学家和工程师的“黑色名单”榜首，前往美国，此后为美国的导弹技术做出了重要贡献。成为美国的民族英雄，并于 1960 年出任美国国家宇航局的第一任局长。为纳粹德国研制出 V-2 火箭使他成了世界上最危险的人物，而他后半生在美国为人类航空航天事业所做的贡献巨大，现代科学家及科研领导者的困境在他身上彰显得淋漓尽致：科研活动应不应该有正义的衡量？有没有国界？应该为某个国家服务，还是为全人类服务？这永远是科学家及科研领导者需要权衡的问题。

中国古代儒家强调慎独，它体现了个人道德水平的修养，是个人风范的最高境界。有时领导者在做决策时只有自己或个别人知道，如果没有足够的敬畏感，很容易做出损人利己的决定。东汉官员杨震暮夜拒金的故事体现了慎独。当他去东莱上任的时候，路过冒邑。冒邑县令王密是他在荆州刺史任内荐举的官员，听到杨震到来，晚上悄悄去拜访杨震，并带金十斤作为礼物。王密送这样的重礼，一是对杨震过去的荐举表示感谢，二是想通过贿赂请这位老上司以后再多加关照。可是杨震当场拒绝了这份礼物，说："故人知君，君不知故人，何也？"王密以为杨震假装客气，便说："幕夜无知者。"意思是说晚上又有谁能知道呢？杨震立即生气了，说："天知、地知、你知、我知，怎说无知？"王密十分羞愧，只得带着礼物，狼狈而回。杨震的后人亦以此为荣，这一支杨姓后裔便自称为"四知堂"。

【案例阅读】邓小平的模糊领导艺术

十一届三中全会前后，邓小平以其在党内外的巨大威望和高超的政治智慧，顺应党心民心，发挥了掌舵作用。他率先向"两个凡是"发起反击，推动科教领域迎来春天，推动和支持真理标准问题讨论，推动和支持平反冤假错案，提出工作重点转移和改革开放。

在人们对毛泽东看法不一的时候，邓小平坚持高举毛泽东思想旗帜。他表示支持平反被打倒的官员，但划定了界限，而且不想破坏毛泽东的地位。在人们对党内犯错误的同志揪住不放的时候，他提出要团结一致向前看。他希望关注未来，不想纠缠于过去的细节。要团结一致向前看，但要吸取历史教训——搞好制度建设。当时如果迁就一部分群众和同志的情绪，跟着感觉走，什么事都要追究个人的责任甚至全盘否定毛泽东，就不可能有安定团结的局面，不可能实现工作重点的转移，不可能有后来中国经济的飞速发展。

1978 年 11 月到 12 月的中央工作会议上，鉴于代表们的兴奋点离不开历史遗留问题和几位中央领导同志的错误问题，邓小平说，历史问题只能搞粗，不能搞细。我是有意识地和稀泥，只有和稀泥是正确的。对中央的人事问题，任何人都不能下，只能上。现有的中央委员，有的可以不履行职权，不参加会议活动，但不除名，不要给人印象是权力斗争。现在世界上就看我们有什么变动，加人可以，减人不行，管你多大问题都不能动，硬着头皮也不动。这是大局。

《关于建国以来党的若干历史问题的决议》的起草工作从 1979 年 11 月开始，是由邓小平、胡耀邦主持进行的。邓小平对决议的起草和定稿倾注了大量心血。他强调，这个决议总的指导思想有三条：第一，确立毛泽东的历史地位，坚持和发展毛泽东思想，这是最核心、最重要、最根本、最关键的一条；第二，对新中国成立 32 年来历史上的大事，哪些是正确的，哪些是错误的，进行实事求是的分析，包括一些负责同志的功过是非，要做出公正的评价；第三，对过去的事情做个基本的总结。经长时间讨论和修改，集中全党智慧形成。在 1981 年 6 月中国共产党第十一届六中全会通过。决议对毛泽东的评价与对“文革”的评价区别开来，把毛泽东思想与毛泽东本人的思想区别开来。决议指出，毛泽东是伟大的马克思主义者，是伟大的无产阶级革命家、战略家和理论家。就他的一生来看，他对中国革命的功绩远远大于他的过失。他的功绩是第一位的，错误是第二位的。毛泽东思想是马克思列宁主义在中国的运用和发展，是被实践证明了的关于中国革命的正确的理论原则和经验总结，是中国共产党集体智慧的结晶。

案例启示：

领导者的眼光放在未来而非纠缠于过去。对待过去的事情、历史问题，要粗一点，模糊一点，甚至糊涂一点。因为历史已经成为过去，有头脑的领导人，应该把眼光放到未来事业的发展与开创上。在“文革”刚结束这一特定情境下，邓小平看似“和稀泥”的模糊决策恰恰是最佳选择，体现原则性与灵活性的统一。

德鲁克说，决策不是分辨是非，不是从事实出发，而是从看法出发。决策是从看法出发，再寻找事实的过程。当分辨是非时决策就非常低效，因为分辨是非必须依据判断标准，而这种标准是非常个人化的，无穷无尽的争论将把人们的一切智慧和精力耗尽。当时对一些问题要是争论下去，一是耽误时间，二是本身也很难有个结果。最好的办法是先搁置争论，大家都面对现实，面对中国尽快富强起来这个目标，思考现在如何行动。到现在，当年那些人们争论不休的问题显然大部分都已经不争自明了。

C H A P T E R 0 4

第四章

领导决策情境

第一节　比较领导学与领导决策

比较领导学是运用比较分析的方法，探讨不同社会制度，不同经济体制、政治体制、领导体制的国家之间存在的领导工作理论与实践活动发展的共性与差异性，以及探讨各国领导工作理论和领导实践活动相互影响的一门学科。[①]本节主要用跨文化比较的方法，来看古今中外的不同思维方式、社会文化与人际关系下领导决策之间的异同，这就是决策的比较领导学视角。

一、比较思维方式与领导决策

1. 人性假设差异与领导决策

中西方对人性假设存在差异。西方传统文化受基督教的“原罪”论影响，主流倾向于人性恶，西方传统管理体系追求的是“防恶原则”，先假设每个人都是坏人而采取制度防范。西方从管理思想上先后经历了“经济人”假设、

① 廖雄军:《关于创建比较领导学的几点思考》,《成都行政学院学报》，2002 年第 8 期。

"社会人"假设、"自我实现人"假设和"复杂人"假设等阶段。中国自古有性善论、性恶论、无好恶论等认识，占主导地位的儒家提倡"性善论"。中国传统管理体系追求的是"圣贤治国"，从人群中选出圣人和君子，把权位放心地交给他。不同的人性认定导致追求"人治"还是"法治"的差异。西方认为自然人差别不大，都有共同的欲望、追求和行为规律，中国则将人分为不同的等级。基于以上认识，西方产生行为科学——所有人行为规律性探究，中国则产生人才学——部分特殊人物的成长要求和规律。

基于"性善论"，中国传统行政体系追求的是"圣贤治国"，对掌权者的限制与约束相对较少。领导者与下属权力差距较大，领导决策中更多地采取专制型领导行为；基于"性恶论"，西方管理体系的防范制度比较强，对防止领导行为的不确定性有一定约束。领导者与下属权力差距不大，每个层级各司其职，领导决策以上下级协商为重要特征。

基于"性善论"，中国领导者碰到下属工作出现问题，首先想到的办法就是对下属进行道德说教来防止再次发生，因此思想政治工作在中国领导者经常采取的措施中发挥了重要作用。不过需要注意的是，单纯的道德说教效果有时并不十分显著，制度约束与能力不足等都影响下属工作。因此需要更加全面地考察，多种手段并举。西方领导者更多地从制度约束、流程设计和能力发展等方面来开展领导工作，而很少采用思想政治工作和道德塑造手段。

2. 宏观微观差异与领导决策

中国人是从宏观到微观的思维方式，更具整体性。中国人更注重整个世界内在的联系和运作方式，认为世界万物是一体的。这种系统思维的优势在于能够综观全局，但另外一面却带来相对不注重分解内部结构，有时无法从根本上解决问题。整体性思维决定了中国历史的大部分时间是以统一的面貌出现。中国历史上不是没有出现分裂的局面，之所以在分裂之后能够迅速地回归统一，最主要的原因就是中国人潜意识里有一种大一统的意识，在分裂的时候，能够有时代英雄挺身而出，顺应人民的要求，重新回归统一。

在整体性思维下，中国领导决策的一个特点是较少进行过程分解和追根溯源，遇到问题就直接着手去解决。对西方领导决策来说，遇到问题首先考虑的是从过程中发现问题，堵住漏洞源头，这反映出西方人的思维方式是把事物进行分解，善于从局部发现问题。有这样一个例子，某中美合作大型工程施工现场发现一堆来路不明的沙土堵住路了，中国负责人的第一反应是尽快派人把这堆沙土运走，让道路畅通起来，而美方负责人主要关注点在于这堆沙土的来历，到底是什么人把这堆沙土放在这里，有什么用途，怎么堵住这个管理漏洞，等等。

西方更加注重对事物的内部进行分析，但宏观思维相对缺乏。典型如德国，便是一个井井有条、有板有眼的国家，整个社会仿佛是一架庞大的机器在顺利地运行着，每个人都知道自己在这个机器中的位置和作用。然而，如果认真执着过了头或选错了地方和方向，则好事或者好心也可能出现一些问题，甚至会做出错误的选择和决策。比如东德和西德统一后东部地区的经济转轨问题。两德统一从外交和两德之间政治关系解决的角度来看的确是成功之举。在经济领域，把东部地区原来的指令性计划经济体制改造为社会市场经济体制，这个方向无疑是正确的。但是在理论上正确的东西并不等于在实际政策和实际做法上也必然是正确的。当时的德国领导人把经济的转轨过程想得过于简单和乐观，时任总理赫尔穆特·科尔（Helmut Kohl）甚至估计东部经济在三五年内就可以赶上西部，因而实行了“休克疗法”，而未能充分考虑到各方面的复杂情况，采取更加稳妥和渐进式的改革方式。事实很快证明这种做法是一种“恶治”，但为时已晚，难以挽回，代价高昂。科尔总理在 1992 年时就不得不承认，他在统一的时间表和费用的问题上犯了错误。

二、比较社会文化与领导决策

西方决策理论一般把研究重点放在对决策过程的考察上，塑造决策过程的模型，讨论各种决策情境之下的适当对策，塑造各种政治因素和经济因素在决策过程中的结合模式，寻找先进的决策技术方法。而中国的决策思想主要是基于经验判断，留下很多经验判断的古代经典语句，比如“谋事在人，成事在天”“静如处子，动如脱兔”等。中国大多数领导者都是经历很多年的基层历练，层层选拔上来的，工作经验丰富，由于经验不足而导致决策失误的可能性较小。

领导者和领导机构所表现出来的领导行为，从被领导者视角上来看就是领导风格。群体组织行为主要由传统塑造，领导风格深深地根植于社会文化体系中。在漫长的演化过程中，领导决策行为已经被写进了人类的DNA中，成了一种下意识的本能反应和本能行为。各个人类群体发展的差异，为决策行为留下历史传统的印记。

在一些国家，由于宗教传统根深蒂固，宗教信仰对领导权力也有一定影响。比如古代以色列的摩西既是宗教领导，同时是以色列人的统治者。在奠定美国自治基础的“五月花号”上，牧师布拉特德（William Bradford）虽然是船上的领导者，但“五月花号公约”主要还是船上乘客的主体——英国清教徒——集体意志的产物，他们基于自己的信仰而立约，从而奠定了美国宪政的基石。

就影响领导决策的智库来说，美国特有的政治制度——三权分立和联邦制导致权力分散和决策机制的公开性和开放性，以及对智库的需求，美国政党权力的分散也为智库提供了施加影响力的巨大空间。加拿大作为联邦制国家，智库的地理位置则高度分散在各省，主要为各省的地方事务提供决策咨询建议，位于首都渥太华的智库数量并不多。在中国，对决策有重要影响的主要智库和智囊人物大多集中在首都北京，这是中央对重大决策咨询有巨量需求的反映，体现了中国中央集权决策体制的典型特征。

宗教、民族等社会文化传统都是领导决策中要考虑的因素。在伊斯兰教色彩极其浓厚的伊朗的权力架构中，最高宗教领袖具有至高无上的影响力和宪法赋予的最高权力，其权力高于世俗的总统，他对国家最高决策有最终解释权和决定权，这种设置是全球独有的。最高宗教领袖霍梅尼（Khomeini）和哈梅内伊（Ali Khamenei）的地位均在国家行政、立法、司法机关之上，而且是伊朗武装部队、革命卫队、民兵的最高统帅，在平衡伊朗各种宗教和世俗势力方面发挥“定海神针”作用。

很多民族地区的传统风俗特别浓厚，如果不尊重这些风俗，很多工作就无法开展，很多决策就无法执行。20 世纪 30 年代，红军长征经过国民党统治下的四川凉山彝族聚居地时，执行党的民族政策，军纪严明。根据彝人十分重义气的特点，高级军事将领刘伯承与当地头人小叶丹在冕宁县彝海边上打鸡吃血酒结拜兄弟。红军的后续部队此后沿着“彝海结盟”这条友谊之路，顺利地通过了国民党估计无法通过的彝区。“彝海结盟”体现了党的民族政策的胜利，体现了少数民族对红军的爱戴和军民的团结。此次结拜对长征胜利起到关键的作用。

欧洲大陆长期分割成很多独立国家，各国处于不同的文化体系中，拉丁文化、日耳曼文化、希腊文化、斯拉夫文化、维京文化等并存，因此社会文化存在较大的差异。法国最突出的特点是民族主义、傲慢和优越感，因此法国人的管理表现出封闭守旧的观念。意大利崇尚自由，以自我为中心，所以在管理上显得组织纪律差，企业组织的结构化程度低。德国人的官僚意识比较浓，组织纪律性强，而且勤奋刻苦。因此，德国的企业管理中，决策机构庞大、决策集体化，保证工人参加管理，往往要花较多的时间论证，但决策质量高。企业执行层划分严格，各部门负责只有一个主管，不设副职。

三、比较人际关系与领导决策

西方多元文化源远流长，特别是经过文艺复兴与启蒙运动的洗礼，尊重每一个人的主体地位。西方欢迎并提倡领导者个人具有个人性格、个人特点组成的“个性魅力”，领导者在决策中可以适当张扬自己的个性，表现在实践中常常坚持自己的独特主张。在西方决策程序中，鼓励每个人都要提出不同的方案，而这些方案可能是截然不同的，然后经过一些讨论，在这种冲突中去探讨不同方案的利与弊，最后综合各方意见达成共识。中国古代官场主张圆滑、世故、城府深，将个人性格色彩消融于政治需要和政治角色之中。[①] 因此中国的领导者张扬个性者不多，决策更多是以他人意见为参照物，尤其是常常揣摩上级领导的意图。中国通常的决策程序是提出一个方案，在对一个方案进行讨论的过程和修改中大家达成共识，在和谐的、彼此之间不伤感情和面子的基础上达成方案。

西方人际关系比较简单，领导者做决策的过程在考虑人际关系方面无须太多。西方的领导者比较注重说服和魅力，追求决策让下属心悦诚服。中国是人情社会，每个人都生活在庞杂的人际关系之中，尤其是位居高位的领导者面临的人情世故更是异常复杂。领导者在决策时常常受各种人情干扰，比如亲属、同学、亲信等关系都可能在决策中产生作用。

中国人非常敬重权威，归结到决策通常就是“一把手说了算”，它

---

① 马俊林:《东西方领导思想的八大差异》,《领导科学》, 2001 年第 3 期。

既是决策过程，也是决策方法，尤其是一些德高望重的一把手居于绝对权威地位，一言九鼎，手下人以服从为主，很少有人提出异议。这种决策过程和方法对领导者的个人能力依赖很大。1990 年 7 月，邓小平去视察亚运会场馆时问："中国办奥运会决心下了没有？为什么不敢干这件事呢？建设这样的体育设施，如果不办奥运会，就等于浪费了一半。"随行的时任国家体委主任伍绍祖回忆说，他回去跟中央领导、体委领导、北京市的领导讲了，小平同志有这么个意思。党中央马上讨论，最后决定：申办。1990 年就开始启动申奥了。如果小平同志不讲这个话，估计就没人提这事了。邓小平说了之后，大家都接着干了。[①] 在中国，权力既来自正式职位，也来自如多年来发展的关系等个人资源。从 1954 年 4 月直到 1966 年，邓小平在中央担任中共中央总书记，这个职务使他与全党一大批党的干部保持了密切的联系。在 1977 年复出时，他拥有丰厚的政治资源来实现他的夙愿，因此邓小平在此后的决策中就拥有一大批忠实的支持者，形成以他为核心的第二代领导集体。这也说明，领导的功夫更多的是在平时，如果下属对领导具有足够信任，领导者在下属那里的威望很高，很多决策就能够很顺利地推行。

西方相对放任的领导决策风格，需要具备秩序条件，即制度与道德两个条件共同构成秩序：如果仅讲制度而不讲道德，制度常常也是有漏洞的，总会有空隙可钻；如果仅讲道德不讲制度，道德代表人性光辉的一面，但对有些人是靠不住的。西方领导人选举经常举行公开辩论，实际上就是互相批评，揭露对方，比如美国总统竞选中的电视辩论，就充分展现了总统候选人之间相互揭露的场合，在一定程度上将候选人不为人知的另一面展示给公众。这对西方文化来说，是习以为常的。因为西方文化中，一个人

---

① 朱文轶：《做官：13 位中国官员应对危机之道》，广西师范大学出版社，2010 年版，第 164 页。

可以接受他人的批评，但不会轻易对自己做出批评；而亚洲一些新兴民族国家经常看到议会辩论时也会无情地批评，然后有时一方无法忍受这种批评，结果相互攻击甚至大打出手。因为东方文化中，一个人可以对自己做出批评，但不会轻易接受他人的批评。

日本人做决定的方式，不能由一个领导人决定，而是集体性的决定方式。“派别政治”是集体决策的典型。日本历史上首相的在位时间大都比较短，有时甚至走马灯似的更换。日本首相是政治妥协的产物，政党之间协商的事务更多的是权势名利，而非国计民生。国计民生由庞大而稳定的官僚机构进行安排。因此首相即使走马灯似的更换对日本稳定影响不大。日本企业家虽然能够独立做决策，但也是更多地源自集体主义习惯，他们在决策中还是比较注意听取下属人员的各种意见，力求在公司人员反复讨论的基础上取得统一的看法。在制定决策前，并不提出答案应当是什么，也不强迫人们表态，以便讨论得以充分进行，直至取得一致意见为止。做出的决策可能在内部哪些地方受到欢迎，在哪些地方遭到反对，企业领导人了如指掌。他们将拿出足够的时间去说服反对者，或做出某些微小的让步去争取这一部分人，而又无损于决策的完整性。

同为亚洲国家，韩国企业受家族制影响比较严重，特别注重下属对领导的忠诚与顺从，看重员工敬业度和执行力，领导者决策比较独立。

中国的下属在领导面前平等说话的机会有限，更多的是服从领导与权威。中国人用关系说话，更看重彼此关系亲疏与心理感受。体现在决策中，领导亲信对决策的影响比其他下属更大。西方人自由表达的机会更多，体现在领导决策中，领导者更尊重事实。中国的机构强调层次分明的情况上报系统，一般会明文规定：情况上报要严格遵守等级，不得越级请示报告，遇有重大事项和问题必须先请示后办理，不得先斩后奏。相比之下，美国的机构中却没有这么严格的规定。下级服从上级以及汇报制度与中国的情况相似，但其人事制度则鼓励一般的雇员和各级管理人员独立思考、独立解决问题。在年终的行为评估中，个人在工作中是否能独立解决问题，解决问题的首创性都是衡量工作水平的标准。

美国实行个人负责、个人决策。因此，在美国企业中个人英雄主义比较突出，许多企业常常把企业的创业者或对企业做出巨大贡献的个人推崇为英雄。企业对职工的评价也是基于能力主义原则，加薪和提职也只看能力和工作业绩，不考虑年龄、资历和学历等因素。美国注重创新和发展，他们的观念是：新的、以前没有的东西就是有价值的。不过在进入改革开放和互联网时代之后，中国实现对西方“弯道超车”，也大大强化了对创新的重视，中西方的差别在缩小，这是全球化在中国的体现。

第二节　组织文化与领导决策

本节主要基于组织间比较的方法，来看不同类型组织文化背景对领导决策的影响，这就是决策的组织文化视角。领导决策深深地扎根于自己的组织文化中。如果说人才是组织的智商，那么文化是组织的情商。在一个有效的组织文化背景下，没有任何一方可以为所欲为，领导者也绝不会随意决策。对文化和有效性的研究认为，文化、战略和环境之间的适当配置与文化的四种类型相关联，从而形成组织文化的四种类型，见图 1。这四种文化都有可能很成功，但要依赖于外部环境和组织战略的需要。

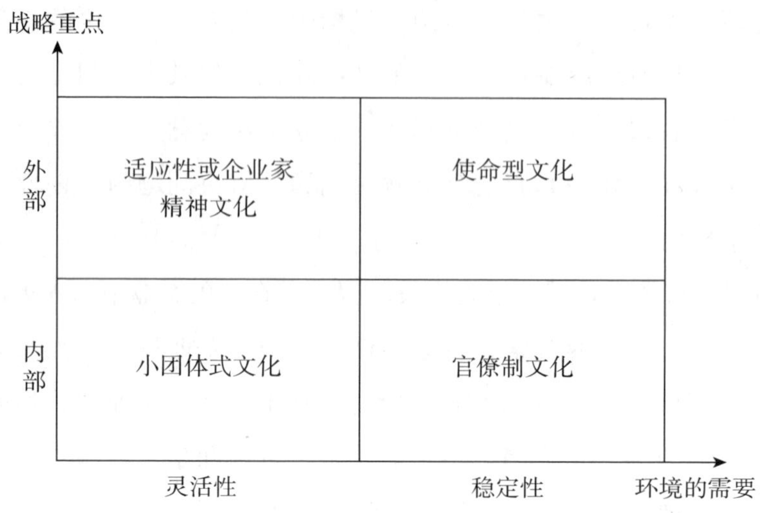

图 1　组织文化分类

一、官僚制组织文化与领导决策

该类组织具有内向式的关注中心和对稳定环境的一致性定位，其有一种支持组织运作的程式化方法的文化，遵循传统和随之确定的政策和实践是达到目标的一种方式。

官僚制是依职能和职位分工和分层、以规则为管理主体的管理方式和组织体系，也称科层制。在马克斯·韦伯（Max Weber）看来，官僚制是国家机器的诸构成部分中最符合理性的行政管理类型。充分发展的官僚制把整个社会变成了一个非人格化的庞大机器，成为一个严密的权能系统。在官僚制中，一切社会行动都建立在功能关系上。官僚制使社会在管理上的效率普遍提高，具有先进性，但这种形式化的、非人性的、普遍主义的抽象精神，漠视价值因素，结果是行政管理的合理性越大，就越对个人的自由意志和尊严构成威胁。

官僚制组织典型者如欧盟，欧盟拥有 20 多个成员国，同时采用 10 多种官方语言，比拥有190多个成员国的联合国组织的官方语言还要多两倍。欧盟总部一万多名工作人员，其中专职翻译人员就有2000多人，每年用于翻译的财力和物力不计其数。欧盟组织结构十分庞大臃肿，其众多机构分散在欧洲各国，办事效率低下。欧洲国家自身的官僚主义已经比较严重，还要在这些臃肿的国家机器上再加上一些国际技术官僚。而这些国际技术官僚高高在上，不了解各国内部的实际情况，做出的决策往往令人哭笑不得。例如，为了保护某国牧场上的某种奶牛食用草，欧盟规定，将当地牧民每个季度进行的锄草习惯强行改为一年锄一次，并奖重赏。当地的牧民少干活、多拿钱，一举两得，乐不可支。问题是这种被保护的牧草有一股大蒜的味道，奶牛吃得多了，所产的牛奶有大蒜味道，直接影响口感和销路。由此带来牧场和牛奶大蒜味弥漫和牧民滋生好吃懒做的习惯。官僚们不管这些“细节”，他们只关心如何将他们做出的决策贯彻实施下去。

僵化的等级制度不仅代表速度慢，而且暗示着信息流通的阻塞。这在步调快速的市场中，与做决策所需要的速度背道而驰。在新中国计划经济一统天下的时期，国家计委等机构制订出运用行政手段而非经济手段来执行的经济计划，使政府直接介入经济的所有重要方面，带来公共管理的巨大负担。因为体制过于复杂和庞大，上级的指令一级一级往下传达，下级的报告一级一级往上报告，无止无境的巨大信息淹没了庞大而低效的官僚机构。

官僚制减弱个人关系、增强规则内在化以及减少备选方案的数目，这些因素结合起来，可使组织成员的行为具有高度的可预见性，也使他们的行为日益刻板化。如果不打算给予公务员以决断的权力，这种情况就是必须为此付出的代价。许多人抱怨政府工作人员办事拖拉，但仔细想想就会发现，如果希望看到法律公平地应用于每一个公民，这种情况就是必要的，是不可避免的。繁文缛节常常使公众忍无可忍，但换一种方式只会使政府官员更容易将手伸进公家的钱袋子或者为其亲朋好友谋取私利。

官僚制组织形态呈现金字塔型，注重对标准、规范和刻板程序的遵循，组织内部缺乏竞争，其领导决策也相应是自上而下的。具体分解一下，典型的科层制组织决策结构一般由正职领导、副职领导、中层领导、基层员工四个层次构成，其决策模式是：正职拍板，副职参谋，中层传达，基层执行。这种决策模式属于垂直型领导决策模式。垂直型领导决策模式的合理性在于角色清晰，分工明确，在相当大程度上来说也是高效的，它对于传统组织来说是必然的选择。然而垂直型领导决策模式带来的弊端在当今这个迅速变化的社会日益显著，具体可以从领导者与下属两个角度来分析。

（1）从领导者角度来看，一个单位主要领导者的水平和眼界，决定了这个单位能够发展的限度。同样，主要领导者的重视程度与认识水平，也决定了一个单位各项工作的水平。管理学上有个"经理封顶定理"，概括了企业家对企业发展的决定性作用，通俗地说，就是一个企业再好也好不过它的经理，如同金字塔再高高不过它的塔尖。德鲁克也说过，一个企业只能在企业家的思维空间内成长，一个企业的成长被其经营者所能达到的思维空间所限制。在迅速变革的社会环境下，组织中不可能有人对任何问题都有现成的答案，在很多未知的领域和未来的前景方面，领导者有时并不必然比下属更加高明。由此可见，科层制组织的瓶颈可能来自其主要领导者，如果主要领导者受到视野与能力的限制，他就不可能通过具有前瞻性的决策带领这个组织走向更大的成功。

（2）从下属角度来看，科层制组织的下属普遍面临"格鲁希困境"。负责拍板的领导者时常有信息不充分或决策鲁莽草率现象，而下属和基层观点通常无法有效向上反映，基层员工有价值的意见受到忽视。领导者在把握宏观大局方面有其优势，但最了解第一线细节的常常是下属，如果领导者不注意或不愿意倾听下属的意见，则决策容易失误。一位自认为较有涵养的领导者曾说，如果下属对自己某项决策的看法不一致，会听下属说一次，最多听两次，若该下属第三次再提出异议，就会难以容忍。很多负责任的下属本身愿意向上级反映真实的情况和参与决策，但常常也会忌惮领导者是否愿意听取不同意见。因此，下属在参与决策中能够大胆提出自己的不同意见需要领导者高度的涵养和宽大的胸怀。

二、适应性组织文化与领导决策

这类组织与官僚制组织恰恰相反，它以通过实施灵活性和适应外部客户需要的变革，把战略重点集中在外部环境上为特点。这种文化鼓励那些支持组织去探寻、解释和把环境中的信息转化成新的反应性能变为能力的准则和信念。持有这种文化的组织并不只是快速地对环境做出反应，而且能够积极地创造文化，改革、创造性和风险行为被高度评价并得到激励。

不同组织之间组织文化差异对领导决策风格提出不同要求。美国总统行使权力的方式可以是临时独裁，而议会议员行使权力的方式必然是民主的。对文化程度不高的下属采取专制式的领导方式有效，而对文化高的采取民主方式更好。军队组织的决策特征是高效，军事战争中的决策对效率要求极高，普鲁士 19 世纪初在军队中成立总参谋部，用参谋的集体智慧帮助统帅进行军事决策，成为智库的重要起源。总参谋部极大地提升了军事决策效率，为此后统一德意志奠定基础。《孙子兵法》曰：“将在外，君命有所不受”，说明战场上的决策是高度情境化的，这决定了将领必须根据战场当时的情况见机行事，才能高效决策。很多组织都具有严格的上下等级制规定，在组织中各个组织内部单位是按照上下的原则设置的，上级单位对下级单位有无限的支配权，否则组织就无法运转。这种严格的上下等级制在军队中最为常见。现实中，部队干部转业到地方担任领导，就需要不断适应和改变，领导风格也在变化，在过去严格的令行禁止风格中融入一些民主协商风格。

在中国，国企领导者的决策权与私企老板相比更加受到制约，那些杰出的国企领导者如果越过政府部门独立做决策，就容易招致相关部门的不满而带来矛盾。20 世纪 90 年代末，脱胎于三水酒厂的健力宝集团名义上是三水的地方国有企业，董事长李经纬的高度市场化思维，与三水地方政府领导者的行政化思维产生日益剧烈的冲突。地方政府认为，企业所有的财富属于地方政府这个大股东，李经纬任何想实现个人产权、个人财富的努力，都是僭越，双方不断升级的结果是李经纬以贪污罪被判处有期徒刑 15 年。在改革开放特殊历史时期的产权不明、政企关系纠葛及企业家在利益分配上的过错，必然产生健力宝和李经纬式的悲剧。

跨国公司职责划分清晰，对授权要求很高，但中国企业很多事情边界很难界定清楚。很多人在跨国公司做久了以后，只是按流程去做，却不知道为什么要这样做。如果一个人不去思考，按部就班，到了一个新的环境以后很有可能生搬硬套老的方法，会出现问题。中国很多民营企业的系统不完整，具有高度的灵活性，其优劣点均非常明显，一方面容易发生拍脑袋靠感觉的随意决策，另一方面又可能拥有能够应对激烈竞争的高效决策。

对于庞大组织来说，决策链条过长会带来严重的官僚主义。扁平化组织的决策权尽量向下层移动，尽可能让最基层的决策者，同时又是执行者面对所有的问题。韦尔奇 1981 年上任时，GE 有 40 多万员工，大小经理 2.5 万多个，高层经理 500 多个，仅副总裁就 130 个，管理层次 12 级，工资级别 29 级。韦尔奇上任后至少砍掉 350 多个部门，将管理层次减少为 5 层，130 位副总裁减至 13 位事业部总裁，公司员工减至 27 万个。这样扁平化的结果是使 GE 既拥有大公司的资源优势，又具有小公司的灵活性和快速增长的能力。

三、使命型组织文化与领导决策

对于那些关注于外部环境中的特定顾客而不需要迅速改变的组织，适于采用使命型文化。使命型文化的特征在于管理者建立一种共同愿景，使成员都朝着一个目标努力。

使命型组织的发展不能仅仅限于领导者的想法，而且要让各级员工心往一处想，劲往一处使，这就涉及改变和改造员工的过程。组织的发展方向和组织文化都要与之适应。变革型领导就是这样一种领导类型，这种领导者外在是引领和推动发展方向和组织文化的变化，内在是激发追随者内在高层次动机，最终实现组织的共同目标。

外化于形是制度，内化于心是文化，在使命型组织文化中，使命高于一切。2016 年中秋节，阿里巴巴开放员工抢购月饼，有几名员工利用系统漏洞抢购月饼，最终在当天晚间被劝退。阿里巴巴集团 CEO 张勇对此事件的回应是，安全部门职员的职责是用技术去保卫亿万用户的安全，而不是用这个技能去抢几块月饼，阿里对作弊“零容忍”。从该事件可以看出，阿里巴巴的强文化组织特点，不能忍受与组织使命背道而驰的员工行为，以至于为了月饼这种“小事情”而做出开除员工的决策。

使命型组织需要整合内部资源，为组织使命服务。在传统上，各个规划由于政府行政条块的制约，形成了包括城乡总体规划、土地利用规划、国民经济和社会发展规划、生态环境规划等多个规划体系。不同规划的服务对象和内容不一样，期限相差很大。如城乡总体规划期限为 20 年，而国民经济和社会发展规划的期限是 5 年，土地利用总体规划的期限一般为 15 年。期限的不同导致起点数据不统一，分析与预测难以吻合，甚至相互矛盾。所以需要在城乡规划中推行“多规合一”，就是把部门分散的“碎片化”行政资源整合在一张蓝图之中，破除部门利益樊篱，从更高层面形成政府统筹、多部门参与的统一机制，实现各个规划在用地边界、空间布局、功能安排上的相互协调。

使命型组织文化与“指数型组织”相契合。组织发展的不同阶段，组织文化有差异。企业早期的快速成长阶段，需要的是激情，组织文化需要富有人情味。但是当企业规模达到一定程度的时候，如果规范跟不上，就会出现很大的混乱，这时组织文化就要相对规范化。大型组织与小型组织之间对比，大小各有优缺点，大有大的难处，层级、臃肿、官僚、规范，小的灵活等。“指数型组织”本质上是一种平台思维，以前大公司具有的规模效应优势正在丧失，如今小公司和个人通过平台同样可以以差不多的成本获得产品和服务，却要更快速、更冒险，今后不灵活的大公司将会被平台所取代。主要依托平台发展的“指数型组织”具有以下 5 大内部属性：良好的用户界面，是组织实现扩张的重要条件；适应力强的实时仪表盘，让组织内的每一个人都能了解关键量化指标；通过实验实现快速迭代；在遵循公司宏大变革目标（MTP）的前提下，实现员工高度自治；用社交工具创造透明性和联通性，消除信息延迟。“指数型组织”中的决策是高度分散的，各个业务单元围绕平台使命确定自身的行动。

四、小团体式组织文化与领导决策

主要强调组织成员的参与、共享，还有外部环境的快速变化的期望。这种文化类型强调组织实现优异绩效对员工的依赖性。

内部创业作为大型企业克服内部组织僵化的良药，在小团体型组织文化中更加容易产生。内部创业是一些有创业意向的企业员工在企业的支持下，承担企业内部某些业务或工作项目，并与企业分享成果的创业模式。内部创业有效地开发了员工资源，能够为企业发展探索新业务。由于不可避免地受制于企业的制约，内部创业的失败率是非常高的，但成功者将为企业提供新的增长点。微信就是腾讯内部创业而诞生的产品，蚂蚁金服则是阿里巴巴的内部创业产品，两者后来均成长为所在企业的支柱产品。

很多面临激烈市场竞争的公司越来越多地采用内部项目制，旨在消除层次、打破层级，激活有潜质的人，将以往的上下级关系变成平等的合作伙伴关系，将报酬建立在绩效和能力之上而非等级之上。有些前沿企业的项目组甚至可以彻底打破组织部门边界，项目领导者拥有最高权限，可以调度包括 CEO 在内的所有人，可以成立公司，做项目的股东等。互联网时尚品牌运营集团的韩都衣舍实行“以小组制为核心的单品全程运营体系”，这一模式将传统的直线职能制打散、重组成新的小组。这种划小核算单元，责权利统一的方式，更有利于激活每个小团队的战斗力，也很吻合韩都衣舍“快时尚”的定位，其市场成绩十分显著。

然而，如果没有得到良好的整合，小团体型组织可能的一个弊端是组织内部割据和分裂。清朝末期，随着原有的八旗军和绿营军的日益腐朽，这些正规军之外中逐渐形成湘军、淮军以及后来的新军等地方武装，它们类似于清朝内部的军事小团体，主要服从于自己的首领。后来民国初期的北洋军阀即脱胎于清末这些地方势力，从而导致整个国家一盘散沙的局面。

新生代员工已经越来越多地加入各类组织中。他们加入后带来的新文化对原来的组织文化多少形成一定的冲击。然而，这种新文化与组织原有的文化相比不一定就是不合理的。从长期来看，两种文化之间相互影响，谁强势谁占上风，随着这群人越来越多地进入各单位，他们的文化今后应该会越来越强。原有的组织在将年轻人融入组织的同时，也应抱着宽容的态度，吸纳年轻人带来的创新、敢闯、网络等新文化，对原有的组织文化加以改进。

第三节　网络时代与领导决策

本节基于网络时代的特征，首先分别看一些互联网技术对领导决策的影响，其次从整体上审视网络时代的特征及其对领导决策的影响，其中最主要的影响是共识性决策。

一、互联网及相关技术对领导决策的影响

以互联网为引领的相关技术发展日新月异，并相互交叉渗透。对领导决策领域影响最大的技术除了互联网本身之外，还包括大数据和人工智能。

1. 互联网对领导决策的影响

互联网对社会各方面产生了深刻的影响。互联网对公共管理的影响包括：互联网提供社会公共服务和管理新工具，基于互联网的大数据成为公共决策的重要依据，互联网环境下公共危机信息传播对公共部门提出新挑战，互联网的广泛运用对公共管理者的知识技能提出新挑战。就决策领域而言，互联网思维随处可见，包括用户思维、简约思维、极致思维、迭代思维、流量思维、社会化思维、大数据思维、平台思维、跨界思维，等等。这些互联网思维为决策大大开拓了空间，使领导者的思维摆脱了原来的狭小空间，进入更加广阔而又立体的天地。

网络时代具有VUCA特征，即易变性（Volatility）、不确定性（Uncertainty）、复杂性（Complexity）和模糊性（Ambiguity）。不管是个人还是公司都难免会决策失误，方向看不准，该做的行业和产品没有做，选择没做好。领导者要适应这样的环境，更要去拥抱这样的环境，鼓励去尝试，快速迭代，快速地反馈，敢于去犯错和犯错之后的总结和积累，这样教训

积累得多了就成了经验，为今后决策水平提高和决策失误减少提供基础。

网络时代的关键工具是搜索引擎，在使用这个工具的过程中，人的另一个重要能力——搜商开始凸显。搜商是通过搜索获取知识与解决问题的能力。搜商高的领导者能够通过网络搜索，精准地将自己需要的信息收集起来并加以分析，为决策提供来源广泛的信息依据。

在网络时代，世界变平了，信息化和知识经济将知识自由传送，超越了原来的社会层级，网络舆论成为领导决策考虑的重要因素之一。网络舆论起到正反两方面的作用，一方面是对决策民主化、科学化的一种监督；另一方面有时也为领导决策提供了一种非理性的外部干扰。此外，能够明辨网络真假民意的能力，以及进行网络舆论引导的能力也应该是当代政府领导者所应具备的素质之一。

2. 大数据对领导决策的影响

大数据从本质上是依赖数字化手段获取可自动记录、存储的结构化、半结构化和无结构化数据。① 大数据无法使用传统流程或工具进行分析。它是对巨量数字资源的规模化整合，数据和数据模块之间的关系及运算操作系统化，构成新的、复杂性逻辑结构和价值倍增的信息集成。这种具有多种实用性，甚至精神性的信息形态已经大大超越了传统数据的属性特征、功能价值和作用范围。技术目前正在逐步地应用于大数据技术的前沿领域，挖掘大数据蕴含的规律和价值，从而为人类决策提供有效支撑和部分替代。

大数据的一个重要功能在于预测，它为领导决策提供了前所未有的高效信息，从而使精准决策成为必然。比如通过大数据的分析，商家可以识别精准用户群，商业活动做到有的放矢。政府和公众也可通过社会各个领域大数据的分析结果，来了解社会整体运行情况，比如通过对春运期间人口大规模

① 高奇琦、阙天舒、游腾飞：《“互联网＋”政治：大数据时代的国家治理》，上海人民出版社，2017 年版，第 39 页。

流动的大数据分析，可以了解全国人口迁徙的地域结构和发展趋势。

云计算与大数据的结合正在成为人类认识世界的新工具。人类对世界的认识是随着认识世界的工具更新而逐步深入。过去人类首先认识的是事物的表面，通过因果关系由表及里，由对个体认识进而找到共性规律。将云计算和大数据结合，人们就可以利用高效、低成本的计算资源分析海量数据的相关性，快速找到共性规律，加速人们对客观世界有关规律的认识。对于领导者来说，要善用云计算和大数据这种新型工具辅助决策，从而最大限度地减少经验判断带来的决策失误，大大提升决策的精准度。比如，中国的粮食统计始终是一个难题。中央靠省，省靠市，市靠县，县靠镇，镇靠村，最后真正干活的是基层兼职调查人员。由于众所周知的考核原因，层层加码，数据失真。随着太空技术的发展，国家统计局采用遥感卫星，通过图像识别，把中国所有的耕地标识、计算出来，然后把中国的耕地网格化，对每个网格的耕地抽样进行跟踪、调查和统计，然后按照统计学的原理，估算出中国整体的粮食数据。这种做法打破了传统低效的流程和组织，直接通过大数据技术获得最终的结果。

大数据极大地推动和强化了人们的工具理性思维，然而，对于深层的、基本的、核心的社会价值或精神价值来说，大数据难以体现，往往还会遮蔽精神价值，这是大数据在领导决策领域运用中应该注意的问题。也就是说，经过深入挖掘的大数据可以精准地为人们展现的“是什么”，但很难展示“为什么”，更无法提供“怎么办”。因此，再海量的大数据决策也永远不可能完全代替人的决策。与重在预测的大数据相比，像抽样调查和实验研究这样的小数据重在解释，它可以与大数据有机结合并发挥作用。

3. 人工智能对领导决策的影响

人的意识与思维在自然界是不可复制的，但其信息过程则是可以模拟的，用科技手段模拟人的意识与思维的信息过程就是人工智能（AI）。人工智能努力了解智能的实质，并生产出一种新的能以人类智能相似的方式做出反应的智能机器。人工智能不是人的智能，但能像人那样思考，甚至在未来可能超过人的智能。

在人工智能领域，机器学习、预测筛选（PST）、自动决策（ADT）等迅速发展，对大变量进行多维度、多层次分析，形成系统决策。人工智能领域的高仿真机器人除了外形逼真外，还能够完成点头、眨眼等动作，并可以进行简单的交谈和反应，实现与人类沟通。IBM 的超级计算机“沃森”不仅会用自然语言进行处理和分析，而且处理信息的方式已经非常接近人类思维。根据强人工智能的观点，人类有可能制造出真正能推理和解决问题的智能机器，并且，这样的机器将被认为是有知觉的，有自我意识的，当这种智能机器产生后，对领导决策的替代将成为可能。替代人类进行决策的人工智能，因为避免了感性因素，因此非常理性，对事物判断的准确性极高。不过，那些人际连接者和复杂组织决策可能仍然不会被替代。

当前人类正在经历第四次工业革命，随着人工智能技术突飞猛进，人工智能越来越多地参与人类的各种决策领域。在现实世界被改变后，人工智能机器替代了很多重复性的工作，使得人类可以集中力量去开掘大脑中未被使用或者说真正属于人性光辉的部分，使它们能够彰显。由于领导决策领域的特殊性，目前尚无法让人工智能做出较大程度的替代。然而，以前最多只能作为信息辅助工具的人工智能越来越深地介入领导决策领域，是一种无法阻遏的历史潮流。

人工智能正在广泛运用于金融、医疗、教育、安防、电商、交通等领域。人工智能的前提是拥有足够多的数据样本和强大的计算能力。今后数据量越来越大，计算能力越来越强，人工智能必将越来越成熟。展望未来，以网络技术为基础，云计算、大数据和人工智能将实现“三位一体”的深度融合，人工智能必将越来越深地介入决策领域，帮助人们做大大小小的决策，领导决策也概莫能免。

二、网络时代的决策转型

在传统简单的社会结构中，让极少数精英来做决策、大多数人执行具有合理性。自互联网产生以来，社会结构发生深刻变化，网络时代四个方面的特征对传统决策模式构成日益严峻的挑战。

（1）信息的高速流动。传统的广播、报纸、电视等媒体基本上属于单向传播。早期的互联网媒体使得信息传播的便捷性显著提高，但仍以单向为主。移动互联网则是自媒体占据主流，信息流去中心化，每个人都是受众，每个人也都可能是传播者。在这种背景下，决策者通过信息垄断占据优势的可能性下降。另外，网络时代的另一特征是信息传播速度大大加快，因此对组织应急决策也提出需求。

（2）自组织结构显著。互联网可以被看作一个庞大的自由市场，在这个自由市场中，新的组织形态——自组织日益壮大。自组织内部在团队事务上没有谁是绝对的管理者，每一位成员都可能是团队的管理者，都在一定程度上为团队的目标负责。这种组织形态对各种现实组织产生一定的冲击。

（3）知识差距的缩小。网络时代的知识型组织大量增加，知识型组织的特点之一是领导者与员工之间的知识水平、视野并无显著差距，甚至有一些知识型员工的知识水平超过领导者。对这类知识型员工的领导方式是互联网和知识经济时代的一大课题。

（4）认知模式的改变。自组织中的互联网思维对自组织成员在现实中的认知模式具有颠覆性影响。从网络回到现实后，这些以年轻人为主的成员把这种认知模式带到自己所在的组织中。以前单位领导或长辈说什么年轻人就听什么，现在这些年轻人的认知模式发生了巨变，不再是权威时代下的你说我听。所以在互联网时代，如果决策者想去通过决策影响下属，不能再依赖单向安排布置的传统办法，而只能靠互相影响。

上述互联网带来的挑战，促使传统决策进行现代转型。

（1）从决策主体上来看，互联网带来的趋势是从差距转变成平等。如前所述，自组织没有非常明确的角色分工，它的角色有时候是自动生成的，有时候是一人扮演多重角色，与此相反的是，反映科层组织中不同层级之间权力的大小对比的权力差距在中国非常显著，这样带来的恶果是下属对领导的不认同，这种恶果在网络时代更加暴露无遗。领导者若想增强影响力，提升领导有效性，必须与下属建立相对平等的决策主体关系。

（2）从决策内容上来看，互联网带来的趋势是从细节转变成战略。在传统组织中，领导一言堂，决策内容包揽一切。互联网的高效信息流与知识差距的缩小，促使决策者不再垄断细节内容，更多地在战略层面上进行决策，把细节让位给基层一线员工，“让听见炮火的人做决策”。在这个过程中，文化、价值观管理要成为领导决策的重要内容。

（3）从决策方式上来看，互联网带来的趋势是从垄断转变成沟通。以前公共管理方式的局限在日新月异的互联网经济时代日益明显。对公共部门来说，要善于与社会公众沟通，对组织领导者来说，要善于与下属沟通，发挥社会和下属的创新活力。沟通的主要目的之一是赢得认同，可以为决策后的执行奠定思想基础。

三、共识性决策的主要特征

网络时代决策的转型，将决策分为两种典型类型：危机性决策和共识性决策。危机性决策来源于网络时代信息传播速度的变化，因此有一些需要即刻反应的决策事项，有时需要突破常规、见机行事。共识性决策则来源于网络时代组织结构和知识差距的变化，这种决策方式不仅追求参与者的多数同意，而且还解决和减轻少数人的反对以达成最多同意，其目标是最大限度地达成共识。具体来看，共识性决策具有五个特征。

1. 从原则来看，共识性决策尊重少数

民主的实质已超越少数服从多数，而是对少数的尊重。比如当今世界对亚群体的重视越来越显著，他们虽然人数不多，但特征鲜明，诉求应该得到足够尊重。比如“邻避运动”虽造成一些公共项目选址困难，但迫使项目决策方式和决策过程不断改革，以求最大限度地吸纳公众意见。何况常常不是只有一种正确决策方案，而在决策中少数人的意见有时也并不比多数人的意见更加远离真理。

2. 从过程来看，共识性决策是多次重复博弈

网络时代的各种利益关系复杂，表达方式也便利多元，决策者需要在民主和集中之间寻找一个平衡点，才能得到较好的决策效果。多次重复博弈更强调遵守规则和道德，如此才能成为长期的胜者，找到最大公约数，赢得下属认同与追随。为此，通常会成为公共政策或下属与公众行动指南的党政领导决策的过程与成果，需要转化成通俗易懂的语言，使决策过程与成果为公众所理解，方便公众参与决策过程。

3. 从目的来看，共识性决策实现了领导终极目的

领导者的终极目标有两个，一是任务完成，二是人际和谐，即在和谐的人际关系中实现组织的使命。下属的意见得到充分的尊重与表达，产生对领导的追随认同，用心用情又用力，实现人际关系和谐与团队凝聚力增强。

4. 从结果来看，共识性决策执行顺畅

领靠决策，导靠认同。因此领导决策更加强调下属认同的决策，即在决策时充分考虑下属的理解、接受并执行的可能性。下属参与决策可能会

降低决策过程的效率，但往往会因为切合民意和理解决策而提高决策执行的效率。再好的决策也需要下属良好地执行，如果下属参与了决策，会对决策产生认同感，执行起来更加有效。

5. 从趋势来看，共识性决策缩小权力差距

如前所述，权力差距过大是网络时代组织领导力发挥的一大障碍。缩小权力差距则是领导者更好地赢得下属认同的重要途径。让下属充分参与决策，最大限度地达成共识，虽然领导者权力缩小了，但领导效果提高了，决策目标更容易实现。

四、共识性决策的决策途径

在网络时代的共识性决策中，领导者对下属和公众有整合、引导和妥协三种决策途径。

1. 整合的决策途径

整合思维不以选择一方而牺牲另一方为代价，而是以创新形式消除意见对抗，新的意见同时包含对立意见的某些因素，且优于其中任何一方。根据学者王雪峰的观点，领导者的职能是整合，通过战略整合事务、通过组织整合人员、通过文化整合人心，这就是领导者的三种整合方式。具体到决策领域，领导者的决策行为是与组织自发的离散秩序进行对抗，通过决策过程及其结果建立起共同的组织目标，把组织的事务、人员、人心整合起来。网络时代的平台化发展，同时重视个人创造，于是一箭双雕的事业合伙人制在企业界开始盛行，旨在将优秀的志同道合者充分整合进事业团队中。组织通过整合有了凝聚力，决策才被赋予生命力。

2. 引导的决策途径

公众既是推动历史发展的决定性力量，又具有群体无意识的天然特性，他们不容易从公共利益角度，常常站在自己的角度考虑。领导者需要

带着下属和公众朝向自己确立的目标方向集体行动，可在观念、思路、技术、行动等诸多领域发生。当前新生代开始越来越多地进入各类组织，从代际角度看，领导者通常年长者居多，这些年轻下属作为“网络时代的原住民”，有着与上级领导显著差异的思想观念和行动方式，他们一方面思维活跃、勇于接受新鲜事物，具有良好的教育背景与专业素养；另一方面又不时表现出以自我为中心，情绪波动大，对岗位职责与领导交代的任务也持无所谓的态度。年长领导者做出的与年轻人密切相关的决策能否得到年轻人的理解与支持，要看能否在决策中充分吸收年轻人的意见，让年轻人参与决策，这就运用了网络时代的用户思维。

3. 妥协的决策途径

在网络时代，涉及公众切身利益的决策，一定要征求和尊重相关公众的意见。对社会整体利益有利的决策，可能会损害局部利益，可对局部利益进行补偿；如果暂时得不到公众的支持，宁可先放一放，以免激起矛盾。政府与民众妥协是政治文明的表现，是开始远离官本位的表现。许多僵局，都必须靠妥协来化解。传统官本位体制下，许多领导者不懂或不愿妥协，实际上是在积累矛盾、增加隐患。一旦陷入僵局，只能鱼死网破。一些地方由区区小事酿成恶性群体性事件，都与当地政府不懂妥协密切相关。懂得妥协的领导者是有智慧的，也会赢得公众的尊重。

在任领导者大都正值盛年，传统人生经历阅历丰富，往往不容易对超越生活经验广度的信息感兴趣，不愿突破。网络时代的社会变化如此迅速，技术在飞越，信息在流通，可能曾经的经历阅历成为成长进步的障碍。从网络时代的特征可以看出，决策绝不再是领导者个人的事情，也不是领导班子的集体事务，而是利益相关者的共同事务。从共识性决策可以推论，决策主体应该平等，决策内容侧重战略，决策方式重在沟通。领导者应综合运用整合、引导、妥协三种决策途径，通过共识性决策来实现整体决策目标。

【案例阅读】英国脱盟公投与卡梅伦的困境

2016年6月23日，英国举行了一场足以载入史册的公投，“脱盟”公投计票结果揭晓，“脱盟”一方支持率为51.89%，而赞成“留盟”的投票者占48.11%。英国人民通过投票的方式成功终结了跟欧盟及其前身长达43年的联姻。6月24日，英国首相卡梅伦（David William Donald Cameron）宣布辞职，7月13日正式卸任并辞去英国议会下议院议员职务，彻底退出英国政坛。保守党新任党首特里莎·梅（Theresa May）继任首相，开始领导英国内阁开展脱盟谈判。

英国社会一直围绕脱盟问题争论不休。卡梅伦在2015年再次赢得大选后承诺，他所领导的保守党政府将在2017年底之前，就英国是否脱离欧盟举行一场全民公投。分析人士认为，卡梅伦当初提出“脱盟”公投，除了对冲国内疑欧派的政治压力外，还有以此让欧盟在谈判中妥协让步的政治意图。但公投结果显示卡梅伦“政治豪赌”失败，这不仅可能引发英国政坛“大地震”，更可能促使欧盟国家“疑欧”情绪上升。

在投票之前，卡梅伦在演讲中呼吁选民们，特别是年长的选民们考虑他们子孙的“希望和梦想”，为了孩子的未来，投票留在欧盟。投票结果揭晓后，卡梅伦表示，英国民众已经做出了清晰的选择，将会离开欧盟走另外一条道路。既然英国人民已经明确选择了与他所支持的道路完全不同的道路，他也不再适合担任“掌舵人”，英国需要一个强大、有决心、坚定的领导人就脱离欧盟与欧盟进行谈判。他说，离开欧盟不是他想建议的道路，但愿意做任何事帮助英国找到自己的道路、发出自己的声音。

英国在欧盟中一直心猿意马，从历史上看是欧陆平衡政策的延续，从现实来看是大国衰落心态的失衡。有分析人士认为，导致英国公投“脱盟”的主要原因是英格兰北部工业区大多数投票支持脱离欧盟，这些地区长期经济不振，与当地的萧条和伦敦等大城市的繁华形成巨大反差，公投是“草根”对精英的“起义”。

英国“脱盟”可能带来的巨大风险引发国际社会广泛忧虑，但“留盟”也并非简单维持原状，因为形势已经变化。某种程度而言，英国“脱盟”公投并非在好与坏、是与非之间做出抉择，更像是一项两难选择，只能“两害相权取其轻”。全球经济危机和欧洲主权债务危机之后，欧洲经济增长乏力，许多国家失业率高、社会问题突出，加之2015年开始席卷欧洲的难民潮进一步加剧了欧盟经济的安全隐患。而被认为是支持“留盟”的苏格兰地区，同样经济增长乏力，投票率较低。

案例启示：

卡梅伦面临的困境在于，他认识到融入欧洲一体化是时代趋势，却无法由此满足英国部分民众传统保守的心理。英国“脱盟”投票把直接民主的弊端暴露无遗。英国多数同意“脱盟”，但苏格兰反对“脱盟”，其结果可能会造成英国的分裂。直接民主不仅削弱首相的权力和影响力，而且还要首相帮助人民实现向违反自己理念的方向过渡，要求首相有广阔的胸襟。卡梅伦的辞职就是通过让出权力来表达对相反观点的尊重。

领导力的实质是主体对时代变革需求的回应能力。在国际领域，回应能力强的，追随国众多，回应能力弱的，更多的是疏远国。不少有识之士指出，欧盟缺乏足够的领导力，缺乏具有政治远见的人物，许多政治家只关注本国或本地区的事情，算计自身利益，很少从欧盟整体角度来看问题，导致欧盟出现种种问题，造成欧洲一体化面临停滞甚至倒退的恶果。

C H A P T E R 0 5

第五章

领导决策目标

领导决策目标从很大程度上看就是领导者在决策中期望最终实现的成果，一般是解决问题或利用机会。决策目标是决策行为的出发点和归宿，也是决策者进行决策的依据。领导决策目标往往是多变量的，也是多目标的，是由许多目标构成的一个体系，即目标体系，该体系可以分解为短期目标、中期目标、长期目标和最终目标等。领导决策目标既要确定未来方向，还要能够整合团队，还要实施变革。相对以 SMART 原则等绩效管理为背景的管理目标来说，领导决策目标更加侧重于对人的激励和组织变革。

第一节　确定方向与领导决策

领导决策是多个方案择优选择的过程，在诸多决策目标中，确定方向是首要关键。约翰·科特发表经典作品《领导者应该做什么？》提出了广受认可的观点：确定方向、整合团队、激励下属。[①] 从这个界定来看，科

① ［美］约翰·科特：《领导者应该做什么？》，《哈佛商业评论》，1990 年 5/6 月号。

特主要强调了领导者主要关注人的特点，相比较而言，管理者更加关注事。

一、理念体系与领导决策

组织的理念体系主要包括使命、愿景、核心价值观等。从时间维度来看，领导者的关注点重在未来。领导者，尤其是高层领导者对未来的预见非常重要。领导决策是面向未来的，现在为未来提供基础条件，过去提供经验，对未来趋势的判断则是决策的关键。对未来趋势的良好判断取决于洞察力，有智慧的领导者要不断清除大脑中的各种无用信息，使大脑中存贮的信息结构化，以便洞察未来。

使命是组织为什么存在。组织存在的依据应该是使命导向，尤其是那些高知识、高成长、高风险的组织更应清晰界定所在组织的使命，并始终围绕使命进行领导决策。为此，领导者的眼光应放在未来而非纠缠于过去。对待过去的事情、历史问题，要粗一点，模糊一点，甚至糊涂一点。另外，领导者对非原则问题不要吹毛求疵。有时需要装聋作哑、不闻不问。因为一则小事不会影响大局，二则日常琐事繁多杂乱，非原则问题层出不穷，关注这些细枝末节，会形成一种误导，使领导的眼界、心胸受限。

愿景是未来想要成为什么样。从愿景角度来看，领导决策是为了实现领导者心目中对组织描绘的理想蓝图。愿景是组织未来的理想蓝图。美国领导力专家吉姆·库泽斯（James Kouzes）和巴里·波斯纳（Barry Posner）将“共启愿景”作为领导力实践之一，即领导者不仅自己心目中要有理想蓝图，而且要把该蓝图分享给下属。迪拜酋长谢赫·穆罕默德·阿勒马克图姆的愿景是将迪拜从一个区域经济中心转变成世界经济中心，他为此提出的口号是“没有人会记得第二名是谁”，这句话已经成为整个迪拜传诵的座右铭。在新的经济增长模式带动下，迪拜创造了一个个让世人瞠目结舌的奇迹，像世界最高的摩天大楼迪拜塔、世界上最大的购物中心迪拜购物中心、世界最大的人工岛棕榈岛、世界最大的室内滑雪场，甚至还有世界上最大的国际机场，并逐渐成为阿联酋乃至中东地区的国际金融、贸易、航运、旅游中心。迪拜领导者的愿景已经逐渐转变成现实。

核心价值观是想把什么理念排在最优先位置。从内部管理角度来看，如果一个组织有明确的价值观，可以让工作效率大大提高。因为依托价值观而形成的员工行为模式，可以在很短的时间内，让员工迅速做出判断，哪些事情可以做，哪些事情不可以做。

二、价值引领与领导决策

除了法定责任之外，领导者还有道义责任，它是领导决策的重要手段。领导者要实施价值观领导，让下属在工作中逐步成熟起来，这也是一个领导者的责任。领导者在组织内要用价值观来凝聚共识。社会价值观是多元的，但组织价值观应该趋向单一，组织内倡导什么，反对什么，应该是比较确定的。没有组织成员共识，就难以形成有效决策；没有共识，形成了决策也难以真正践行。

人们对事物的认识分为两种，即事实认识与价值认识。领导者面对的很多问题都是价值问题，不太容易达成思想统一，但往往又是理顺思想的关键。由于人们有不同的利益诉求，所以价值问题的合理性又是相对的。一些利益群体认为合理的，另一些利益群体可能认为不合理，要挖掘决策背后的价值取向。但有时价值取向只有深挖才能厘清。如 1982 年四军医大学生张华救老农牺牲，全国范围的讨论观点分为两种：一种认为不值得，一个大学生比一个老农价值贡献更大。另一种认为值得，品德高尚的榜样力量是无穷的，能够给社会大众带来极大的感召力量，所以尽管大学生比老农社会价值高，但其行为仍然能够为社会带来收益。两种观点虽然针锋相对，但从更深层次上看，它们是共同的，即“工具性”观点，都是以“个人对社会的作用”为出发点。若深入追问，人除了工具性的效用之外，还有什么？人性中向善和向恶的基本问题。如果基于这样的价值取向来讨论张华的行为，即人应该关爱他人，还是应该漠视他人？这样一来，大家就更加容易实现价值观的统一。①

对价值判断还要考虑具体情境，不同国家价值判断标准存在差异。如果美国国会没有通过行政部门的财政预算，政府就要关门，很难想象这种现象会在中国发生。实际上人类社会没有绝对的通用价值观，强者与弱者的力量不同，对很多事物的意见存在差异，最典型的体现在联合国安理会的决策上。在国际社会，强国努力把自己的价值观强加在弱国身上，推行通用价值观。弱国处于守势，主要强调自己的独特性。

三、构建战略与领导决策

领导者的核心职能之一是推动变革，因此，确定变革的方向对领导来说至关重要。领导中的确定方向是形成愿景和战略。这些愿景和战略描述一项业务、一项技术或者组织文化在遥远的未来应该是什么样子，并且清晰地阐述实现这一目标的切实可行的途径。在制定战略框架时需要注意如下几个因素。

1. 方向比方法更重要

领导活动从本质上讲是面向明天的，其中的关键是确定未来发展的方向。如果方向错了，方法再好也没有用。甚至方法越好，投入越大，错得越远。历史上著名的大战略，包括伯罗奔尼撒战争中雅典以民主制、海权为标志的大战略、罗马维持庞大帝国的战略、丘吉尔“二战”时处理同盟

---

① 王雪峰编:《领导方法创新实例解析》，中共中央党校出版社，2008 年版，第 163—165 页。

关系的战略，以及冷战初期乔治·凯南（George F. Kennan）为美国设计的遏制苏联的战略，都有共同的特征，就是自成系统，目标统一，所有的资源调配都是导向同一个方向。

2. 选择比努力更重要

一个人对关键性事务的选择基本上决定了成败。如果选择对了，事半功倍，如果选择错了，事倍功半。在选择的基础上努力才能保证成功。比如职业选择领域，如果选择自己不擅长、无兴趣的领域，哪怕再努力都很难有大的成就。在创业决策中，创业者选对一个行业至关重要，它很大程度上决定了他的事业能走多远。对领导者来说，对关键人才的选择往往也是具有决定性的。东汉末年，刘备通过三顾茅庐求得贤人诸葛亮助力，孔明一席隆中对，为刘备集团制定了正确的战略：东联孙吴，西取荆益，北抗曹魏，从此奠定三分天下有其一的基础。而诸葛亮遇到刘备这位伯乐，从此为之鞠躬尽瘁，死而后已，充分展现了自己的人生价值。

3. 目的比目标更重要

如果说目标是“做什么”，那么目的就是“为什么要这么做”。目的就是领导者要找出路、求发展。领导决策不宜从具体目标出发，不宜从自己的愿望和动机出发，而应从目的出发。价值比手段重要，目的比目标重要，从根本上思考这样做对不对、值不值。比如，抛开精神意义不谈，单就愚公移山来说，付出移山那么巨大的代价，其实不如愚公移人，直接达到改善居住与交通条件的目的。斯蒂芬·科维（Stephen Covey）的《高效能人士的七个习惯》中举例用伊索寓言故事：一个农夫有幸得到一只下金蛋的鹅，为了更快地取到金蛋，他杀死了那只鹅，因此永远失去了金蛋的供给。科维认为，无论资产是物质上的、资金上的或人力上的，这种沉迷于结果的贪婪忽视了产量和生产能力的平衡，导致了低效率，并常常会导致彻底的失败，物质资产、金融资产、人力资产都很难利用。领导者对目的的追求具有终极意义，比实现近距离的目标更具决策价值。领导解决多重目标冲突的一种路径是目标排序，越接近目的的越作为优先目标。

4. 定位比宣传更重要

大到一个组织的长期发展，小到一个人的职业发展，都要有正确的定位。根据定位理论的创始人、美国著名营销大师艾·里斯（AL Ries）与杰克·特劳特（Jack Trout）的界定，就是让品牌在顾客的心智阶梯中占据最有利的位置，使品牌成为某个类别或某种特性的代表品牌。这样当顾客产生相关需求时，便会将该品牌作为首选，也就是说这个品牌占据了这个定位。定位就是发现组织最优价值点：可口可乐之所以风靡全球，最大的原因是它背后有强势的美国文化的支撑，而百事可乐则在美国文化的基础上重新建构了“青春和活力”的品牌情感诉求，占领了年轻人的心。

5. 趋势比现在更重要

领导决策的关键是对未来发展趋势的把握，在趋势中寻找目标。1960年，李·艾柯卡（Lee Iacocca）升为美国福特公司副总裁兼总经理，他观察到20世纪60年代一股以青年人为代表的社会革新力量正式形成，它将对美国社会、经济产生难以估量的影响，艾柯卡认为，设计新车型时，应该把青年人的需求放在第一位。在他精心的组织下，经过多次改进，1962年底这种新车最后定型。它看起来像一部运动车，鼻子长、尾部短，满足了青年人喜欢运动和刺激的心理。更重要的是，这种车的售价相当便宜，只有2500美元左右，一般青年人都能买得起。最后这种车还取了一个令青年人遐想的名字——“野马”。在头一年的销售活动中，顾客买走了41.9万辆“野马”，创下全美汽车制造业的最高纪录。“野马”的问世和巨大成功显示了艾柯卡杰出的经营决策才能。从此，他便扬名美国企业界，并荣升福特汽车公司总裁。

第二节　整合团队与领导决策

决策就是权衡，包括少数人与多数人的利益权衡，长期利益与短期利益的权衡等。领导者很难完全统一下属的思想，但可以统一下属的目标。领导者要实现任务完成和人际和谐双重目标，决策也不能顾此失彼，通过目标来培养人才、激励人心和整合团队。

一、培养人才与使用人才

组织的发展对人才，尤其是关键人才的依赖呈增强趋势。“出主意、用干部”是中国共产党领导者的主要责任。“出主意”主要指的党要提出国家乃至地方或部门的政治主张、发展大计等，但是，没有组织作为基础、没有干部安排支撑，这种定位显然就会落空。所以，主意和主张出来之后，势必伴随着一定的用人方面的调整，这就是“用干部”。正可谓“政治路线确定后，干部就是决定的因素”。

领导者的重要价值之一是使下属成长为领导者。领导者要创造条件，给予下属工作更多自主权。英国领导学大师查尔斯·汉迪（Charles Handy）提出辅助性原则，指高一级的组织不承担应当且能够由低一级的组织承担的责任。简单地讲，辅助性原则的含义是盗取他人的责任是不对的，那样最终会使他人丧失技能。个人和小组应该获得充分的信任，直到很明显地看出他们的能力不足。领导者的任务是确定个人和小组是否能胜任交给他们的责任，理解组织的目标并忠于职守。

组织支持度强调最优化岗位和支持性的工作环境。以前自上而下的指挥、组织和监管的模式虽然可以在某些时候起到一定效果，但它会极大地限制员工和企业的创造力，在这类组织中常常“谁大听谁的”，而不是“谁正确听谁的”。今天一些企业组织的领导人不需要用一种自上而下的方式为下属每一名员工安排工作。反之，而要将自己与员工放在一个平等的位置上，把自己视作激励者、协调人或沟通桥梁，而非传统意义上的领导者、督促者或命令中心。在这种组织中，不完全是谁的职务高、权力大，就在管理上说话绝对算数，而是谁最了解市场、最准确地反映出客户的需求，并提出解决的方法，谁才说了算。在限权背景下，公务人员更强调要按章办事，领导干部只需要把下属的态度引导好，把制度规范好，就可以相对放手地让下属更具自主权地工作。

任何领导者手下都需要支持工作的骨干。有些外行领导者自身不懂业务，就要更加借重业务内行，尤其是要学会怎么去跟他合作，配合他工作，这就是“颠倒组织金字塔”。大多数组织都是金字塔结构，顶端是高层管理者，底部是操作员工。金字塔应该是正的还是倒的，取决于要完成的任务的性质。在组织成立之初，应该让金字塔处于正的方向。但在组织具体运营过程中，金字塔要颠倒过来。这就意味着下属做责任人，领导者做响应者，为下属完成他们工作提供各种资源，辅助下属完成他们的任务。

识人用人也是领导决策中需要考虑的重要目标。诸葛亮在火烧赤壁后用关羽镇守华容道，其中一个重要目标是从心理上收服关羽。关羽极重情义，导致他在诸葛亮面前立下军令状后又私放曹操。关羽自知罪过，产生了将功赎罪的负罪心理，狠煞了关羽的居功自傲，为此后令行禁止创造了良好的条件。

韦尔奇说：“在你成为领导者之前，成功只与个人的成长有关；在你成为领导者之后，成功都与别人的成长有关。”因此，领导决策绝不仅仅是事关自己的决策，更是事关别人的决策，这里的别人是指追随者。层级越高的领导，决策事关人员越多，因此也越应慎重决策。韦尔奇对继任 CEO 的挑选慎之又慎，从开始挑选接班人到最后宣布人选，历时六年，整个过程都是精心设计的，充满曲折和悬念。在韦尔奇挑选接班人的过程中，不仅仅有评估与选择，还有培养和锻炼。他们不只是看候选人以往的业绩，更注重其潜力是否能应付以后公司将面临的挑战，以便为下一阶段的工作做好准备。韦尔奇的接班人伊梅尔特（Jeffrey R. Immelt）的年轻可以使公司充满活力，他的好人缘有助于留住许多经理，他开阔的思维有助于应对公司以后所面临的挑战。韦尔奇制定的交接班工作最初目标之一是，在交接工作完成后，尽量留住所有的竞争者，使他们进入下一届班子。但后来认识到该目标不可能完成，同时也不应该徒劳地努力留下他们，因为猎头公司绝对不会放过他们，他们中的两人在回答如果无法继任时也表示将选择离开。所以目标转为要求他们三人在离开原来职位之前培养出自己的继任者，这是符合公司最大利益的选择。韦尔奇在此制定了有限的目标而没有脱离实际。也正因为培养了大批高管，通用电气有“商界的西点军校”的美誉。而很多公司没有选出称职的新任 CEO，如朗讯、可口可乐、施乐、宝洁等 CEO 都上任不久就下了台，往往为公司带来不可挽回的损失。

领导者不可能也没有必要精通所有的事情，在决策中，“现学现卖”是永远来不及的，你要找到内行人，而不是让自己成为内行人。因此决策中要打开思维空间，放眼组织内外，从各种角度寻找可利用的人员和团队。1980 年，纽约市政府为了维修冰场，历时六年半，花费了一千三百万美元，把一个原本可以使用的冰场变成了一个混凝土池子，完全没有制冷效果。这个市政工程已经成为当时纽约市的耻辱。当时的商人、后来成功当选为美国总统的唐纳德·特朗普的大厦就在不远处，看到该情况，特朗普主动找到了项目负责人和当时的纽约市长询问项目的进展。市长很悲观地说，面临的困难很大，工人们根本不知道如何施工。问题有两个，第一是制冷剂泄漏问题。第二是制冷管道被盗问题。特朗普当然没有工程背景，也不会做设计。但是他知道找位于亚热带的佛罗里达的公司设计冰场制冷是个坏主意。他跟市政府保证，如果他承担项目，会完成这个项目，给纽约市政府洗刷耻辱。市政府正好放下这个滚烫的山芋，于是把工程转包给特朗普的公司。特朗普拿到合同后的第一件事就是给加拿大蒙特利尔冰球队的熟人打电话，雇用了一个冰球队冰场维护的工程人员来纽约指导工作。这个技术人员到现场以后立即提出铜管和氟利昂是错误的，应该使用廉价的橡胶管道和盐水，这样不仅材料成本猛降，又因为窃贼对这个根本不感兴趣，本来雇用警察维护治安的成本几乎下降到零。在特朗普接手并更换施工方案以后三个月，一个全功能的媲美职业冰球队主场的冰场就对公众开放了。更重要的是，特朗普仅仅花费了两百五十万美元，远远低于预算的五百万美元。工期更是仅有三个月，其中第一个月是拆除以前建设的混凝土基座。这个公共项目为特朗普赢得了公众广泛的赞誉。

二、激励人心与领导决策

领导决策的质量直接影响下属的工作积极性。如果连自己手下都说服不了，决策可能就很难说是成功的。“火车跑得快，全靠车头带。”已经不适合当今社会。原来的蒸汽机车与内燃机车只靠火车头的动力来带，现在的动车每一节车厢都有动力。车头的作用在于指引方向、控制节奏。领导与成员都具有动力，才能使组织高效运转。

领导决策的方式直接影响下属对决策的认可度。尤其是在困难情境下，领导者对目标更要坚定，用果断决策的方式表现出决心来鼓舞下属。项羽参加推翻秦朝的起义。有一次，秦军攻下了赵国，赵王逃到巨鹿，急忙派人向楚国求援。项羽等人带领二十万楚军前去救赵。项羽先派大将率两万人做先锋，然后，自己率主力渡河。渡过了河，项羽命令将士，每人带三天的干粮，把军队里的饭锅全砸了，把渡河的船只全凿沉了。他对将士说：“我们破釜沉舟，有进无退，三天之内，一定要打退秦军！否则只有饿死在这里！”项羽的决心和勇气，对将士起了很大的鼓舞作用。楚军个个士气振奋，一个人抵十个，十个人抵百个，越战越勇，终于把秦军打得大败而逃。经过这次战役，项羽名声大振，逐步成了各路反秦势力公认的主要统帅。

领导者的决策行为分为结果导向和原则导向。前者对员工进行行动指导，后者对员工进行意义指导。作为 20 世纪 80 年代以来西方领导理论研究热点的变革型领导（Transformational Leadership）强调，领导者通过让员工意识到所承担任务的重要意义和责任，激发下属的高层次需要或扩展下属的需要和愿望，使下属超越个人利益转而为团队、组织和更大的政治利益而工作。巴斯（Bass）提出，变革型领导通过理想化影响、精神鼓舞、智力激发、个性化关怀等四种行为方式影响追随者，从而使追随者超越个人利益的局限，提升自身的需要层次，最终实现超越预期的高绩效。

领导决策既要满足组织需要，又要满足下属要求。领导有组织目标，下属有自身利益，领导者的目标与下属目标天然不一致即为领导困境。在这样一个强调群众公认的时代，做领导如果得不到群众的支持，很难说会是好领导。不要轻易触犯群众利益，尊重下属、尊重传统，不折腾，有些领导者的问题就是折腾惹的祸。在需要改革的时候，也要充分做好沟通动员工作，把握下属的心理承受能力，完全是领导说了算的时代一去不复返了。比如，很多单位领导更希望本单位扩充职能，以此扩充单位的权力范围，但是下属通常不愿意，因为如果人手不增加的话，扩充职能就意味着下属工作量的增加，此时领导者就要在两个目标之间进行权衡。再比如，基层政府工作以前以经济建设为中心，是在做增量，有成就感，老百姓也直接受惠。在重心向社会建设转变之后，很多工作变成做减法，或者盘存量，社会治理中很多时候涉及民众利益的调整，得不到部分群众的理解与支持，就要耐心地做工作，兼顾起领导目标与群众目标，这类决策与执行工作较经济领域更难做。有时候，如果等所有的人都同意，结果很难达成，机会就会溜走，此时最佳策略是少数人先行动起来，以此带动其他人加入行动中。

领导者不是事事都应决策，也不是事事都能决策的。领导者要少断和慎断的原因：（1）领导者不一定所有问题都清晰地了解。（2）时间精力有限，无法事事都去做决断。（3）需要有机会培养下属决策能力。（4）很多具体事务下属和业务骨干更加精通。（5）对于一个正常运行的组织来说，制度、流程和文化打造得完善了，需要决策的事务就不会太多，领导者可集中精力于对那些最需要重要的问题进行决策。领导者也有个学习的过程，尤其是空降、外行领导。（6）有时即使领导者有好决策，也要让下属感觉这是他自己的决策。让下属心情愉快，接下来的执行工作就容易开展了。如果下属认同领导，就比较容易认同其决策。比如少数民族在该少数民族聚居区担任领导，就如鱼得水，很容易得到民众的认同。对高层政治来说，争取知识精英对重大政策的支持非常关键，知识精英引领社会思潮，赢得他们的支持，就赢得社会思潮的主导权。

对很多行政事业单位的领导者来说，由于受制度限制比较显著，物质激励的手段使用起来非常有限，因此要善于把工作本身当作激励下属的手段，包括工作的重要性、挑战性、独立性、参与性、透明度，等等。对强者，给予信任和空间。对弱者，给予关怀和照顾。总之，承认和正视人的差异，尽量让所有的下属都能够在单位和谐相处、发挥作用。

三、协调一致与领导决策

领导者认识真理，坚持真理的同时，还要善于说理，以理服人。仅仅自己认识和掌握真理还不够，还必须透彻地分析使之变成大多数人的共识。领导者不要频繁使用强制命令去推行决策。好的决策会被拥护，自然得到顺利执行；只有存在问题的决策，才会受到阻挠。频繁使用命令，必然会降低决策的权威。

在决策中，领导者对不同的追随者采用的领导风格应有差异。情境领导理论代表人物赫西（Paul Hersey）和布兰查德（Kenneth Blanchard）认为，依据下属的成熟度，选择正确的领导风格，就会取得领导的成功。当下属处于既无能力又不情愿的不成熟阶段时，选择命令型领导方式；当下属处于无能力但有意愿的初步成熟阶段时，选择说服型领导方式；当下属处于有能力无意愿的比较成熟阶段时，选择参与型领导方式；当下属处于既有能力又有意愿的成熟阶段时，选择授权型领导方式。德鲁克也有类似的观点，他认为，关于效率与效果，对体力劳动者，要以管理效率为主，管理到他工作的过程，过程好，结果自然好；而对知识工作者，要以管理效果为主，让他在过程中按照专业自由发挥，因此，要授权、要尊重、要给他自由。

决策还要为领导者建立高质量的“领导—部属交换关系”服务。领导—部属交换理论中指出，领导根据与部属的交换关系的稳定性、交换质量的高低，将员工分为圈内人和圈外人。交换关系包括情感、忠诚、贡献、专业尊敬。“交换”的内容越丰富，下属的任务完成得越漂亮，表现越得体；而且，要想员工工作满意度、情感承诺更高，留职意愿更强，高质量的“领导—部属交换关系”的促进作用是最强的。每个单位多少都会有一些“刺头”，他们或表现为桀骜不驯，或表现为拉帮结派，或表现为不思进取。领导者要针对这些“刺头”的不同情况给予相应的管理手段，既遏制其消极不利的因素，又调动其积极正面的因素，将不同的人都团结在共同目标的周围。

领导决策中调动新生代下属积极性成为突出难题。新生代下属具有一定时代特点，比如个性化、网络化和娱乐化。他们绝大多数是独生子女，很多家境良好，容易以自我为中心，个人意志突出。他们常常有粉丝情结，表现爱憎分别。还有的新生代下属对工作不积极、不主动、不负责。对这些年轻人，首先要认可他们的优点，大多数学历高、见识广、闯劲大，主要问题是找到他们喜闻乐见的新型方式来进行激励，在工作中发挥年轻人优势，增加参与感和受尊重感都很重要，这就促使领导者让年轻人更多地参与决策，从而提升决策后的执行力。

领导者的观点和态度是以人为导向的，因此，能做成事固然好，人的因素也要纳入重点考虑。福列特提出，从理论上讲，领导要求下属服从其任何命令；而在实践中，领导则要让下属明白其命令是应现实情境而生的，这时，命令往往更有分量，因为它反映了现实的需要。简言之，在管理得当的企业中，命令是现实要求的产物，它意味着正确的行为方式。协调多重目标冲突的一种途径是建立良好的人际关系。原则性的工作如何灵活地开展，以便让下属能够接受。党政领导决策的成果，通常是公共政策或下属的行动指南，政治语言、话语体系老百姓听不懂，听不进，需要转化成通俗易懂的语言，大众化。

为了协调一致，领导决策在很多时候需要折中，折中是为了安抚某一派或某个人，是间接而非直接为公众利益。折中往往是为了利益而不是真理。但在折中时要把握住大原则，不可为安慰对方而失去自己的主要目标。有些折中方案就像所罗门王提议的把小孩砍成两半的解决办法[①]一样——虽然双方可能同意，却因此杀死了小孩。美国民主党总统伍德罗·威尔逊（Woodrow Wilson）第一次世界大战后率领一个庞大的代表团参加巴黎和会，当时仅根据能力与适合度选择参会代表，忽视了代表的广泛性与共和党力量的平衡。由于未选择著名共和党人参会，激怒了共和党人，致使他不仅在巴黎与英法意三巨头周旋，又不得不在国内与共和党和参议院做斗争，最后在巴黎和会上的外交政策遭到失败。

领导者的任何一项决策都可能意味着对利益的重构。利益就是个体所

① 所罗门王是犹太民族历史上伟大的君王。据《圣经》记载，两个女人抱着一个男婴来到所罗门王跟前，要求他评判到底谁是真的母亲。所罗门王见她们争执不下，便喝令侍卫拿一把剑来，要把孩子劈成两半，一个母亲一半。这时其中一个女人说："大王，不要杀死孩子。把孩子给她吧，我不和她争了。"所罗门王听了却说："这个女人才是真的母亲，把孩子给她。"

追求的价值，分为积极利益和消极利益。比如，一般来说人们对阳光的需求不算利益，但是当城市居民楼前面又盖起一座摩天大楼时，采光权立即变得非常重要，于是居民产生了补偿的要求，不补偿就上访。决策直接关联着接下来的资源分配，涉及有关各方的利益调整。根据"潜规则"提出者吴思的说法，即便元规则是暴力者说了算，但是他们要考虑生产者的反应，寻求最佳自由度，使自己的利益最大化。人们对利益的看法转变，以前的观念是将公共利益视为一种独立于各个特殊利益的抽象存在，后来认为公共利益恰恰来源于社会上不同的特殊利益之间的博弈。人的欲望是本能，而需要是社会化的。为此，领导者要树立超越自我利益的价值追求，不能将个人私利作为决策目标，有时甚至为了总体利益而牺牲自己的个人利益，这样可以为社会、为公众、为团队成员树立一面感召的旗子。有时候对利益的触动不仅涉及下属，还涉及上级，在这种上下级各种利益盘根错节的情况下，领导者在决策中需要更大的勇气和智慧，此时切忌孤军奋战，而要以争取有关方面最大限度地达成共识为目标。

在决策中还需要找到上下级有关各方的利益共同点，将他们的需求结合起来。有一个著名的决策例子：在一个暴风雨的晚上，一个人开车在公交车站里遇到如下三个人：一个医生，一个垂危的老人，一个是该人心仪的女人。车除了司机只能载一个人，此时该人应该怎么办？比较合理的答案是：让医生开车带上老人去医院，该人留下来陪心仪的女人继续等车或等暴风雨过去后再想其他办法。这样做老人会得到救治机会，而该人也取得了与心仪的女人在一起的机会，可谓多赢。

对于浦东开发开放，当时中央的思考是，执政党在国内外面临着很大的政治压力，国内外都在观望中国政府能否继续坚持改革开放政策。经济改革困难重重，对外开放面临封锁。在重重困难下，中央政府需要打出新牌，化解困境。而此前中央从改革开放中尝到了甜头，认识到只有走这条路才能保持政权的长治久安。上海市政府此时希望快速发展经济以重振昔日雄风，进行城市改造解决百姓生活困难、城市建设严重滞后等问题。整个 20 世纪 80 年代期间，在中国广东改革开放前沿迅速崛起时，中国经济中心上海的发展已经相对滞后。因此，中央政府与上海市政府一拍即合，浦东开发开放被迅速提到议事日程。

不同类型组织的决策风格差别很大，即使同一类型组织中的各个不同组织的决策风格也各有差异。比如军队组织令行禁止，党群部门注重和风细雨，民营企业老板掌控。与机关事业单位相比，企业相对不强调共识，而是领导者，尤其是老板说了算。这些都是我们在理解领导决策时需要特别注意的因素。领导公共组织和领导私人组织的区别在于，后者是只要把自己喜欢的人拉进来，并把不喜欢的扔出去就好了，前者是既要用有能力的，又要照顾没能力的。所以公共政策制定不应是政府垄断，而是要建立在相当大的共识基础上。很多公共事务都需要多部门协作，在这种情况下，就要先协调，再决策。作为公共组织领导者，当遇到较多下属与公众对某项决策与自己有分歧时，要善于将下属的意见整合进自己的决策中。1899 年英布战争爆发时，加拿大不得不决定它对这场战争的政策，英国希望得到主要殖民地的支持。加拿大国内的英裔支持参战，但是法裔加拿大人坚决反对。当时的总理劳里埃（Wilfrid Laurier）采取中间路线，他本人是法裔移民出身，但明白维持与英帝国的联系是需要的，决心顺应英裔大多数居民的愿望，征召军队派往南非战场，但他要求这支军队由志愿者组成，并由英国提供它在南非的给养，最终使该政策获得成功。

领导者不能过度专注于内部的职能性目标和项目，要有一定的整合。事实表明，那些经常进行内部信息沟通的组织要比信息沟通不多的组织整合性强得多，跨部门协作更加容易。比如，一个项目要有启动会，所有相关者都参与项目方案制订，形成一个紧密结合的团队，而非各自为战，那样会缺乏归属感。

第三节　引领变革与领导决策

领导者的本质含义之一是引领变革。吉姆·库泽斯和巴里·波斯纳提出领导力的五大实践：以身作则，共启愿景，挑战现状，使众人行，激励人心。[①] 其中挑战现状就是进行变革。领导者目标不宜轻易变化，如果原来的目标合理，就"一张蓝图干到底"。如果原来目标明显不合理，或者产生新的重大机遇，就可以进行调整甚至变革，但要注意不要变化太频繁而让人无所适从，并保持工作的连续性与创新性的结合，不能因产生新思路而轻易否定原来的思路，最好能够找到新思路与原思路的嫁接点。

一、现实基础与领导决策

领导决策目标有两种导向，一是问题导向，现在面临什么问题，通过决策想办法去解决；二是未来导向，不是面向当前问题，而是着眼于引领未来发展方向。第一种导向主要是基于现实基础，第二种导向虽然是为未来工作开创新思路，但也不能完全脱离现实基础。因此，领导决策目标一般不能脱离现实基础，应在当前的各种依据中树立较为可行的目标。现实基础包括如下两种。

1. 资源依据与领导决策

在决策中目标不可过多，应树立主要目标和次要目标、近期目标和远

① ［美］詹姆斯·库泽斯、巴里·波斯纳：《领导力：如何在组织中成就卓越（第 5 版）》，徐中等译，电子工业出版社，2013 年版。

期目标，根据拥有的资源逐步推进。隋炀帝以建立千秋大业为己任，统治期间的大手笔包括：修建大运河、典定科举制度、营建东都、实施政治改革、亲征吐谷浑、三征高句丽、经略东北，等等。隋炀帝的悲剧就是仅仅用了 13 年来做这些事情，如果隋炀帝根据国力将上述大手笔逐步开展，有可能会取得良好的效果。决策者要善于历史地、系统地来看决策工作，滚动推进，不能在短时间内树立过多目标，急于求成。

在资源不足的情况下，领导者要创造条件，充分挖掘自身资源进行发展。1972 年，新加坡旅游局给总理李光耀打了一份报告，大意是说，我们新加坡不像埃及有金字塔，不像日本有富士山，不像夏威夷有海浪。我们除了一年四季直射的阳光，什么名胜古迹都没有，要发展旅游事业，实在是赶鸭子上架——强人所难。李光耀总理看过报告，非常气愤。他在报告上批了这么一句话：你想让上帝给我们多少东西？阳光，阳光足够了！后来，新加坡利用一年四季直射的阳光种花植草，在很短的时间里，发展成为世界上著名的“花园城市”，连续多年旅游收入居亚洲前列。

2. 即存问题与领导决策

领导决策要根据即存问题来进行分析，以便取得最佳决策效果。秦末刘邦去关中后宽法，汉末诸葛亮到蜀之后严法，都是根据社会当时存在的问题而做出的灵活选择。公元前 207 年，刘邦领兵抢先由中原进入秦川到达秦王朝国都咸阳，秦朝正式灭亡。刘邦入城后秋毫无犯，并与关中父老“约法三章”，即“杀人者死，伤人及盗抵罪”，秦朝的繁律苛法全部废除，此举受到刚刚经历秦末暴政的三秦之地民众热烈欢迎，成功收买了当地人心。刘备集团入川之后，针对原益州牧刘璋一直奉行汉末以来的腐朽政治，所辖境内刑法律令松弛倾废，豪强士族肆虐妄为，百姓怨声载道的问题，诸葛亮厉行法治，采取以严济宽、以猛纠弘的强硬手段，严厉打击豪强士族势力，坚决维护法令律制的权威。使益州的官风民气大为改观，社会秩序迅速稳定。

领导者在决策中拨开云雾见天日，时刻不要忘记自己的使命。比如党中央出台政策要求，基层相关部门对待上访户，不管其上访是否有理，只要有实际困难就要帮助解决，这就是一种非常务实的举措，因为很多上访户存在实际困难，若帮助他们解决了这些实际困难，可能既平息其上访的冲动，又实践了中国共产党全心全意为人民服务的宗旨。

二、挑战现状与领导决策

领导行为引起变革是领导者的重要职能体现，是领导区别于其他行为的显著标志。变革需要建立在创新思维的基础上，出奇制胜。每个机构都有职能部门，它们就是做正兵，即常规工作。正兵是主要工作，因是常规性的而有规范化制度、程序和工作习惯，领导者应采取的做法是制定目标、在明确要求和进度的基础上放手，具体实施交由职能部门去进行。奇兵是非常规的、创新的工作，下属很难理解得透、把握得准，虽然性质很重要，但规模较小，大家不熟悉甚至不理解，如果没有领导者站在全局角度来把握和关注，可能将奇兵忽视或搁置。奇兵做好了，能够带动正兵，产生出奇制胜的效果。

领导决策要顺势而为达到变革目的。人们常说“形势”，“形”是外在表象现实，“势”是内在深刻本质。对势的管理分为三大环节：（1）审势：对己方、彼方和环境做全盘了解；（2）谋势：在正确审势之后，制定谋取优势的策略；（3）运势：根据谋势所制定的方略，合理调动自己的资源，达到自己目标的过程。[①] 比如在宏观经济领域，不能仅强调需求，还要引导需求。供给侧改革就是从供给角度看问题，用供给来引导需求。领导者

① 顾文涛等：《“势”的战略管理研究》，《南京理工大学学报（社会科学版）》，2011 年第 4 期。

要顺应组织成员或民众的需求。宣称目标与使用手段之间的关系，是否达到目标的判断标准是有效，使用手段是否合理的判断标准是文明。中国共产党在民主革命时期提出“枪杆子里面出政权”，这里的“枪杆子”只是表面现象，背后是符合时代潮流和人民愿望的理念和行为。

领导在变革决策中要注重管理势。和直接而有形的“力”相比，“势”是无形的，但力量更加雄猛、能量范围更加宽广。在创业大潮中，范德比尔特（Cornelius Vanderbilt）、亨利·福特、比尔·盖茨（Bill Gates）、乔布斯，都不是各自领域的先行者，但最后他们获得了巨大的商业成功，被冠以开创者之名。创业成功，是时运与企业家精神综合在一起的结果，且胜者为王。比如19世纪初蒸汽船刚刚诞生之际，范德比尔特在航运实践过程中逐渐认识到蒸汽船的优势，于是大量投资用蒸汽船组建船队进行航运，到19世纪40年代末，范德比尔特认识到火车作为新生事物，正迅速抢夺着蒸汽船航运的业务，他又一次选择了顺势而为，卖掉了全部的船来投资铁路，后来乘势发展成美国“铁路大王”，成为美国“镀金时代”的传奇人物，著名的航运、铁路、金融巨头。

对于高层领导来说，主要精力应放在谋局上。谋局就是做事具有战略性、全局性、长期性、目的性，一件事往往是全局中的一个步骤，不在于单个事情的成败得失。领导人所处层次不同，决策中所要解决的问题也有差异。作为国家领导人的政治家的决策，是为了解决国家面临的时代任务，组织领导者的决策，是为了解决组织面临的具体难题和开拓未来的发展空间。支付宝等新技术模式占领市场大多采用早期补贴用户策略，旨在培育市场和用户习惯，这就是谋局。商鞅入秦后，先是向秦孝公说帝道，孝公无动于衷；再说王道，孝公昏然欲睡；最后说霸道，孝公听得忘乎所以。所谓“帝道”，即尧舜之道，其实是部落时代的制度和理想。所谓“王道”，即汤武之道，邦国时代的制度和理想。这两种东西已经过时，孝公怎么会有兴趣？霸道蕴含着未来帝国的政治理想，与孝公一拍即合。[①]

领导决策既要随着形势的变化而变化，更要引领形势。两个和尚分别住在相邻两座山上的庙里，这两座山之间有一条河，两个和尚每天都会在同一时间下山去河边挑水，久而久之便成了好朋友。不知不觉五年过去了，突然有一个星期的时间左边这座山的和尚都没有下山挑水，右边那座山的和尚为此前去看望他，却发现他的老友在打太极拳，一点儿也不像一个星期没喝水的样子。他好奇地问："你已经一个星期没下山挑水了，难道你可以不用喝水吗？"朋友带他走到庙的后院，指着一口井说："这五年来，我每天做完功课后都会抽空挖这口井，即使有时很忙，但能挖多少算多少。如今，终于让我挖出了水，我就不必再下山挑水去了，可以有更多的时间练我喜欢的太极拳了。"在这里，挑水是日常事务，无法逃避。而打井是创新性的事务，是领导者的关键工作。领导者除了常规的事务不可避免之外，要考虑自己任内主要做哪些创新性事务。创新性事务不宜过多，抓住少数关键做好做实即可。但也要防止领导者把注意力都放在改革和未来上，无暇顾及常规事务。

平衡各种目标之间的关系，是领导者经常面临的一个难题。作为组织领导者，到一个新单位寻求工作突破时可抓住两点——尊重传统和改变极端。尊重传统，是基于对不平衡格局必然性的认识；改变极端，是要重点改革那些群众反映强烈的问题。应该看到，人们对过去长期存在的问题比较麻木，而对变化则感受明显，所以在改革现状的时候必须考虑周全，照顾到绝大多数人，抓住那些群众普遍反映的突出问题作为突破口，在取得多数共识时才更容易改革成功。

---

① 易中天：《帝国的惆怅：中国传统社会的政治与人性》，文汇出版社，2005年版，第52页。

三、变革策略与领导决策

1. 做好铺垫与领导变革

在变革过程中，领导者要把注重人的领导与注重事的管理两种手段结合起来。根据奥托·夏莫（C. Otto Scharmer）的观点，变革是一个从认知到行动的过程，从最表层到最深层，分为反应、重组、重设、重构、再生五个层次。[①] 组织变革的条件包括高层、骨干、方案，三者缺一不可。GE 有个非常重要的变革公式：E（变革成功）=Q（决策质量）×A（团队成员的认同度），也就是说团队成员的认可度直接决定了变革的成功与否。务虚讨论与思想交流，是统一思想、凝聚共识、形成合力的重要途径。

领导者在变革决策时，要注意观察下属对决策的反应。面对领导的变革决策，下属一般情况下不会直接表示反对，但会用其表现来反映自己的真实意见，比如，忙于他务、不提行动、强调困难，就是下属态度消极的体现。除了态度消极之外，下属还可能情绪消极，从而无法积极履行自己的职责，完成领导决策任务。

领导者想变，骨干不想变，难度就很大。改革阻力中最常见的就是“中梗阻”问题。“中梗阻”主要是部门利益作怪，导致高层的决策结果无法有效实施。领导者解决变革“中梗阻”的策略是，打出宣传、动员、学习、讨论、表态等“组合拳”，这些铺垫充分做好，水到渠成。现实中有一些新任领导者过于鲁莽，看到问题没想好就改，结果往往只是领导者一厢情愿而改不下去。对于铺垫不够或者方案不完善的运动式改革就不容易持久，持久的改革往往是润物细无声。

---

① ［美］奥托·夏莫：《U 型理论：感知正在生成的未来》，邱昭良等译，徐莉俐审校，浙江人民出版社，2013 年版，第 85 页。

领导者引领变革要注意尺度，不能全变，要有继承性。现实中经常有新官不问旧账的问题，导致很多工作半途而废。由于利益调整、路径依赖等多种原因，即使能够增进集体福祉的变革往往也会面临重重阻力。如果改革得不到大多数下属的支持，不妨先搁置一下，要注意时机的把握而不能满腔热血向前冲，有时候时间是最好的良药。真理有时掌握在少数人手中，但是真理要经过实践的检验才行。现实中一些不干事的领导反而评议较高，敢干事担责的评议往往并不高。这就涉及干部评价中不唯票的问题。下属都说领导好，领导不一定好，但如果大家都说领导不好，恐怕就真的很难算好领导。20 世纪 90 年代初，以色列总理伊扎克·拉宾（Yitzhak Rabin）极力想缓和以色列与巴勒斯坦的关系，并渐渐得到了大多数以色列人的支持。但是他通过用土地换和平的方式来解决这一问题的做法受到了右翼分子，特别是宗教势力的阻挠。他们阻挠失败后，把拉宾本人而不是政治事件本身作为攻击点，结果发生了拉宾被刺这一事件。如果领导的工作只是给人带来好消息，那么这种工作就好做了。从本质上讲，人们不是反对改革，而是反对因变革可能会带来的损失。①

为了进行变革，有时需要摆脱科层体制的束缚。韦伯认为科层制有高度理性化、行政效率高的优点，但也有形式主义、繁文缛节、反应不灵敏等问题。在科层体制中，官员们常常被行政层级拖累住，而不是把精力放在争取目标和结果上；他们的精力集中在维护自己的权力和地位上，而不是服务和创造价值上。总体上来看，科层制在行政组织中的存在仍然是必要的，问题是如何杜绝功能失调带来的繁文缛节与专制主义。

2. 借助资源与领导变革

在变革中要集聚资源，团结一切可以团结的力量。（1）在变革过程中

① ［美］罗纳德·海菲兹、马蒂·林斯基：《火线领导力》，燕清联合译，机械工业出版社，2004 年版，第 9—10 页。

争取上级领导支持非常关键，正可谓“老大难，老大难，老大出面就不难”。在变革中遇到下属普遍阻力等比较大的困难，可以适当向上借势。当领导者在进行变革决策时，最好先争取上级领导的意见，向他们寻求意见。（2）寻找部分下属支持者，放大其渴望变革的意愿。既然群体影响力会放大变革阻力，同样也可通过群体促进和支持放大变革的动力。（3）借用外部智力资源，找到专家、专业性服务公司、智库、咨询公司等影响力较大的人或组织发出声音，获得专业性支持。（4）借助外部合作资源。将决策事务进行分解，适时寻找与外部各种机构合作的机会，实施网络化治理。

在领导决策的过程中，让组织成员的利益与团队的利益绑定，这样大家就会用最大的斗志去完成决策目标。下属反对决策的原因可能有多种，最常见的是来自利益因素。决策意味着资源分配的调整，常常会对部分群体的利益有触动。变革中可以适当对利益受损者进行利益补偿。然而仅用“利益”一个变量无法解释丰富复杂的世界。可再引入“观念”这个变量加以平衡。通过宣传、沟通等策略，也可能会改变下属的观念，使其接受决策。在这里，团队建设相当重要，要培养成员的团队荣誉感和归属感。还有一点要注意的是，下属也会看领导者是否有“地位”或竞争优势，领导者自身的优势也会带动下属的团结和斗志。权力本身具有潜在的影响力，领导者在行使权力之前，要善于利用下属对自己的期望，利用自己平时的人格力量，利用有利于自己决断的集体舆论，以及私下的沟通等，造成一种接受与服从权力的心理氛围，这时再行使权力，将会使下属自然而然地接受与服从。

3. 坚持原则与领导变革

一个有原则的领导者，从一时一事上来看有可能会有损失，但从更长远来看，则会赢得更多的追随者。卓越领导者应该形成一种基于原则的行动观：做一件事情不是因为这样做能够带来好的结果，而是因为这样做本身是对的。比如，不腐败不是因为可能被发现、被双规、被撤职甚至坐牢（结果的逻辑），而是因为腐败本身是错的，违背了领导者的职责。企业家要为社会提供有价值的（当然首先是无害的）产品，不仅是因为这样做能赚钱（结果的逻辑），而是因为这样做本身是对的。[①]更何况，有时候领导决策的客观后果当时甚至当代都难以看清楚，只能由后人评说，而原则具有更恒久的意义。

在领导变革中，如果原则先行，会引导人们的合理预期，起到良好的引领作用。1978 年巴以双方经过艰苦谈判签署戴维营协议，确定谈判先原则后细节，原则是“以土地换和平”，所以取得成功。美国方面的谈判协调人是基辛格，他从与中国领导人的谈判中获得了经验，用在中东和平进程上。根据英国宪法，国王作为英国的名义领导者，根据“统而不治”的君主立宪制度安排，必须保持政治中立，不得拥有个人政治立场以保证政局稳定。因此女王在苏格兰继续留在联合王国的公投和英国“脱盟”公投中均保持中立，这就是对原则的坚持。

总结起来，变革决策的方法论就是，准确把握节奏，精心操作推进。领导改革工作处理好改革目标与阶段性的关系，只能一步一步走，因势利导，循序渐进，协调发展，滚动推进。

【案例阅读】“铁血宰相”俾斯麦及其地区守成战略

19 世纪下半叶普鲁士首相俾斯麦（Otto von Bismarck）素以“铁血宰相”闻名于世，对他知之不深的人，多以为他是一个一味崇尚武力的军国主义分子，其实不然。俾斯麦是一个伟大的战略家、外交家，他比同时代

① 刘澜：《领导力沉思录 2》，中信出版社，2011 年版，第 251—252 页。

的大多数人都更加懂得怎样利用各种综合手段来达到目的。他一方面强调要用“铁与血”来解决德国的统一问题，另一方面却又时时懂得克制自己的欲望，不做超出实力的事情。

俾斯麦为人们津津乐道的是他的统一德国之路，因为这鲜明地体现了他高超的纵横捭阖艺术。在俾斯麦推动下的德意志统一，主要靠普鲁士的三场军事胜利——1864 年的普丹战争、1866 年的普奥战争和 1870—1871 年的普法战争。胜利带来了民众的拥戴和国际上的尊重，加上政治家的高超手法，使各邦国迈向统一变得水到渠成。最终，通过普奥战争这样的直接对话，普鲁士成功地排斥奥地利，于 1871 年建立起了没有奥地利的、政治行政均独立统一的德意志。

德国统一后，俾斯麦通过纵横捭阖，建立了以德国为核心的俾斯麦大陆联盟体系，结束了欧洲制衡的均势格局的“黄金时代”，为德国赢得了非常良好的国际环境。俾斯麦非但没有乘胜扩张，反而将军事置于政治之下，将德意志的强国地位严格地限定在欧洲地区，拒绝任何全球性的战略企图，强大的德国军力仅仅被当作提高结盟的砝码以及威慑潜在敌人的手段而已；在主权问题上不惧挑战、敢于果断使用武力，在国际问题上准确把握大国间的利益边际，在大国竞争中绝不透支国力。俾斯麦在德国统一之后的地区守成战略同样非常高明，它保证了德国全力以赴工业化赶超期间和平的外部环境。俾斯麦这种恪守边界的外交政策让德国国力如日中天，但后来被狂热的军国主义者威廉二世所抛弃，以致德国在“一战”中被全面毁灭；20 世纪 30 年代末希特勒步其后尘，结果德国又被强力肢解。

俾斯麦战略思想的核心是，政治与军事，谁是主导？其答案似乎非常明确：政治应该主导军事战略，而军事战略只是实现政治目标的一种手段。在和平时期，二者往往泾渭分明，却和平发展。但在战时，或面临战争时，军事战略地位上升，国家的政治与军事之间的关系就变得异常棘手，决策者能否在复杂关系中，始终保持清醒的头脑就关系一国战略目标的达成，决定国家荣辱与存亡。政治使军事战略服从于己，正是俾斯麦的高明之处。他指出："军事统帅的任务是消灭敌人的武装力量；战争的目的是根据政治规定的条件去争取和平。对战争应该达成的目标的确定和限制及君王的有关建议，仅仅是战时及战前的政治任务，对这一政治任务的完成情况的不同，必将影响到进行战争的方法。"

作为一手促成德国统一的"铁血宰相"，俾斯麦是一位能够引领变革的领导者。外交的真谛，就是永远让自己处于多数地位。这样才能立于不败之地。俾斯麦时期的德国在欧洲的地位，前期节节上升，后期如日中天，就是对其决策能力的最好肯定。

案例启示：

领导者做什么固然重要，但有时不做什么更重要。决策目标必须与能力相匹配，不能做力不从心的事情。有些果实看上去很诱人，但是若没有消化它的实力，就不要去摘取，要能够克制住自己的欲望。必须明确自己的目标，把它限定在一定的范围内。若有多个目标，则应该分清轻重缓急，在较长的时间内争取逐次解决。渴望毕其功于一役的想法，往往导致盲目自大和冒进，最终反而会丧失所有的成果。

俾斯麦为德国制定了合理的目标，并且经过高水平的执行，有效地实现了目标。定出目标仅仅是决策的开始，若要保证决策有效，应该经历一个完整的绩效循环（PDCA）。通过设定目标（Plan），执行目标（Do），对目标执行的检查反馈（Check），根据检查的结果改进行动（Action），然后再设定新的目标（Plan），从而形成完整的绩效循环。

CHAPTER 06

第六章

领导决策方法

领导决策方法是为进行决策而采取的途径、步骤、手段等。决策时如果仅仅注意目标，忽视采用合适的方法对方案进行选择，最终也很难达到目标。领导在做决策前，可以用目标来评估所采用的方法。

第一节　经验决策方法

经验决策方法是主要凭决策者个人的知识、信息、直觉、胆略和经验等做出决策，这种决策方法的基础工作是调查研究，集中体现是直觉决策。

一、经验决策中的调查研究

对于经验决策来说，调查研究是基础工作，同时也是一种重要的决策方法。调查研究之后做出决策，是领导决策的最常见形式。调查研究可分解为调查和研究两步，前者是对特定对象通过文字资料、现场观摩等形式进行深入考察了解，后者是在调查的基础上，经过准确的归纳整理，科学的分析研究，进而揭示事物的规律，得出符合实际的结论。

领导者经常要深入基层实践调查研究，调查研究关键是解决深入的问题。有些领导者工作作风浮漂，下基层调查研究仅满足于走马观花，蜻蜓点水，主要形式是听取下级机关领导的汇报，或者看下级机关提供的材料，既不深入，也不全面，这样是不会得到真正的实际情况的。调查研究应该更深入一些，比如分别召开各个岗位层级的多个小型座谈会；随机抽调个人来个别谈话，同时对反映实际情况的个别谈话者严格保密；在调研中可以有"规定路线"，但还应有"自选动作"，看一些没有准备的地方，搞一些不打招呼、不做安排的随机性调研，力求准确、全面、深透地了解情况。新中国成立后，毛泽东逐渐发现，他到各地视察，往往看不到真实情况，这是当时中央决策偏差的重要根源之一。为了解实际情况，毛泽东派出多个调查组分赴各地调查，这才掌握了一部分相对真实的情况。

更深入的调查研究方法是亲身体验。党政领导者可以微服私访到基层，直接到生产工作第一线典型岗位观察了解一下，了解情况更加真实，也能体会到一线工作人员工作的酸甜苦辣。上级领导干部也可通过挂职、任职等途径亲身体验基层工作。如果一个领导者对下级和下属单位调研时能做到这几层，得到的信息就会比较真实而全面，根据这些信息做出来的决策就不至于偏差太大。

调查研究需要具有典型性与广泛性。上级政策常常存在"一刀切"的问题，缺乏精细的分类管理，很大一部分原因是调研不广泛深入。调研既需要找到典型对象，又需要开展多点调研。政策制定要有针对性，某些规定在什么情况下适用，通过多点调研究会比较清楚。通过多点调研而非单点调研，使得调研之后出台的政策考虑更加周全，具有广泛的适用性。毛泽东在参加革命早期对中国基层社会多地、多次进行详细调查研究，用阶级这个变量对社会进行了细分，找到了革命的主力军和革命的对象，找到了革命的主力军的主要需求——土地，找到了革命营销口号——"打土豪，分田地"。通过调研，毛泽东既找到能够最好为之服务的那部分民众，又发现如何最好地满足这些民众的需求，从而为中国革命提供正确方向和行动策略奠定扎实基础。

领导者在调查研究时，常面临如何对待上级既定政策的问题。调研时不能拘泥于上面定的调子和已经下的结论，上级的文件及领导的指示只能是调查研究和分析问题的线索、方向和指导，不应该成为工作的固定框框。上级也应以此态度来对待自己下发的文件和指示，不能用它们将下级的积极性和创新性捆绑，造成死水一潭。

调查研究需要细致而又专业地开展。西方发达国家跨国公司的每一项重大投资决策，都不是短期内仓促做出的，决策前的可行性调查都是经过数年深入细致的调查，考虑到各种收益于风险，注重长远的战略利益。市场上还有很多专业性的调查公司，接受客户委托进行各种调查活动，为客户提供定向信息服务，在做有关重要决策时需要的有关信息，比如消费者习惯、品牌认知、客户经营、薪酬水平等时，可以借用它们的力量。

调查研究的主要目的是了解与决策相关的信息情报。占有优质注意力是稀缺资源，优质的资讯同样是稀缺资源。高水平的领导者都深知信息情报的重要性。罗马帝国开创者恺撒对高卢的信息了解，从他本人对高卢战记的描述，可以看出是早有准备。而且，恺撒在遇到难以决策的时候，多次亲自审问战俘；人在高卢作战期间，留在罗马的心腹也源源不断地把元老院的情报送来，做到前线和政坛两线作战，游刃有余；恺撒甚至还发明了一种密码，用来保证情报传递的时候，不会在被拦截后泄密，被称为“恺撒密码”。

在决策的民主化与科学化两者之间，与公众利益密切相关的决策领域更强调民主化，专业性较强的决策领域更强调科学化。强调决策民主化与科学化都是为了克服“三拍”干部带来的决策失误问题。领导者在做较大的决策之前，要多方面听取意见，可咨询对象包括同事、智囊、上级、朋友、家人。在涉及群众切实利益的问题上要充分听取相关群众的意见，告诉他们自己关注的问题或想法，问问他们的想法。只要领导者具备独立的判断能力并对自己的决定负责任，咨询他人意见是有帮助的。要注意的是，咨询他人意见的时候，有时也无须透露自己的想法。当要做出重大和影响深远的决定时，确保听取本领域专家的意见。在决策中如果遇到重大专业性难题，则一定要通过正式渠道咨询相关专业人士和机构，听取他们的建议。上述这些咨询行为将用上更多的时间和可能会产生费用，但能够把做出错误决定的风险降至最低。

调查同行中的先进做法来帮助领导者做出决策同样是一种技巧和方法。在企业界，要判断一个行业的前景，最简单的办法是看这个行业的龙头企业在干什么，因为他们才是最聪明、最敏锐的观察家。在中国，各地政府有时会有了解并参照北京市做法的惯例。因为中央机构都位于北京，北京市的领导最接近也最了解中央的政策思路。因此，在没有足够信息对中央新政策和新精神进行判断的情况下，各地政府将北京市作为标杆一般不会犯方向性错误。同理可推，各地市政府在类似情境下也可将省会城市作为标杆进行参照。

二、经验决策中的直觉决策

决策者需要在准确与效率之间做出权衡。决策可以分为重大决策和日常决策。重大决策讲究的是决策的准确性、科学性，应该避免领导个人拍脑袋的做法，要善于发挥集体智慧，按照一定程序进行；而日常决策由于实效性强，大多比较紧迫，很多因影响不大无须耗费太多精力，所以讲究的是决策的速度，往往决策的效率比准确更重要。因此在日常决策中，领导者就不必过分追求民主了，过于讲求民主必然会效率低、反应慢，决策不灵敏。

尽管有种种决策方法，但不可否认的是，在信息不充分和不确定型决策中，领导者很多时候是凭直觉进行决策的。“一个成功的决策，等于 90% 的信息加上 10% 的直觉。”诺贝尔经济学奖得主丹尼尔·卡尼曼（Daniel Kahneman）认为，人们生活中做决定时采用两个系统，一个是无意识的，一个是有意识的，前者凭直觉而判断迅速，后者更周全但速度较慢。直觉让人们下意识地解决很多比较简单的日常琐事，以便腾出时间、脑力和精力，来处理一些比较复杂的问题。在决策信息不足的时候，人们只得依靠直觉；在决策信息过量的时候，人们又得依靠直觉。在信息冲突，包括周围人意见不一致的时候，人们更是要仰仗直觉的力量。如果逻辑能够解决问题，恐怕在聪明人中间早已达成共识了。直觉不是随意出现的。人的潜意识内储存了海量的知识和从生活中积累下来的经验。大脑从潜意识内寻得的资料，便是你的直觉。大多数的时候，直觉提供的资料是值得考虑的。

高效率的直觉决策方法就是一种最典型的经验决策方法。直觉是客观事物在人们头脑中迅速留下的第一印象，是在极短的时间内，对情况突如其来的、超越逻辑的顿悟和理解。根据直觉进行决策与理性决策是相互补充的。电商领袖企业阿里巴巴创始人马云讲述过创业早期传奇般的融资故事：“我说了 6 分钟，孙正义给我 3500 万美元。我没想到钱来得那么轻松，他没想到我不是来向他要钱的。”在事前准备的基础上，孙正义（Masayoshi Son）团队当时很快做出这项投资决策，后来的事实证明他们做出了极为正确的决策。马云回忆说，我们都在这 6 分钟内，明白对方是什么样的人——迅速决断、想做大事、说到做到。后来我才知道，软银每年接受 700 家公司的投资申请，只对其中 70 家公司投资，而孙正义只对其中一家亲自谈判，只对我在这么短的时间内做出了投资决定。他对我说：“保持你独特的领导气质，这是我为你投资的最重要的原因。”

在实践中，绝大多数决策是用直觉决策法做出的。直觉过程是人脑高速分析、反馈、判别、决断的过程，体现为敏锐的洞察力。直觉决策方法虽然一般时间短暂，但通常也经历如下过程：确定决策目标，情景估计和再估计，确定待选方案，方案评估，确定决策方案。某些重要决策可能就是不经意间的偶尔经历产生的。例如，后来创造饮料市场奇迹的李经纬早年有一次不经意间在广州街头喝了一罐可口可乐，从而产生了做罐装饮料的念头，就有了后来一度成为中国饮料霸主的健力宝。这样的决策主要靠决策者本身的随机灵感。

在很多决策情境中，决策者的直觉和主观判断都发挥重要作用。高水平的领导者对相关领域的问题都有灵敏的感觉，这是长期的经验积累、知识积累及感觉磨炼的结晶。领导者依据自己的知识、经验以及对环境的预测，充分发挥自己的直觉判断能力以及由此可能激发的灵感，挖掘出可行的方案。相对于理性决策来说，直觉决策具有发散性思维的特点，能够广泛收集各种既存信息、排除明显不合理的方案，从而预选出少数可行的方案。大侦探福尔摩斯（Sherlock Holmes）和华生（Dr. Watson）露营，睡在帐篷里。半夜福尔摩斯醒来，叫醒华生。“华生，你看天上是什么？”福尔摩斯问。华生随口回答：“满天的星星啊。”福尔摩斯又问：“那你看到满天的星星，你有何感想？”博学的华生回答：“从天文学来说，这意味着浩瀚的宇宙中有几百万个星系和亿万个星体；从占星术的角度而言，土星目前是在狮子座；从天象学的角度看来，现在大概是三点过一刻左右；从神学的角度来说，我可以想象到人类的渺小和造物主的伟大；从气象学的角度来说，明天应该是个好天气。”福尔摩斯说：“笨蛋！我们的帐篷被人偷走了！”在这个故事中，福尔摩斯和助手华生之间的差别，不在逻辑，而在直觉。好的领导人超出一般人的地方，也在于此。决策高手的直觉常常非常出色。

直觉在现实决策中是广泛存在的，有时候，拖延决策比草率决策更致命，在这种非常有限的时间内必须做出抉择，只能靠直觉。大量主要靠直觉来完成的决策，具体来讲主要包括如下一些类型。（1）用于解决急事，在关键时刻，没有多少时间思考，只能靠平常的功力生成的直觉来办事。（2）用于快速解决问题，有些事情虽然不是急事，但还是要尽量提高决策效率。（3）用于无关紧要的事情。这些事情办坏了，也没有多大的影响，基本上凭直觉解决就可以了。（4）问题非常模糊，许多难题一下子是难以解决的，可暂时放开，有空就想一想，一段时间后，往往可以获得灵感而解决问题。（5）用于长远的问题。对许多长远的问题，既有必要做些计划，又不可为之花费过多的时间和精力，便可在有空时想一想，让大脑自然运作，以求得到较多的、较好的灵感。今后，由于信息越来越发达，未来人工智能、大数据等的普及带来精准决策逐渐增多，对直觉决策运用可能会有所压缩。

最高掌权者具有决策权和否决权，能够单方面做出决定的权威决策是直觉决策的常用机会。最高领导者凭直觉来做出判断，决策迅速高效，在急需行动的情况下最实用，在权力界限明显的地方最有效，比如在团队发展的初期，采取权威决策很有效。权威决策的缺点是，虽然可迅速做出决策，但实际支持和执行建议也不易；当复杂性增高时，权威决策的质量会由于考虑面不宽而受到影响。当组织授权团队领导人做最终决策并全权负责时适宜使用权威决策。当团队领导人希望团队成员接纳并支持某项决策时不宜使用权威决策。

总体上看，直觉决策具有时效性、整体性和创新性三大优势。直觉决策的时效性强而适应那些事务特别繁多的领导者，直觉决策的过程往往是对决策问题的整体把握而不是细枝末节的思考，直觉决策可以免受理性决策思路的束缚而发掘出更有创新思想的决策方案。

三、直觉决策中的长期积累

经验积累与直觉决策的准确性大致成正比。对一个领域的积累越丰富，直觉决策的准确性就会越高。具体来看，通过长期积累提升直觉决策能力有如下几种渠道。

1. 学习成长的积累

学习是提升决策能力的关键途径之一，一个人知识面宽，思路相对就会比较开阔，比如熟读历史的领导者就能够从历史中吸取各种经验教训，为决策提供良好的思路。如果没有一定的学习能力和知识储备，领导者面对大量信息往往无所适从。一些干部不重视学习，工作缺乏超前思考和破解难题的本领，但错误地认为自己职位上的提升就等于知识的提升，实际是阻碍了自己的学习。在助手眼中，海尔董事局主席、首席执行官张瑞敏几乎天天在看书，他从中国古典书籍中悟“道”，从西方书籍中学“术”，并将理论与实践结合起来，成为国际知名的管理大师。领导者要不断丰富自己，提高自己的综合知识，以便产生良好的直觉帮助决策。

2. 工作经验的积累

领导工作本质上不是技能问题，而是方法与艺术，包括掌握分寸、火候、尺度、力度，这些需要经验去积累、去感悟。工作经验丰富程度和在一个岗位时间长度也直接影响决策能力。有领导干部在接受访谈时坦言，担任的职位多了，处理的问题多了，办法自然就多。优秀领导者才能的增长，既有岗位的扩展，又有层次的提高。岗位的扩展表现为多岗位交流，其实是能力的横向，扩展层次的提高表现为上台阶。没有必要的职务台阶，就没有足够经验的积累和才能的提高。这一结论证明，推行干部多岗位、多职位的交流按照“小步快跑”的适度性原则，使干部沿台阶拾级而上，能够为优秀干部的成长过程做出使用机制上的保证。经历丰富的人脑中的模式就多，与新事物匹配比较的能力更强，决策就更合理。对基础情况非常熟悉的领导者，在决策时就会有坚实的基础，达到纵横捭阖、触类旁通的境界。

3. 生活体验的积累

中国当代有个“77、78 级”现象，即同属 1982 届的“文革”结束后恢复高考的前两级大学生，在毕业 30 年后，无论是在政界、学界、商界，都有许多领军人物是 77 级、78 级大学生。从成长经历看，“77、78 级”大多经历了“文革”红卫兵运动、上山下乡、进厂进部队的社会生涯，高考时年龄跨度极大。这一代人，既是“文革”的亲历者，又是被“文革”耽误了青春、丧失了最佳学习时间的人，还是在“文革”期间世界观、人生观逐渐成熟的一代人。他们一般都有最基层、最艰苦的生活体验，因此做决策也非常接地气。如今很多领导干部并不生活在基层，出门小车不挤公交，住大房子不挤蜗居，与基层低收入公众之间的生活方式和距离差距很大，无法保证其主导制定的民生政策完全符合低收入公众的需要。

4. 价值体系的积累

在领导与决策工作中，人文素养与科学精神缺一不可，而且人文常常先于科学。希特勒手下的科学家一直在研究如何高效地毒死和焚化犹太人，他们很讲究“科学”的方法，但这是倒行逆施的反人类行为。领导者要有人文思想和价值目标，对未来进行整体把控。一个人在人生中积累起来的价值体系决定了其如何感知事物并把握其本质，在信息不完全时果断做出选择。从领导方法选择来看，决策包括确定型决策、风险型决策和不确定型决策三类，它们很多时候都涉及定量分析，对有些纯文科背景的领导者来说有很大难度。定量分析对这些领导者来说自己可以不做，但要有这个理念，能看懂或至少尊重定量分析方法及其分析结果，这既是人文素养，也是科学精神的体现。

第二节　科学决策方法

科学决策通常是集体智慧的产物，它尽可能采用先进的技术和方法来做决策。如果具备数据比较确定、掌握定量分析技术、重大问题领域，或参与人员众多等诸多条件，一般都采用科学决策方法。

一、统计决策方法

统计是对数据进行定量处理的理论与技术。统计分析是对收集到的有关数据资料进行整理归类并进行解释的过程，是统计工作中统计设计、资料收集、整理汇总、统计分析、信息反馈五个阶段最关键的一步。统计工作者必须学会写统计分析，积极地为领导决策服务，这既是统计工作者的职责，也是统计工作的最终目的。

统计是根据数据来理解事物，数据的特征则由图表、“平均值”“标准差”等统计值来表示。依功能标准进行划分，统计分析可分为描述统计和推断统计。描述统计是将研究中所得的数据加以整理、归类、简化或绘制成图表，以此描述和归纳数据的特征及变量之间的关系的一种最基本的统计方法。描述统计主要涉及数据的集中趋势、离散程度和相关强度，推断统计指用概率形式来决断数据之间是否存在某种关系及用样本统计值来推测总体特征的一种重要的统计方法。推断统计包括总体参数估计和假设检验，最常用的方法有 Z 检验、T 检验、卡方检验等。

统计决策方法的优势在于精确、可靠、直观，不过它要与其他方法结合起来才会达到最佳效果。数据本身能说明很多问题，但是数据的选择也是有倾向性的。现实事物极其复杂，诸多因素常常纠缠交错在一起，仅靠统计分析方法去控制和解释这些因素及其相互关系，有时候并不全面，也不够深刻。统计分析方法的运用是有条件的，它依赖于数据资料本身的性质、统计方法的适用程度和研究者对统计原理及统计技术的理解、掌握程度与应用水平。方法选择不当，往往易得出错误的结论。统计决策以概率为基础，既然是概率，就存在误差，因而其结论并非绝对正确。能够对事物全面了解的普查虽然最精确，但工作量却非常大，在实际工作中一般用抽样调查来了解事物的基本特征。

二、博弈论决策方法

如果说普通决策主要关注单一决策者的情况，博弈论可以理解为关注的是一种特殊情况下的决策，即当有两个或者两个以上决策者互动时的情境，即“多人决策模型”。在这种情境下，一个人的行动结果不仅取决于自己的策略选择，同时也取决于他人的策略选择。博弈论研究个体或组织之间存在利益冲突情况下如何进行最优决策。博弈论的关键是信息，适用于信息不完全或者不对称的时候，比较典型适用场合有谈判、销售、选举、打牌、战争等竞争情境。中国古代战略经典《孙子兵法》中有不少博弈论，包括优势策略、最小最大化策略、混合策略等。

当代博弈论已经发展成高度数理化并且非常强大的理论与方法，适用范围也非常广泛。从决策角度来看，根据博弈论，决策者要想让自己的决策最优，首先需要考虑给定自己的决策对方如何最优，即换位思考。领导者可以用博弈论的思维方法来看待面对的决策问题，对决策的理解会更加立体和客观。1962 年的古巴导弹危机是“谁是胆小鬼”零和博弈的经典案例。当时苏联领导人赫鲁晓夫偷偷将导弹运到古巴对付美国，被美国 U2 飞机侦察到，美国总统肯尼迪（John Kennedy）随即威胁苏联限期从古巴撤出导弹。在接下来短短的 13 天内，美苏双方剑拔弩张，大规模毁灭性核战争一触即发，两国领导人都在根据对方的策略和世界舆论考虑进退。战争的结果当然会两败俱伤，但任何一方退下来又是很不光彩的事。这场博弈的结果是战略上处于劣势的苏联从古巴撤回导弹，处于守势的美国坚持了自己的策略，不过为了给苏联面子，同时也担心战争，美国也从土耳其撤了一些导弹。说明在对抗状态中，一国领导人在制定政策时不能只强调自身利益，要求得生存就需要与别国在政策上进行协同。

三、计算机模拟决策

计算机模拟，又称为计算机仿真，是指用来模拟特定系统之抽象模型的计算机程序，该模拟如果达到能够模仿人的思维过程的较高程度就是人工智能。领导者必须在不完全了解事件的发生及其影响如何的情况下，从若干方案中选出一种行动方案来。如果出现特殊事件，将会有什么结果，这也有不确定性。在有些情况下，对结果本身的最终影响也不确定。计算机模拟能用来帮助领导者在不确定的复杂条件下进行决策。

该方法建立研究对象的数学模型或描述模型并在计算机上加以体现和试验。研究对象包括各种类型的信息系统，它们的模型是指借助有关概念、变量、规则、逻辑关系、数学表达式、图形和表格等对系统的一般描述。把这种数学模型或描述模型转换成对应的计算机上可执行的程序，给出系统参数、初始状态和环境条件等输入数据后，可在计算机上进行运算得出结果，并提供各种直观形式的输出，还可根据对结果的分析改变有关参数或系统模型的部分结构，重新进行运算。

计算机模拟主要应用于对大型复杂系统进行分析，例如，预测经济发展和市场需求、预测人口与环境的演变、大量的工程设计方案的比较和选优、估计设计参数和评价建成后的效果、预测港口（铁路）的运行情况、代替费用高昂或有危险性的各种试验，等等。计算机模拟的决策支持系统可以辅助决策者通过数据、模型和知识，以人机交互方式进行半结构化或非结构化决策。它为决策者提供分析问题、建立模型、模拟决策过程和方案的环境，调用各种信息资源和分析工具，帮助决策者提高决策水平和质量。

四、决策树

决策树是在已知各种情况发生概率的基础上，通过构成决策树来求取净现值的期望值大于等于零的概率，评价项目风险，判断其可行性的决策分析方法，是直观运用概率分析的一种图解法。由于这种决策分支画成图形很像一棵树的枝干，故称决策树。决策树的基本原理是用决策点代表决策问题，用方案分枝代表可供选择的方案，用概率分枝代表方案可能出现的各种结果，经过对各种方案在各种结果条件下损益值的计算比较，为决策者提供决策依据。

决策树法作为一种决策技术，已被广泛地应用于企业的投资决策之中，它是随机决策模型中最常见的方法，能够有效控制决策带来的风险。决策树的优点是易于理解和实现，它能够直接体现数据的特点。数据的准备往往是简单或者是不必要的，而且能够同时处理数据型和常规型属性，在相对短的时间内能够对大型数据源做出可行且效果良好的结果。易于通过静态测试来对模型进行评测，可以测定模型可信度。不过，决策树方法对连续性的字段比较难预测。当类别太多时，错误可能就会增加得比较快。

五、KT 决策法

KT 决策法是由美国人查尔斯·H. 凯普纳（Charles H. Kepner）和本杰明·特雷高（Benjamin B. Tregoe）两人合作研究发明的，KT 是两位发明者英文名字的字头。KT 法是一种思考系统，即就事情各自的程序，按照时间、场所等，明确区分发生问题的情形和没有发生问题的情形，由此找出原因和应该决定的办法。

KT 决策法的流程为：（1）制定决策声明，明确决策制定的水平。（2）制定决策目标并明确“必要目标”和“理想目标”。然后根据彼此之间的关系衡量“理想目标”的重要性，可以由 1—10 进行打分。（3）制订其他备选方案并进行评估。如果备选不能满足“必要条件”则将其删除。否则，剩下的备选方案可根据“理想条件”进行筛选。（4）根据各个标准进行评分的总和为每种备选方案的最终得分。得分高的方案将被确定为尝试性选择；考虑尝试性选择实施过程中的潜在风险。如果风险过高，则放弃此项尝试性选择，转而考虑下一个得分最高的备选方案。

除了上述五种常见的决策方法之外，企业界还盛行 SWOT 分析法、波士顿矩阵、波特五力模型、多维决策矩阵、鱼骨图法、西蒙满意度模型等，以及哈佛大学肯尼迪政府学院的三圈理论等，都是供企业经营者和公共领导者进行科学决策的经典工具。

第三节　参与式决策方法

参与式决策方法属于集体决策，是根据特定的程序，由所有相关成员共同参与分析与解决问题并最终形成共识的一系列团体决策方法的统称。如果群体水平比较高，或者所讨论的问题比较复杂而没有标准答案，就适合用这些集体决策方法。该类方法所遵循的目标与程序也都有相对固定流程，或者偶尔也可由参与者共同决定。从决策角度来看，参与式方法是决策方法，从学习培训角度来看，参与式方法也是促动技术。总体上，参与式决策方法是挖掘团队智慧的方法，它支持个人创新，强调组织成员的作用和潜能得到最大限度的发挥。下面介绍八种最常见的参与式决策方法，这些方法中有些直接就是集体决策方法，有些方法则为领导决策提供集体智慧或者规则指导。关于一般的、无特定程序的集体决策放到后面决策过程中阐述。

一、行动学习

行动学习（Action Learning）产生于20世纪70年代的欧洲，由英国的瑞文斯（Reg Revans）首先提出。行动学习背后的理论假设是，没有一个现成的课程能够帮助所有的人解决他所面对的问题，仅仅靠专家的知识并不能帮助管理者解决他们在现实情境中所遇到的大量问题与挑战，而在不确定环境下提出有洞察力的问题的能力才更加有效。行动学习以小组团队决策的形式解决组织面临的现实难题，在解决难题的同时达到能力和组织发展同步提升的一种工作和学习的方法。行动学习本身主要体现的是一种学习理念和心智模式转变，具体操作上则需要综合运用多种促动技术，在促动、共创、质疑、反思中力图实现人与组织心智模式的根本转变。

行动学习以实践活动为重点，以学习团队为单位，以真实案例为对象，以角色扮演为手段，以团队决策为要求。行动学习让组织管理者与员工保持高密度的沟通，同时将更多的责任授权给员工，并创造出有保障的工作环境，员工乐于接受新的责任，积极为组织的问题献计献策。团队决策更保障了决策的全面性，确保行进方向不偏离正轨，达到较高质量的决策和实施。

行动学习在最近很多年持续成为中国各类组织尤其是培训界的关注热点，不过各个组织对其理解不同，因此具体操作方式千差万别。很多组织因为某些条件不够成熟，所以实施效果并不能达到最佳，由此产生的决策方案最终落地也存在困难。另外，行动学习的实施成本相对较高，成本既包括投入的经费，也包括管理层与员工投入的总体时间和精力。

二、团队共创

团队共创是创造条件使团队成员在一种积极、开放的氛围中围绕主体，通过头脑风暴等方式，对目标达成一致。鼓励大家把自己的想法都表达出来，形成团队智慧，最终形成大家都认可并愿意参与的团队计划。

团队共创通常由如下部分组成：（1）内容介绍，介绍关于本次共创活动的主题、内容与流程等，以便准备好开始；（2）命名群组，借由为群组命名的过程，形成团队凝聚力；（3）头脑风暴，个人的脑力激荡以及小组内分享，以迸发出有价值的想法；（4）群组分享，各小组将想法呈现在众人面前，并接受提问；（5）诠释运用，分析形成的共识对于团体的意义，以及此后的运用。

团队共创通常将著名的头脑风暴法纳入其中的关键部分，两者区别在于团队共创更加强调小组的团队精神和团队整体，而且程序更加丰富多彩。作为团队共创关键部分的头脑风暴法不仅促进所有成员产生尽可能多的想法与创意，而且更关注的是成员把他们的想法与观点摆出来作为团队创意的有机部分。独立的头脑风暴法要求所有人独立思考，不能对别人意见提出怀疑和批评，认真思考任何一种设想，而不管其表面看来多么不可行。鼓励参与者对已经提出的意见进行补充、修正或综合，充分解除参与者的顾虑，创造发表自由意见而不受约束的积极气氛。

三、世界咖啡

世界咖啡的主要特色是跨界与自由流动，是在安全、平等、友好的氛围中，在不同专业背景、不同职务、不同部门的人群间会谈特定的问题，通过建立一个充满生机的网络创造集体智慧的会谈方法。

世界咖啡的角色包括主持人、桌长和参与者三类。活动中，在一个环节讨论结束之后，除桌长外，其他参与者自由换桌，参加下一桌讨论分享。桌主欢迎新来的伙伴，简单介绍刚刚讨论中的主要想法、主题及问题，并鼓励新来的朋友将这桌的想法与他们刚刚各自讨论的内容联系起来。大家要注意互相倾听，在各自的贡献上做更深入地思考，相互之间形成一张“思维之网”，不断延伸。在参与者自由流动的环节，有很多创新的做法，比如用舒缓的音乐来告诉大家“时间到”，或者主持人举手示意；在自由流动的间隙，会场可以提供茶点，也可以请大家四处浏览各个团队形成的讨论成果。

世界咖啡活动适用于参与人数较多的场合，同时要在大主题之下再划分出若干小题目。主办者营造一个使人安心并且舒适的环境非常重要，参与者在轻松愉快的环境下会进行富有创造性的思考、倾听与发言。

四、城镇会议

城镇会议的目的是，将每个项目的改善建议、行动计划、资源调配交给项目的决策者、执行者和关联部门的负责人，并要决策者在现场做出决定。它实际上是决策者同项目小组和其他关联部门负责人进行决策的一个讨论会。虽然有些决策也不会是在一次城镇会议或者会议现场给出明确答案，但城镇会议最好有一个初步的回应，含混不清地延期以便做进一步研究不是明智的选择。城镇会议作为通用电气著名的“群策群力”的核心环节，对推动通用电气的管理变革起到很大作用。

城镇会议的一般流程为：（1）开场简单介绍城镇会议基本情况与规则，并欢迎每一位来到城镇会议的人，介绍出席的决策者和负责人；（2）给每个项目小组一定的时间来进行介绍与回答提问；（3）每个项目介绍完毕后，让大家提问题或作评论；（4）询问决策者对该想法的决定；（5）项目小组负责人、决策者、相关部门负责人留下来开一个简短的后续工作会议，明确后期检查会议举办的时间及做出会议总结。

五、六顶思考帽

六顶思考帽是英国学者爱德华·德·博诺（Edward de Bono）开发的一种神奇的思维训练工具，通过对六种思维模式的建构，为人们提供一种水平思考框架。六顶思考帽强调从六个角度提供有价值的思考，使团体中无意义的争论变成集思广益的创造，使每个人变得富有创造性。六顶思考帽可用于会议、决策、沟通、报告等，可以改善组织文化、提高管理效能和决策水平。

六顶思考帽及其所代表的意思分别为：（1）白色思考帽，白色是中立而客观的。戴上白色思考帽，人们思考的是关注客观的事实和数据。（2）绿色思考帽，绿色代表茵茵芳草，象征勃勃生机。绿色思考帽寓意创造力和想象力。它具有创造性思考、头脑风暴、求异思维等功能。（3）黄色思考帽，黄色代表价值与肯定。戴上黄色思考帽，人们从正面考虑问题，表达乐观的、满怀希望的、建设性的观点。（4）黑色思考帽，戴上黑色思考帽，人们可以运用否定、怀疑、质疑的看法，合乎逻辑地进行批判，尽情发表负面的意见，找出逻辑上的错误。（5）红色思考帽，红色是情感的色彩。戴上红色思考帽，人们可以表现自己的情绪，人们还可以表达直觉、感受、预感等方面的看法。（6）蓝色思考帽，蓝色思考帽负责控制和调节思维过程。它负责控制各种思考帽的使用顺序，它规划和管理整个思考过程，并负责做出结论。

六顶思考帽在团队决策中的典型的应用步骤是：（1）陈述问题（白帽）；（2）提出解决问题的方案（绿帽）；（3）评估该方案的优点（黄帽）；

（4）列举该方案的缺点（黑帽）；（5）对该方案进行直觉判断（红帽）；（6）总结陈述，做出决策（蓝帽）。这种帽子的使用顺序符合决策思维过程，是一个非常实用的逻辑。

六、德尔菲法

德尔菲法又称专家预测法，它是以匿名的方式，通过几轮函询来征求专家们的意见，组织预测小组对每一轮的意见进行汇总整理后作为参考再发给各位专家，供他们分析判断，以提出新的论证。经过几次反复征询和反馈，专家的意见逐步趋于集中，最后获得的集体判断结果。这种经过精心设计的团队沟通流程，可以对未来进行相对可靠的预测，可用于决策、评价和规划工作。

此种方法的特点是：匿名性、多轮反馈和统计性。多名专家之间不得互相讨论甚至不见面，只能与调查人员发生联系，这样就可以消除权威的影响。以反复地填写问卷，在每次反馈中使调查组和专家组都可以进行深入研究，使得最终结果基本能够反映专家的基本想法和对信息的认识，所以结果较为客观、可信。以集结专家们的意见和共识，每种观点都包括在统计中，避免了专家会议法只反映多数人观点的缺点。由于采用匿名或背靠背的方式，能使每一位专家独立地做出自己的判断，不会受到其他繁杂因素的影响。由于吸收不同的专家与预测，充分利用了专家的经验和学识，保证了结论的相对可靠性。德尔菲法的缺点是过程比较复杂，花费时间较长。

七、聚焦式会话法

聚焦式会话法（ORID）是一个感知、反应、判断、决定的内在自然过程，它遵循脑科学的原理，通过四个层次循序渐进的提问，引导回答者从事情的表象进行深层次的思考，并最终做出行为决策的过程。人们对待事物的逻辑，是通过感官来接收外界的信息，然后产生相对应的情绪，并由情绪转化为对事情的看法和分析，形成自己的理解和认知，最后衍生出行动，这是内在思考对外呈现的一个过程。该方法作为提问引导的好方法，可以用于开高效会议，与人的沟通，还可以集众人智慧用于决策。

聚焦式会话法包括四个层面：（1）数据层面（Objective）：关于事实和外部现实的问题；（2）体验层面（Reflective）：对上述事实的情感或感受；（3）理解层面（Interpretive）：挖掘出意义、价值、重要性和含义的问题；（4）决定层面（Decisional）：引出决定，使对话结束，让人们能够对未来做出决策的问题。在聚焦式会话中，信息经过筛选之后，人们会对保留的信息进行深入加工处理，这就是深度思考的过程，最终得出需要如何去对应的决策，并指挥身体的相应部分去执行决策。这就是人脑从外部感知到最终决策制定的过程。

八、结构化研讨

广义上来讲，上述团队共创、世界咖啡、城镇会议、六顶思考帽等都可算是结构化研讨。狭义上来讲，结构化研讨一般由参加者通过查找存在的问题、分析存在问题的原因、提出解决问题的对策这一逻辑安排，逐一发言谈自己对某个主题的体会感受，最后经过归纳总结，形成大家共识的研讨方法。

在结构化研讨中，研讨问题、研讨成员、研讨流程三者均是结构化的。研讨问题结构清晰、层次分明；研讨成员多人一组，轮流发言；研讨流程一般分为问题选择、现象描述、症结分析、对策优选等部分。每部分都由小组成员轮流发言，每人每次发言只讲一点，并且不与前人重复，如果无新观点直接跳过。通过这种你一言我一语的相互补充，可以多角度看待一个事物，渐渐显现出事物的全貌和真相。

经过结构化研讨，对该主题的常规思路一般都会全部囊括在内，对于该主题不是特别熟悉的人能够掌握很多。然而，大家所提出的诸多观点很多时候并不在同一个层次上，有的抽象，有的具体，有的常规，有的创新，当最后通过投票决定其重要性时，具体的观点容易被抽象的观点所掩盖，创新的观点容易被常规的观点所掩盖，最终使得对问题的分析落入俗套，对深入具体分析和创新性地解决问题有所影响，这是在使用结构化研讨时需要避免的问题。这取决于目标是否为得出具体而创新观点，若以此目标，可以通过事先将抽象而常规的观点列出，只鼓励大家提出具体而创新的观点来解决。

除了上述八种方法之外，还有开放空间、未来探索、群策群力、欣赏式探询、私人董事会、U 型理论等很多种可以用于参与式决策的方法。这些方法均有富有弹性的特定程序，它们有时可以前后衔接，有时可以彼此包含，供领导者根据情况和需要选用，以更好地进行集体决策或为最终决策提供集体意见参考。

【案例阅读】如何拯救城建集团？

搞了多年国企改革的 A 市城建集团公司董事长孙鸣最近新官上任。从名校企业管理专业博士毕业的孙鸣 10 年前作为人才引进到 A 市搞国企改革，能力突出、业绩卓著，在多个国企做得都很成功，因此被一贯器重他的市国资委王主任鼎力推荐到资产总额逾 120 亿元的城建集团。孙鸣此番上任后原本想在城建集团大刀阔斧干一番事业，不料前任留给自己的却是内部寻租、投资失利等问题的烂摊子。

孙鸣刚上任时，下属每个子公司负责人都到他办公室走了一趟，无一例外地向他表决心、表忠心，但是孙鸣却感觉无法与他们深入交流，一谈到敏感问题，很多人就避重就轻。经过了解，孙鸣发现公司财务管理比较混乱，没有健全合理的财务会计制度，不能按规定定期结账和处理日常事项。公司财务数据存在失真现象，账目不符。孙鸣要求财务部重新规范公司财务制度，要求所有部门和下属公司资金必须全部通过银行系统结算和划转，不允许留现金口子。在发展战略上，孙鸣提出集团 3 年之内将过去"多元化经营"战略变更为"能力归核"战略，把主要资源投放在核心业务板块上面。孙鸣还利用老人退休的机会任命新人力资源总监，准备在人事上开始动手。

孙鸣的改革绝非偶然，他上任后得知城建集团的 EVA（经济增加值）几乎为零，这意味着公司几乎没有创造新的财富，EVA 是国资委新增的考核指标。据孙鸣深入调查了解，造成这种情况的主要原因是存在一些内部人交易和失败的多元化投资。内部人交易导致"不可预见费用"，每项工程的决算几乎都超出预算，利益关系盘根错节。集团投资的酒店业务、保险业务都连年亏损，但如果要出售或转给其他公司控股，会有大批人员难以安置。

孙鸣欲下狠手对城建集团进行整改，却遭到重重掣肘。改革消息一出，集团上下一片哗然，不少公司骨干和子公司负责人都是前任城建集团董事长，现已升任 A 市建设局副局长的亲信，他们纷纷跑到该副局长那里反映情况，认为改革"不符合国情"。孙鸣上任后，想在越江大桥修缮工程直接向全国招标，却接到该副局长电话，建议重点考虑本地的建筑公司。该副局长还委婉地提出孙鸣改革引起的争议。建筑材料公司总经理张某，也是该副局长的亲信，请集团领导班子吃饭，意图明显在城北快速路工程上。孙鸣虽然思路清晰、素有决断，此时却觉得自己在城建集团被一张无形大网束缚住，几乎动弹不得。

摘自《如何拯救 EVA？》,《中欧商业评论》，2011 年 3 月号，有删节和调整。

案例启示：

科特认为，领导者的主要任务就是确定方向、整合团队、激励下属。领导决策围绕领导目标展开，正确的决策是实现目标的关键。国有企业改革受深层次体制问题的制约，在集团内部确立当前可行改革的方向、跟核心领导团队达成改革共识、激励各方积极参与改革过程并最终实现改革顺利开展等都会面临重重阻力。

孙鸣在集团内立足未稳的情况下要韬光养晦，摸清利益关系，以迫在眉睫的业绩目标为入口，建设制度、起用人才、借助外力，逐步推动集团走上改革之路。在企业变革过程中，来自人的阻力最大，既得利益者一定会反对。孙鸣的改革要有勇有谋、顺势而为，方能取得成功。

C H A P T E R 0 7

第七章

领导决策过程

决策是方案优选并达成共识的过程，而不仅仅是做决定。预先设定的决策目标只是理想状态，其后还要经过正确方法和程序，有时还要加上点儿运气，才能最终实现这个目标。更全面地来看，领导决策是一个提出问题、分析问题、解决问题的过程，一般会经历发端、调查、研究、分析、拍板、评估等程序。除了危急或危机等特殊情况之外，在常规情况下，决策都需要遵循一个合理的推进过程。

第一节　提出正确问题

在科学研究上，提出正确问题比解决问题更本质、更重要，因为真正提出问题需要找到问题的关键和要害。对于社会和组织来说，提出有价值的问题同样非常重要，它是整个决策过程的第一步。

一、决策问题的发端

决策问题的产生大致有两种模式，一种是“冲击—反应”模式，一旦遇到某方面问题和障碍，或者发现某些消极事物的苗头，就开始分析研究制定策略，这种模式是相对被动的；另一种是“预测—战略”模式，有比较稳定的战略，对实现战略中可能的问题进行预测，并主动地去分析研究制定策略，这种模式是相对主动的。

如何界定问题，很大程度上决定了最后的答案。范式决策程序观认为，决策的第一步是收集资料。如果把这种决策起点观上升到思想路线、决策哲学高度，就成了决策起于事实。然而，真正的决策并不总是从事实出发，有时是从看法开始的；决策也不终于对事实取得一致看法，而有时是由于各种不同看法的交锋与冲突，由于对相互竞争的各种可供选择的方案进行考虑，在比较中得到的。

对领导者来说，由于时间、精力、资源、职责等都是有限的，不是一切问题都作为决策问题的。一个社会有各种各样的问题，但并不是每一个问题都会成为政治家面前的议题。在众多的问题中脱颖而出，上升为一个议题，背后往往有一个政治过程。一般来说，领导者可从如下几个重点方面入手来思考决策问题。（1）事关重要目标实现的问题；（2）群众最关心、反响最大、要求最迫切的问题；（3）妨碍全局工作开展的问题；（4）最薄弱环节和制约瓶颈问题；（5）上级政策要求和任务布置的问题；（6）事关个人和组织前途命运的重大关键问题。除此之外的其他问题，如果正好顺便能够解决的可以去考虑解决，但不是重点，也不要花费太大的精力。

对于决策问题，要根据大小、投入、收益、风险、复杂程度等进行分类。事情越大、投入越多、收益越大、风险越大、越复杂的问题，越要严格按照决策程序慎重决策，以求最大限度地实现决策目标。中国最大的水利工程三峡工程，因为防洪和发电等现实需要而不断被提到政府议事日程。自 1919 年孙中山首次提出之后，从最初的设想、勘察、规划、论证到 1994 年底正式开工，经历了 75 年。对工程建设利弊在中国政学各界始终争议很大，论证过程非常复杂，历任中央重要领导成员几乎都专程深入三峡视察。到了20世纪80年代才开始进入实质性决策程序，此后三峡工程的决策程序分为三个层次。第一个层次是水电部的工作，要求广泛组织各方面的专家，包括有不同观点的专家，充分发扬技术民主，深入研究论证，得出有科学根据的结论意见，提出三峡工程可行性报告；第二个层次是国务院组织审查委员会进行审查，提请中央和国务院批准；第三个层次是提请全国人大审议。同时邀请世界银行和加拿大咨询公司与国内平行进行三峡工程可行性研究。

对于大型组织的高层领导者来说，同一段时间内可能有多个决策问题需要进行考虑，再加上一些日常事务，分身乏术的领导者对不同的决策问题投入必然有大小区别。"打蛇打七寸"，领导者不必事事躬亲，可让内脑和外脑来分担决策。但在关键事务上的决策，领导者必须全力以赴。领导者的主要精力要放在重要的事情上，对于重要事务的决策是需要投入很大精力的，确立目标，调查研究，收集信息，征询意见，反复斟酌，拍板决定，任何一个环节都不是轻而易举可做好的。

在大多数情况下，组织中的决策都不是在一张白纸上进行初始决策，而是对初始决策的完善、调整或改革。组织过去的决策是目前决策过程的起点，当前决策不能不受到过去决策的影响。过去的决策对目前决策的制约程度要受到它们与现任决策者的关系的影响，如果过去的决策是由现在的决策者制定的，重大调整的可能性相对较小，如果现在的主要决策者与组织过去的重要决策没有很深的渊源关系，则会易于接受重大改变。

二、收集决策信息

信息是决策的重要依据来源，尤其是只要基础信息熟悉，领导者在决策时就能触类旁通，游刃有余。《孙子兵法》提出"知己知彼，百战不殆”,《资治通鉴》提出“兼听则明，偏听则暗”，认为决策者要认真听取各方面的意见和反映，以做到对情况的全面了解，强调信息的充分。从领导者角度了解的信息可能是片面的，从单个下属那里了解的信息也不一定准确全面，往往存在信息失真现象，因此要尽可能从多种渠道全面掌握信息。关键时候，信息就是生命线。1935 年 9 月，踏上万里长征的红一方面军走出雪山、草地进入甘肃南部，突破天险腊子口，占领了哈达铺。就在历经九死一生对未来深感茫然之际，红军将士意外地在一张 1935 年 9 月 15 日出版的《大公报》上看到关于红军力量在陕北的消息。毛泽东据此立刻做出了把长征落脚点放在陕北的重大决策。因为这样一张报纸上的信息，成为万里长征的重要拐点，改变了中国共产党的前途和命运。

领导者根据信息来进行分析判断，才会在决策中掌握主动权。领导者占有与决策相关的信息较多，而且层级越高，占有的信息量越大，对领导者的信息甄别能力要求越高。国共内战的孟良崮战役是粟裕军事指挥才能的充分发挥和展现。在解放军攻占主峰的战斗胜利结束，开始撤离战场时，突然又接到了命令：“迅速返回战场”，这是因为战役指挥员粟裕核查了各部队报来的歼敌总数与他掌握的数字不符，竟少了 7000 余人。他立即产生疑问：是击毙了还是漏网了？下了山的部队接到命令立即返回。果然在六〇〇高地至孟良崮主峰的中间凹地，发现躲藏的 74 师 7000 余人，解放军立即发起进攻予以歼灭。原来仗打到最后，漫山遍野都是人，四面八方往上冲，谁也没有注意这隐匿之敌。各部队复查俘敌人数再次上报后，才与粟裕掌握的总数完全相符。这充分说明指挥员粟裕对军事信息有一种非常高度的敏感性，才没有错过这个全歼国民党军队的机会。

领导者来自正式组织渠道的信息固然很多，而且越高层的领导这个渠道的信息越丰富，高级领导干部需要阅读的各种文件、报告、请示等材料往往堆积如山。不过有时信息来源不一定是正式的组织渠道，领导者通过公开资讯来源，比如网络、电视、报纸等，都可以看到大量信息，社会上或组织内所传的民谣、流言、顺口溜等常常也在一定程度上反映出某方面的信息，值得领导者关注。领导者若要进行独立评估，还可以通过非直接职务关系的亲戚、朋友等其他独立渠道去了解，就有可能获得职务渠道很难了解的信息。领导者可在组织内外调动各种资源，多方面收集信息。

在国家竞争、商业竞争或军事战场上，间谍往往是重要信息收集的秘密渠道。在古代地中海地区的布匿战争中，迦太基统帅汉尼拔之所以能够百战百胜，在异国他乡、别人的老家门口纵横驰骋 16 年，就是汉尼拔充分重视并可得到大量非常有价值的信息。汉尼拔在开战前就对罗马派出了大量的间谍并且派出了大量的信使联系周边国家。开战前汉尼拔已经和山南高卢的一些部落达成了盟约，并与当时的希腊、爱琴海诸城邦达成了一起进军罗马的盟约。尽管后来希腊人不敢进军，但还是拖住了大量的罗马军队在边境。汉尼拔还派遣了大量的间谍和信使进入罗马，刺探军情，离间罗马人和罗马同盟的关系。汉尼拔在意大利的进军路线连罗马人都觉得不可思议，那是因为汉尼拔知道罗马人不知道的道路，这就是间谍发挥的作用。

然而，领导者也不可花过多时间于信息搜寻中，因为能够收集到足够多的信息去做出一个完美的决定的可能性并不大。这些信息可能并不是“事实”，而只是其他人的意见，受他们的偏见或处事习惯所影响，可能会误导领导者。另外，在商战和战争等对抗性情境中，竞争对手经常会有意释放虚假信息。若领导者听到信息就不加鉴别地信以为真，往往落入对手圈套。战国晚期，处于攻势的秦国攻打赵国，经验丰富的老将廉颇据守，秦久攻不克，便使反间之计，宣扬秦不怕廉颇，只怕赵括。赵王对秦国散布的信息信以为真，不顾蔺相如和赵括母亲的谏阻，派赵括去接替廉颇为主将。只会纸上谈兵的赵括贸然出兵，很快被秦将白起打败，40 万赵兵，除 240 名年幼者，全部被坑杀于长平，成为中国古代军事史上最早、规模最大、最彻底的围歼战和惨案。

因此，信息的数量固然重要，更重要的是信息质量。信息质量包括可靠性、结构性、相关性、可理解性等多个维度。比如，如果企业财务管理做得比较到位，能够从经营层面来重构财务，就会给决策层强有力的信息支持，从财务角度帮助决策层更好地进行决策。同时，领导者对信息的认知不能停留在表面，要深入事物，具体分析，把握规律。

在当今信息爆炸的社会，领导者没有时间去收集想得到的一切与决策有关的信息，只能日益依赖他人提供的信息，因此他人提供的文件和材料成为领导者决策的重要信息来源。领导者必须具有在浩如烟海的信息中辨别出有价值的以及可靠信息的能力，领导者必须决定哪些是用作决策或采取行动的充分信息，同时领导者需要对自己所筛选的信息负责。如果领导者具备独立与批判的思维能力，并形成自己稳定的认知框架，就能够甄别信息并做出相应决策，而不是被淹没在信息海洋中。

三、决策过程中的领导者

对决策问题的捕捉主要看领导者的综合素质。从决策过程来看，领导者有如下几个特点。

1. 决断能力

下属对领导者的认同部分来自领导者在决策中表现出来的魄力。虽然决策就是趋利避害的选择，但领导者不能在下属面前表现出犹豫不决。当领导，必须乐观积极，看到问题的同时，也要看到解决问题的希望，寻找解决问题的方案。对领导者来说，如果有选择，那就选择最好的；如果没有选择，那就努力做到最好。中国古代心学集大成者王阳明是位上马能打仗，下马能治国的英雄，实现了心学所提倡的“知行合一”。明嘉靖二年（1568 年），王阳明奉命平定广西“思田之乱”，如此混乱不堪的局面王阳明仅用了 3 个月便厘清了这一团乱麻。王阳明先知后行，一到广西便派人将叛贼基本情况、实际战斗力、山川地势等摸清楚，再发挥“知行合一”的强大威力一举攻破贼窝。

2. 合法性

领导者具有多重合法性，首先是领导身份上的合法性；其次是领导决策内容的合法性，领导决策程序上的合法性；最后是领导者魅力的合法性。合法性的功能就是将权力进一步提升为权威。韦伯提出的“祛魅”（disenchanted）就是对科学和知识的神秘性、神圣性、魅惑力的消解，是指这个世界逐渐理性化、科学化，而世界的神秘性逐渐减少或消退的过程和趋势。在当前，领导除了韦伯所提出的传统型、法理型和克里斯玛型的三种合法性来源外，还有其他，比如“发展才是硬道理”就是基于政绩的合法性。恺撒一生都决策迅速且鲜有失误，然而，公元前 49 年，在罗马郊外的一条小河边，他犹豫了。河外的他是英雄，过了这条河就会被称为叛国者。根据当时的罗马共和国法律，任何将领都不得带领军队越过作为意大利本土与山南高卢分界线的卢比孔河，否则就会被视为叛变。这条法律确保了罗马共和国不会遭到来自内部的攻击。因此，当时任高卢行省总督的恺撒带领着自己从高卢带来的军团渡过卢比孔河的时候，他无疑挑起了与罗马的元老院中贵族共和派的当权者的内战，同时也将自己置于了叛国者的危险境地与合法性难题之中。恺撒经过犹豫，最终还是指挥部队渡过了卢比孔河，并留下了“Aleaiactaest”（骰子已经掷下）的名句。恺撒带兵进军罗马与庞培（Gnaeus Pompey）展开内战，并最终获胜。

3. 思想认识的逐步深入

领导者有时候面临的决策事务没有先例，对这类事务一般都会经历逐步深入认识的过程，这中间甚至可能会发生数次认识转变。认识越深入，决策越接近真理。例如，林肯以解放黑奴而永载史册，其实在对待黑人奴隶问题上，他也经历了一个思想逐渐转变的过程。林肯的最终目标是维护联邦统一和美国宪法的权威性，废奴目标从属于联邦统一。从与斯蒂文·道格拉斯（Stephen Douglas）的著名辩论到设想在巴拿马建立黑人殖民区，从通过修宪永久废除奴隶制到连任总统后表示他希望做第一个给黑人以选举权的总统，林肯对黑奴的认识不断修正不断深化，最终体现在解放黑人奴隶这一永载史册的重大决策上。

第二节　恰当分析问题

分析决策问题是从若干可能的方案中通过决策分析技术选择其一的决策过程。分析决策问题需要选择合适的决策方法和工具，最终得出有价值的结论。决策的结果很简单，但决策的过程很复杂。前面已经专章论述决策方法，本节先阐述会议决策和民主集中两种常见的集体决策方式，最后再简单论述决策体制。

一、集体决策中的会议决策

单个决策者的盲区会比较明显，从不同视角看问题差异很大。越高层的领导者越要谦虚，越要获得群体的意见来做出判断。集体决策最大的功效是控制风险而非得出最佳决策。集体决策不一定是最好的决策，因为它是一个折中的、考虑了多方面因素的选择。比如对于大企业来说，盈利已经不是最主要的，控制风险才是最主要的，因为在这个时候，任何错误的选择都可能是致命的、不可挽回的。经历珠海失败之后，重新崛起的巨人在上海注册公司叫上海健特（英文“Giant”的谐音）。为了防止自己头脑发热再次豪赌失败，史玉柱在新公司设立了七个人的决策委员会，投票决定提名的项目。新的决策委员会虽然影响决策效率，但是中国民营企业家最大的挑战不在于他能不能发现机遇和把握机遇，而是他能不能抵挡诱惑。正是这种机制在不断地给史玉柱发热的头脑泼冷水，挡住了不少风险。

决策者对决策事务投入的时间多少、精力大小对决策质量影响很大。因此，在“合理决策时间”范围内，集体决策中决策时间与决策质量成正比，即决策时间越长，决策质量越高，因为越能够充分吸取大家意见，做出更高质量的决策，见图 2。

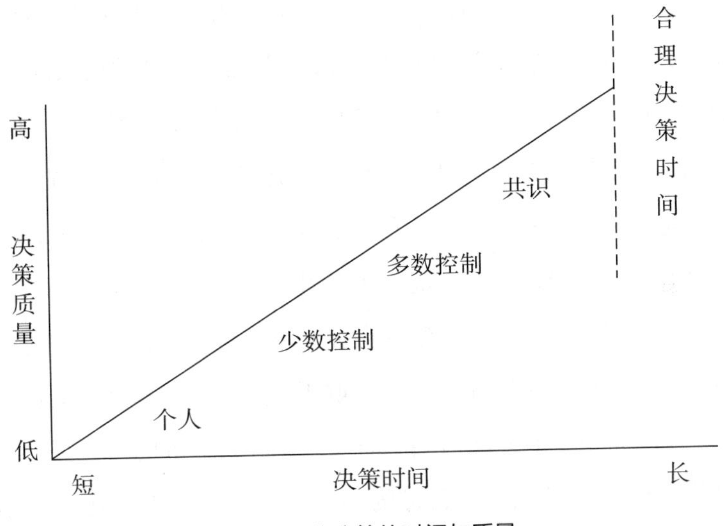

图 2　集体决策的时间与质量

会议有决策、交流、协调、检查等多种功能，从类型上看可分为代表性会议、领导办公会议、日常办公会议、咨询性会议、总结交流会议、庆典性会议等，其中前两种会议的重要功能便是决策。决策既可经某一级机关或组织机构的法定会议对某一议题进行集体讨论，由法定多数表决通过，然后形成正式文件，也可由各级领导机关直接制作并予以公布。会议决策是集体决策的最常见形式之一，很多决策都是在会议上做出的。中国政府部门的决策往往靠会议推动工作，这种模式是导致文山会海的重要根源。

前述的参与式决策方法都可以作为会议，本处所说的会议主要是常规会议。两者的区别一是前者有特定程序，后者仅遵循惯例；二是前者各方平等参与，后者有领导下属之别。常规会议能够使得相关人员面对面商讨特定议题，沟通效率高，决策速度快。但是，常规会议的局限性也很明显，常见的包括会前准备不足、会中控制不够、会后督办不力等问题。常规会议上通常由领导者主持，地位的不平等制约了与会者的发言愿望，往往更容易带来盲从权威。即使有不同意见者也不便当面对领导的意见提出反对。有人发现，会议中最高效受益的场合恰恰是中场休息、随意聊天时。这是因为在正襟危坐的会议上，人们很难敞开心扉吐出真言，可见常规会议的局限性也很明显。

会议决策的前后工作直接决定决策成败。会前沟通非常关键，很多时候，包括上级领导、重要领导、决策事务相关人员等主要参会人员在会前已经了解情况，并达成共识，到会上往往只是走程序。仅靠会上短时间商量解决不了问题，有时会上解决甚至有可能扩大分歧、激化矛盾。会后的督促跟踪同样是决策得以实现的重要抓手。领导者在会议决策之后，除了安排布置落实之外，还要持续跟踪落实情况，尤其对重要事务要有一抓到底的恒心，否则很容易不了了之。下属需要在适当的时候向领导反馈进度。

在以集思广益征求意见为目标的会议上，领导者不要在一开始就亮出自己的观点，以免封闭下属的创造性思想。领导者要努力创造畅所欲言的氛围，尽可能让下属多发表意见，可在会议结尾做总结时再摆出自己的观点。尤其要注意不要当众对某人意见做出评价负面，有些业务能力比较强的领导很容易看出下属意见的缺陷，但要克制，设身处地地思考一下。有的领导者把思考问题的焦点放在明辨是非，那就错了。这样就像好斗的公鸡，乐于挑别人的刺。而且你很快会发现，没有人跟你斗，不是观点斗不过你，而是因为你是领导，别人不便跟你斗，有不同意见也会憋在心里。这样，团队就没有人愿意说话了。领导只有把目标放在吸取大家的智慧上，才会细心地识别他人观点中的有益成分，畅所欲言的气氛才会形成。领导要善于在会上捕捉下属智慧的闪光点，而不是仅仅自己去产生闪光点。

关于如何开会，罗伯特议事规则有非常详细的规则。最初出版于1876年的《罗伯特议事规则》已经出到第11版，其中内容非常详细，包罗万象，有专门讲主持会议的主席的规则，有针对会议秘书的规则，还有大量是有关普通与会者的规则，有针对不同意见的提出和表达的规则，有关于辩论的规则，还有非常重要的、不同情况下的表决规则。罗伯特议事规则在会议程序设计、规则议题设计等都有严格规范的要求，能够通过开高质量的会议服务于高质量的决策。

罗伯特议事规则有三个特点：（1）约定性，即规则明示在前，对事不对人；（2）工具性，凡事不往道德上扯，能用工具来解决的绝不无端拔高和指控；（3）价值中性，旨在凝聚组织认同，提高运作效率，平衡多元利益，通过文明议事来说服、辩论、妥协，从而形成有效果的行动。罗伯特议事规则能够有条不紊地让各种意见得以表达，用规则来压制各自内心私利的膨胀冲动，求同存异，然后按照规则表决。这种对细节把握得精致完美的规则及所设计的操作程序，既保障了民主，也保障了效率。

按照罗伯特议事规则，凡持不同意见者，必须都能被分配有发言机会，所有发言人都是对会议主持人发言，而不是对辩论对手发言。在会议主持人一定会给予任何一方发言机会的前提下，禁止不同意见者之间直接对话，避免伤了和气还不能解决任何问题。同时只能有一个议题，一旦一个提议被提出来以后，它就是当前唯一可以讨论的议题，必须先把它解决了，或者经表决同意把它先搁置了，然后才能提下一个提议。反对人身攻击：必须制止脱离议题本身的人身攻击。禁止辱骂或讥讽的语言。

罗伯特议事规则的启示是，会议上的程序正义优先于结果正义，会议要在不同的利益方之间求得持续的合作。参会者立场越多元，所涉及的利益分配越复杂，议事规则就越应严格，反之，议事规则可以约定的比较弹性，不那么正式。因此，严格而烦琐的罗伯特议事规则适用范围是有限的，但是其保障会议民主和效率的精神是所有会议都应该具备的。

二、群体决策中的民主集中

民主集中既是一种制度安排，也是一种决策方法。民主集中制，是民主基础上的集中和集中指导下的民主相结合。首先，一个议题决定之前，创造民主氛围，所有相关的人都可参与磋商，自由表达观点而不会遭到责难；其次，将讨论的各种声音集中起来进行分析；最后，权衡利弊后做出决定，一旦做出决定，集中便生效，无论人们是否同意，都必须执行。中国新时期党委领导工作的经验集中体现为“集体领导，民主集中，个别酝酿，会议决定”。“集体领导”体现了党委制的实质，是党委领导的最高原则，“民主集中”是相辅相成、内在统一的。没有民主，就没有正确的集中。没有集中，就不能形成正确的路线、方针、政策，不能形成全党的统一意志。“个别酝酿”是民主集中制的必要过程，“会议决定”是党委集体决策的必经程序。对重大问题，在充分酝酿、协商和讨论的基础上，按少数服从多数的原则进行表决，做出决定。会议决定直接关系到决策的正确与否和质量高低，也是决策科学化、规范化的关键环节。

组织中的决策一般根据事务大小分层次，任何成员都可以在自己的职责范围内进行决策。被授权的下属可以在被授权事务范围内进行决策，分管领导职责范围内的日常事项由分管领导直接决策，重要事务由领导班子集体决策，上述事务都可以由一把手最终拍板。重大事项则根据法定程序或议事规则来决策。然而，任何杰出的领导人物都有知识和经验的盲区，所以即使是一把手在决策的过程中也要注意多方面听取意见，包括副职、下属和相关人员乃至相关公众意见，重大事项还要经过更复杂的程序，防止个人专断带来的决策失误。

作为单位一把手的正职领导对贯彻民主集中制有着关键作用。把发扬民主与正确集中有机地整合在一起，是正职领导决策水平的体现。作为正职领导者，要正确处理“策”与“决”的关系，在做决策时，既要集思广益，又要注意自己能够大胆拍板，正是由于指挥权集中了，组织的行动才会更加灵活自如。正如很多决策者所认同的，听多数人意见，与少数人商量，自己做决定。这里的“少数人”指利益相关者。在首长负责制度下，最后关键主意常常还是要领导者自己拿，因为领导者既是掌握信息最全面的，也是能够对决策结果负责任的人。决策不仅是权力，还意味着责任，决策者对决策可能产生的不良后果要负责任，这就体现了权力和责任的平衡。

要真正做到民主集中，领导者必须要有一定修养。每一位领导者都有自己的视野盲区，需要与班子成员、下属以及各界人士一起，多角度看问题，避免视野盲区和决策失误。根据“吉尔伯特法则”，工作危机最确凿的信号，是没有人跟你说怎样做。人是唇齿相依而存在的，一位领导的决策，要有赖于别人的眼睛来反照才会全面、丰盈。否则，孤芳自赏只能是一个正面的平面图，根本无法看到立体的全景。面对下属三番五次提出反对意见，领导者是否能够正确对待，耐心沟通甚至吸纳对方意见，就是一个很大的挑战。对下属来说，独立思考是应该有的，但要注意表达方式，力争促成团结的局面。一般不可以闹矛盾或者采取违反纪律的行为，否则有可能会导致矛盾，影响团结，最终也影响领导者对自己意见的吸纳。

中国各类公共组织中一个非常鲜明的特点是集体领导下的分工负责

制。领导班子都是分工负责，各负其责。副职对分管范围内的事情负重要责任，可以在一定程度上进行决策。副职对分管范围之外的事情，可以发表意见，但是必须注意策略和方法，讲究原则和程序。

领导者在决策中贯彻民主集中的程度与领导者相对于下属的能力、资历差别也有一定关系。对于资历较深、能力较强的下属，领导者一般会倾向于民主为主，而对于资历较浅、能力较弱的下属，领导者一般会倾向于集中为主。三国的孙权在执政后期具有绝对权威，而前期对父兄留下的谋臣武将还是有所顾忌的。比如，赤壁之战时，孙权对张昭等主降派虽然不满和失望，但也只能隐忍不发，待得到周瑜、鲁肃等主战派的支持后，才最后拍板。孙权对于张昭“举邦惮之”，对顾雍也是“顾公在坐，使人不乐”，甚是忌惮。在这帮老臣面前，孙权有时还放不开手脚，平时忍而不发，不便于发作罢了。

民主不仅仅是一种决策机制，更是一种组织制度。就民主的决策功能而言，民主应当坚持多数原则，少数人的利益应服从多数人利益。就民主的组织制度属性而言，民主具有平等原则。虽然少数服从多数，但多数应当保护少数，不能牺牲少数人的合法利益。比如在美国政治选举中，“选谁都差不多”可以被理解为坏事，也可以被理解为好事。坏事意味着天下乌鸦一般黑，不过是政客演戏而已。而正面看，正因为两个政党在竞选中都要争取大量的“中间选民”，所以它们的政见日渐趋中，最后稳定在最大多数选民比较赞成的位置上。上台的政党代表多数人的利益，恰恰是民主的含义。[①]

当然，也并不是所有事项的决策都是能够公开的。决策过程是否公开、公开到什么程度，还要取决于决策事项。曾国藩曾说：“利不可独、谋不可众。”即利益要共享而不能私吞，谋略要隐蔽而不可公之于众。一心想独得利益必定失败，众人谋划策略必遭泄露。这句话虽不完全准确，但也

---

① 刘瑜:《民主的细节》，上海三联书店，2011 年版，第 6 页。

说明，人要有长远的眼光，不要为了眼前的蝇头小利而自毁前程，而要放眼未来，利益共享方能收服人心。而谋略却不能过于表露，以防被人利用，造成失败。这句话在当前强调决策透明化的今天仍然有一定道理，但其适用范围要受到限制。涉及军事安全、个人隐私、考试测评、商业秘密、经营诀窍等领域的决策过程，需要注意在一定范围内保密。除此类之外的公共事务，尤其是涉及公民切身利益的事项，能公开的尽可能公开，并接受监督。这样做看似烦琐走弯路，其实赢得了人心，实现了使命。

三、决策体制

决策体制是决策机构和人员所形成的组织体系以及制定决策的有关制度，它是以决策系统为核心，由执行系统、信息系统、咨询系统、监督系统等共同组成。

美国公共行政学的重要奠基人古德诺（Frank Johnson Goodnow）在20世纪初提出政治行政“二分法”理论中指出，“政治与指导和影响政府的政策有关，而行政则与这一政策的执行有关”。韦伯在其所提出的科层制组织理论中，把政府组织塑造成忠实执行国家意志的官僚机构，而组织内的各级官员都必须具备忠实执行政策所需的专业知识与技能背景，从而也充分强调了政府作为国家最大的执行机构中执行能力的重要性。可见在一些著名学者那里，决策与执行的区分是显著的。

不同组织以及同一组织中的不同事务的决策体制会有差异。在中国的很多公共组织中，一般党委会和行政会议并存，两种决策体制有所差异。党委会主要负责单位的重大决策，实行委员会制，集体领导和个人分工相结合，决策中坚持民主集中制，个人服从组织、少数服从多数、下级服从上级、全党服从中央。在党委会内部，书记与委员是平等的，书记在集体领导中负有主要责任。党委会的决策机制能够提高决策的正确性，并加强各种职能的协调，但也存在决策的妥协与折中，权力和责任的分离，耗费时间和成本高等问题。行政会议则对各方面工作和日常事务进行安排部署，实行首长负责制，最终由行政正职拍板决策。行政正职在党委领导下主持行政全面工作，副职协助正职做好分管工作。行政正职通过行政办公会议实行民主决策。行政会议决定的事项，由分管领导根据分工负责的原则予以落实。

决策系统在决策体制中起到核心作用。在中国，党中央在扮演最终决策者的角色，国务院则是很多重要决策的发起源头，最后通常由中共中央或国务院出台全国性政策并层层下发文件来执行。党中央也对决策系统和执行系统进行了区分。

在对外决策中，不同部门所代表的利益有差异，会投射到外交政策中。例如，美国对华外交决策体制非常复杂，涉及很多不同立场的部门。美国行政部门处于外交一线，对华决策相对采取务实态度，较少情绪化。立法部门不直接与中国打交道，只起监督、批评作用，为拉选票常常危言耸听。美国国防部与中央情报局是美国对华保守势力的代表。

听证制度、公示制度、投票制度、申述制度等都是决策过程的重要组成部分。听证制度是行政机关在做出决策之前，告知相关人其决定的理由并听取意见的一种制度。听证是社会公众参与政府决策的特定形式之一，主要形式是听证会。公示制度是组织为接受社会公众的监督而将有关事项信息在一定范围内公开或公告，以便使相关公众及时充分了解情况并反馈意见的制度。投票制度是根据投票人的选择以选出结果的方法。大部分投票制度以少数服从多数的理念为基础。采用哪一种投票制度对选举结果有重要影响。投票容易导致输赢之争，输方将难以尽职和投入。申述制度是某人感到合法权益受到侵犯或如对某方面有质疑，可采取口头或书面形式提出申述并在限定期限内反馈的制度。信访制度就是一种典型的申述制度。上述几种制度都能够对决策产生重要影响，是决策过程不可或缺的内容。

第三节　有效解决问题

有效的问题解决方案蕴含在提出正确的决策问题和恰当分析问题之中。解决问题包括权衡、试点、执行、反馈、修正等多个环节。

一、权衡与试点

对多种方案的抉择，中国古代有一句古谚：“两利相权取其重，两害相权取其轻。”常常不是只有一种正确的解决问题的办法。一般来说，解决问题有三类措施可供选择：紧急措施、过渡措施、根治措施。因此，决策的正确与否有时判断标准是多元的，若想分辨什么样的决策更加接近真理，要有一定的判断标准，而决策的目标是判断标准的核心，即能够顺利实现或接近实现目标的决策就是正确的决策。

在决策拍板时，需要注意不能过分在意流程而要在意责任。很多时候过分在意流程，一级一级的领导者签字，但其实大家没有很认真地履行责任，往往后面签字的人，都认为前面签字的人已经承担了责任，所以他只需要判断之前的人是否签字，他就签字。比如，一线业务员因为竞争加剧，决定申请在市场投放资源。这个申请递交给区域经理，区域经理同意，再递交到营销副总，营销副总看到区域经理同意，他也同意，再到总经理处，总经理看到营销副总同意，他也觉得应该同意，结果这个市场投放资源的决定其实是一线业务员的选择。而后面的各层管理并未进行这个决策申请的讨论，只是机械地走完流程。这样就导致了一个非常可怕的结果，公司的重要决策往往是最基层的人所做的判断。机关里也存在类似问题，比如，中央国家机关出台的全国性政策有时会由某部某司某处牵头来制定，然后程序性地经过司局长和部长签字，最后颁布的政策主要还是来源于处长牵头制定的内容。

“水至清则无鱼”，决策一般情况下要留有余地。当对事物认识不是特别清晰时，决策的内容宁可模糊一点，为实践发展留下空间。若对事物认识比较清晰时，决策内容可以具体一点。在公共管理实践中，常常当某行业没有发展起来时无人过问，当其刚刚发展起来就去加强监管，而有些部门是通过监管加强权力、规避风险或者为获取好处，而并非为帮助该产业发展。对新兴产业，应该允许其先发展，甚至经过一段时间的“野蛮生长”，然后再逐步纳入监管。管得过严过死就会抑制其发展，将本来大有前途的行业扼杀在萌芽状态。

有些决策风险比较大，不确定外界的意见，就可以有一个探风的过程。有关领导者会利用耳语来传送“风向球”做试探，然后根据外界反应来考虑某项计划是否实施。比如通过有关人士向媒体“透露”一些传闻。假如公众反应不错，就正式出面证实传闻的真实性。假如公众反应不好，就正式出面否认，然后改变该计划。这样做是让那些有风险的决策有回旋余地。

任何重大新制度、新政策出台是都要先试行的。试点有三种类型：内容上看可以先找一个或多个工作领域，地点上看可先找几个或多个地点作为试点，时间上看可先后找几个点逐步推进。允许一部分地方试点，既积累经验，又保护了基层的积极性，无论是地方还是企业的基层都有动力。有些决策确实在实践中证明错了，这样在试点中得到了学习，促进了发展。例如，新中国成立后对三峡工程是否上马，国内各界一直争论不休，当时国力尚未能完全支撑如此重大的项目，于是到 20 世纪 70 年代初，中央决定先上三峡工程的航运梯级——葛洲坝工程，解决华中地区缺电问题，同时为建三峡工程做实战准备。葛洲坝水电站就成为三峡工程的试点。葛洲坝建设中发现了不少问题，提出了解决办法，进展顺利，各方好评，才开始三峡工程的实质性论证。

二、政策执行

决策与执行在实际工作中处于分离状态，但是领导者在思维上要清楚两者紧密相连，原因在于：（1）执行应该包含于决策之中，不考虑执行的决策肯定不是好决策；（2）决策的正确与否最终要由执行来检验。因此，不能截然地把决策的责任划给领导，把执行的责任划给下属。

在决策时，有时上级只从自己的角度进行决策，常常带有理想化倾向，不太考虑下级的具体情况，并且理所当然地对下级发号施令，结果往往执行效果并不如意。如果主要由于客观原因而普遍做不到，上级规定不妨模糊一点，给基层执行留出余地。即使是正确的决策布置给下级时，也要考虑下级具体情况，并做出相应的安排。一般来说，常常有如下客观情况会导致下级对正确的决策执行起来困难重重。（1）下级工作头绪很多，工作量很大，这时即使安排了新的工作任务也难以顾及。基层人员经常反映，工作头绪太多，常有疲于奔命、顾此失彼之感。（2）下级人手很少，如果决策需要很多人手来执行，很显然此时要考虑下级人手因素。（3）下级缺乏足够资源来执行，比如其他有关部门不一定愿意积极配合，没有足够的经费来实施，等等。（4）下级领导还需面对自己下级的工作积极性的调动等问题。（5）因为新政策过于复杂而导致下级短期内不能理解。（6）由于政策执行对象抗拒等原因而导致无法执行。因此决策过程中，未来的执行部门要深入参与其中，将一部分在执行中可能遇到的问题消灭在决策过程中，否则很容易造成未来执行的不力或偏差。

政策效果的制约因素很多，其中一个较为重要的因素就是与政策关系的利益相关者是否有充足的政策偏好表达空间。如果基层没有机会充分参与决策过程，可能会在执行过程中体现自己的意见，从而影响政策执行的效果。从这个意义上看，虽然西方的竞争式民主制度存在很多缺陷，但其一个最大的优势在于让包括政策执行者在内的政策利益相关者具有相对充足的政策偏好表达空间和途径。以此作为参照物，中国的政策执行者参与政策制定讨论的空间和途径仍有待进一步拓展。由于很多时候政策执行者不能充分表达自己的政策偏好，也无法充分介入政策制定过程，因而只能将自己的利益偏好诉诸执行阶段的政策变通，进而影响政策执行的效果。

美国政策学者艾利森（Graham Allison）认为，在实现政策目标的过程中，方案确定的功能只占10%，而其余的90%则取决于有效的执行。离开可执行性的决策是没有意义的。《追求卓越》一书记录下的卓越公司并不是因为绝佳的念头、突出的产品、惊天动地的企管方法等而卓越起来，而是“千百件细微的事情，每件都比人家做得好一点点而载入史册的”。因此要热爱自己的工作，在平凡中体现出卓越。靠执行力最成功的例子之一是沃尔玛（Wal-Mart），百货业在美国早就是成熟的产业，按照波特的五力模型，那是无利可图的产业。但是，沃尔玛的创办人沃顿（Sam Walton）开始从乡村包围城市，一点一滴拉大和竞争者之间的差距。例如光是偷窃的损失，沃尔玛就比竞争者少了一个百分点，这就是执行力的具体表现。除此之外，沃尔玛还利用集中发货仓库，每天都提供低价商品，还有全国卫星联机的管理信息系统等，沃尔玛便以这些看似平淡无奇的管理手法，创造出全球最大的百货公司。成功之道无他，唯执行力而已。

需要注意的是，一些决策不能仅从表面去看，有时对外展示的只是一种姿态，不一定完全反映决策者的本意。例如中央与地方在房地产价格调控政策上有着微妙的关系，中央政府从国计民生角度希望房价保持相对稳定，有些地方政府由于土地财政等切身利益，在象征性地响应中央对房价调控政策的同时，有时有意无意地对房价采取放任政策，并未真正完全落实中央调控政策。解决这个问题，既需要中央大力督导，也需要各地因城施策，一城一策，才能达到更好的调控效果。

领导者不仅在决策时要考虑执行，而且在必要时要亲身参与到执行中去。20 世纪 90 年代曾成功带领 IBM 再度走向巅峰的郭士纳并没有仅仅为 IBM 制定一个战略，然后交给下面的各级经理去实施，而是亲自参与其中的整个过程，从一开始的调查、讨论，到制定战略、建立机构、选择人员，再到实施、跟踪，然后发现了问题，又去解决。郭士纳在重整 IBM 的过程中表现出非凡的执行力。①

领导者在执行过程中要起到表率作用。建安三年夏四月，曹操出征张绣途中，下了一道命令，各位将士经过麦田时，不得践踏庄稼，否则一律斩首。一日曹操正在骑马行军途中，忽然一只斑鸠受惊从田中飞出，曹操坐骑因此受惊蹿入麦田，踏坏一大片麦子。曹操立即叫来行军主簿，要求依军法处置，主簿十分为难，曹操却说：我自己下达的禁令，现在自己违反了，如果不处罚，怎能服众呢？当即抽出随身所佩之剑要自刎，左右随从急忙解救，这时谋士郭嘉急引《春秋》“法不加于尊”为其开脱。此时曹操便顺水推舟，说一句“既《春秋》有‘法不加于尊’之义，吾姑免死”，但还是拿起剑割下自己一束头发，掷在地上对部下说：“割发权代首”，叫手下将头发传示三军，将士们看后，更加敬畏自己的统帅，没有出现不遵守命令的现象。这就是一代枭雄曹操的“割发代首”。

用什么样的人来执行决策也非常关键。对北宋王安石变法，后世褒贬不一，其实其变法的初衷是好的，但执行中发生了很多偏差，甚至导致某些结果比不改革更糟糕。王安石手下缺乏坚定不移的支持者和足够多的人才去合理地执行这项工作是变法失败的关键因素之一。以吕惠卿和陈升之为代表的拥护变法者，在变法初期对变法起了很大的作用，但是这些人往

---

① ［美］保罗·托马斯、大卫·伯恩：《执行力》，白山译，中国长安出版社，2003 年版，第 30 页。

往具有强烈的政治野心，因此在变法中变质，成为变法的破坏者；以邓绾和蔡京为代表的投机者，打着变法的旗号捞取好处；以苏轼与其弟弟苏辙为代表的支持改革者，但是改革的意见实质上与王安石的思想并不一致，以致后来成为变法反对者。王安石所用的其他一些人也不在乎变法的对与错，只要对自己有利的事情就不择手段地去做，根本不会在意自己究竟是属于变法派还是反对派。青苗法是历史上唯一的农贷制度，地方官为了邀功，力争多放贷钱财，多回收本利，于是各显神通，最普遍的做法是按户摊派，不管百姓要不要，搞得乡村鸡犬不宁，甚至逼死人命。其他免疫法、保甲法都不同程度地有类似问题。此后围绕王安石变法的派系斗争又反反复复，给后世留下深刻教训，有人据此提出"利不百不变法"。官场中下层的执行官员也从中得到教训，凡事不可过于积极、走得太远，免得招来纠偏时的打击。

反之，如果手下有人才，领导者即使决策失误或不完整，也会有人才补救或改正，例如战国末期，韩国派水工郑国到秦做卧底被发觉，秦王嬴政听信宗室大臣的进言，认为来秦的客卿大抵都想游间于秦，就下令驱逐客卿。李斯也在被驱逐之列，尽管惶恐不安，但他在临行前主动上书劝说秦王不要逐客，写下流传千古的《谏逐客书》。该文一开头，李斯便开门见山地指出逐客的错误，然后用正面事实列举出秦往昔纳客而获得的种种好处，最后挑明客卿对统一大业的不可或缺，如果排斥客卿以成就其他诸侯，则秦国霸业难成。就这样秦始皇驱逐异国客卿的错误决策被李斯的《谏逐客书》纠正，为秦统一六国做出正确的人才决策。

三、评估与修正

从政策过程实践的角度来看，政策主体通过政策评价获得实施中的现行政策效果的信息后，必须对该项政策的去向做出判断和选择。由于客观形势的不断发展和人们认识的逐渐深化，领导者在工作中的决策偏差在一定程度上不可避免，然而他们可以采取措施在相当程度上减少决策偏差。评估一项决策结果的优劣，大致有如下几个参考指标：（1）是否能够达到决策目标；（2）实施方法是否得当；（3）执行者与公众反应如何。纠正决策偏差可能的选择有：政策补充、政策修正和政策终止。如果发现其中任何一个指标出现偏差，就要立即进行纠偏。纠偏有多种常用决策，如即时纠错决策、追踪决策、中止决策等。

即时纠错决策是实施过程中根据实际情况对决策方案所做的及时完善。即时纠错可分为两种情形：一是决策方案无须调整，但是组织在具体的决策实施中获得了新的经验，通过补充决策方案使之完善；二是决策方案在实施中暴露出了某些不足或缺点，需要针对实际情况加以修正。即时纠错实际上就是决策方案在实施过程中的自我调控和自我完善。

为了实现决策的目标，领导者需要学会运用追踪决策。追踪决策是决策者在初始决策的基础上对已从事的活动的方向、目标、方针及方案的重新调整的二次决策。追踪决策不同于决策在执行过程中的补充及修正。后者是在决策执行过程中，由于决策本身的特点和决策环境的变化，决策者必须对决策执行情况不断检查，并根据反馈信息，找出偏差，实施相应的控制，不断修正完善决策。它尚不需要对决策计划或方案作较大改变。追踪决策实质上则是对原来面临的问题重新进行一次决策。由于主客观情况已经发生了变化，所以追踪决策并非正常决策的简单重复，也不是对原决策的根本否定，而是根据对原决策过程的再次分析，促使原决策中的错误转向正确的一种决策，是对原决策的“扬弃”。追踪决策需要比原决策更加慎重和科学。

一般在如下情况下，需要启动追踪决策。（1）在原决策的执行过程中，如果发现该方案存在问题，并不符合决策环境的实际情况，即使将其实施下去也无法实现原决策目标，此时便需要对实施方案或计划进行纠正；（2）并不是由于抉择方案发生失误，而是在原决策方案的执行过程中，发现全部方案的制订都有问题，致使无法从中选优；（3）在原决策方案的执行过程中，发现即使所制定的目标实现，也并不能解决原决策所针对的问题，也就是发现目标的目的性存在失误。

现实的决策往往不是理性和计划的结果，而是不断试错的结果，环境的不确定必然导致领导者不断尝试与修改自己的决策。尤其是当人们的知识与经验无法应对外部复杂的环境时，从试错中寻找解决方案成为一种不错的选择。当一项决策在执行中进行到一定阶段已经确认为失败，或者有足够的理由可判定该项目无法继续进行，或者已证明继续下去会带来更加严重的后果，就要立即进行中止决策。中止的原因可能有主观上决策失误或执行不力等因素，也可能有客观上的情况变化、需求调整等因素，总之是为了减少不必要的继续投入，或者规避风险的最佳选择。对领导者个人来说要认识到，从不改变决定的人，不是固执就是愚蠢。当获得新的信息或者当环境有所变化时，敢于改变是成熟的表现。因此，领导者要时刻提醒自己：你是可以改变决定的。大多数的决定不但是可以被调整的，更是可以被撤回的。了解这个道理，能够让领导者大幅减少中止决策时的疑虑。

查尔斯·林德布洛姆（Charles Edward Lindblom）的渐进决策模式认为，决策过程应该是一个渐进的过程，而不应大起大落，因为决策者不可能了解和思考全部方案并弄清每种方案的结果。渐进主义决策者实际上是能够清醒地认识到自己是在与无边无际的宇宙进行搏斗的足智多谋的解决问题的决策者。所以，决策不能只遵循一种固定的程序，而应根据组织内外环境的变化进行适时的调整和补充。具体步骤包括：（1）只考虑与现状稍有差别的目标；（2）限制每种方案预测结果的数量；（3）在获取信息的过程中不断重新阐述问题，以及相应的目的、目标和方案；（4）随时不断修正选择；（5）不断地治理现存的社会问题，而不是在一个时点上完全解决问题，等等。一般来讲，渐进决策比较适用于稳定和变动不大的环境，而一旦社会条件和环境发生巨大变化，需要对以往的政策进行彻底改变时，渐进决策理论往往很难发挥作用，有时甚至会对社会的根本变革起到阻碍效果。

即时纠错决策是短期内对政策所做的调整，也称政策修正。这种政策调整长期发展下去，并逐渐在整个政策面貌上发生质的变化时，叫政策变迁。政策变迁的概念是20世纪80年代后期由保罗·萨巴蒂尔（Paul A.Sabatier）研究后发展起来的，认为公共政策的效果应该由实践来检验，十年或者更久的时间会让人们看出一个公共政策是否产生变化并看出其大致的成效。

随着实践的深入，人们对事物的认知也会发生变化。乘坐自动扶梯时“左行右立”曾被一些国家和地区作为一种文明礼仪，中国不少地方也曾广泛宣传。“左行右立”是人流量不大的地方，在交通低峰时期乘搭扶手电梯时靠右站，留出空间给赶路的乘客在左边走动的一种习惯。但这种国际惯例在中国实践中遇到一些问题，比如电梯左右不平衡磨损，上下班时候高密度的人流，以及在电梯上行走不安全等，因此国内很多地方不再提倡“左行右立”，代之提倡站稳扶好。这种国际通行的惯例不一定适合中国的原因在于，中国人口基数大，大城市每天的客流量多，上下班高峰时更是人满为患，地铁扶梯经常站满了行人，很难腾出左边空间供人行走，因此需要根据实际做出调整。

【案例阅读】杨贵决胜红旗渠

红旗渠，20世纪60年代河南林县（今林州市）人民历时9年在极其艰难的条件下修建的引漳入林工程，被称为“人工天河”。林县地处河南、山西、河北三省交界，历史上严重干旱缺水，自然灾害频发，粮食产量很低，人民群众生活十分困苦。新中国成立后，林县县政府修建了许多水利工程，一定程度上缓解了用水困难问题，但是仍不能解决大面积灌溉问题。那么，时任中共林县县委第一书记的杨贵是如何带领林县人民在太行山腰上修建出这条1500千米的"人工天河"的呢？

1. 发现问题，分析问题

1959年，正当水利建设取得重大胜利，夏收作物喜获丰收时，林县又遇到前所未有的大旱。流经林县境内的淇、淅、露、洹四条河流都干涸了，已建成的水渠无水可引，水库无水可蓄，很多村庄的群众只好翻山越岭远道取水吃，整个林县仿佛又回到滴水贵如油的从前。林县的群众说："挖山泉，打水井，地下不给水；挖旱池，打旱井，天上不给水；修水渠，修水库，依然蓄不住水。活人总不能让尿憋死呀！"以杨贵为第一书记的林县县委分析认为，缺水是造成林县举步维艰的根本原因。

2. 跳出林县，寻找出路

身为县委第一书记的杨贵，更是心急如焚。5年来，领导林县人民兴修水利的实践告诉他，单靠在林县境内解决水源问题已经不可能了。于是，他把目光投向外部，提出到境外找水。并决定组织3个调查组，兵分3路，到山西境内去考察水源。

当杨贵一行步行到山西平顺县石城镇附近时，只听峡谷中回响着巨大的水流声，他简直不相信自己的眼睛，眼前竟是翻滚着波涛的浊漳河！据当地干部和水利人员介绍，浊漳河流经此地时，常年有25立方米/秒的流量，一到汛期流量在1000立方米/秒以上。真是不虚此行！掌握了浊漳河的第一手资料，杨贵兴奋得夜不能寐。他打开地图，用红铅笔在几个设想的引水地点上重重地画了记号。一个前无古人的"引漳入林"的伟大构想在杨贵心中生成了。

3. 细化方案，争取支持

不久，林县县委召开扩大会议，专门研究“引漳入林”工程。在河南省委、省人委，新乡地委和行署的大力支持下，20 世纪中国水利史上一个伟大的决策诞生了——林县人要到山西境内去劈山导河，把浊漳河拦腰斩断，逼水上山，把水引到林县的分水岭，再由分水岭修建 3 条干渠，连通南谷洞、弓上、要街 3 个水库，将 3 个水库变为“引漳入林”的调蓄水库，彻底解决林县水源不足的问题！

林县县委把革命热情与科学精神结合，在动员修红旗渠时高高树起中央大旗，利用中央权威来加强自己的权威。他们在红旗渠修建准备中进行四步曲：请示领导，盘点家底，发动群众，测量设计，这些都是非常科学合理的举措。

4. 开始实施，适时调整

红旗渠在最初决策时提出的口号是“大干 80 天，引来漳河水”。然而县委很快发现几万民工放在几百千米的工地上，进展十分缓慢。面对现实，县委及时召开盘阳会议改变策略，进行调整。为了充分发挥干部群众的建渠积极性，对红旗渠总干渠实行分段施工，每修成一段，就放一次水，让干部群众看到漳河水能流入林县的现实。如 1961 年 9 月，林县县委决定红旗渠总干渠第三期工程动工时，杨贵书记和县委做出“隔三修四”的决定，即暂停修建木家庄至南谷洞水库第三期工程，先把南谷洞水库至分水岭的第四期工程完成，把南谷洞水库已蓄的 3000 多万立方米水引过分水岭，使姚村、城关两个公社的部分土地提前得到灌溉。并组织全县各公社大小队干部前往参观，使全县人民真正认识到，红旗渠真正能把漳河水引到林县来，进一步调动干部群众的积极性，促使大家鼓起更大修渠干劲。

在红旗渠修建如火如荼之时，中央提出“百日修整”，杨贵面临两个大局的矛盾，中央提出的百日休整是大局，但红旗渠如箭在弦的修渠也是大局。百日休整，符合全国大局。继续修渠，符合林县大局。如何兼顾两个大局，杨贵处理得非常艺术：决定大规模暂时停工，调300名青年突击队集中力量重点修建青年洞这个难点。

红旗渠的建成，彻底改善了林县人民靠天等雨的恶劣生存环境，解决了56.7万人和37万头家畜的吃水问题，54万亩耕地得到灌溉，被林县人民称为“生命渠”“幸福渠”。而林县人民在建设这项惊天动地工程中所锻造出的气壮山河的“红旗渠精神”则成为民族精神的一个象征。

案例启示：

从杨贵带领林县人民修建红旗渠的历程中，我们可以清晰地看出从发现问题，分析原因，到制订方案，再到寻求支持、落实方案、适时调整的过程。项目越重大，可能带来的影响越深远，决策就要越谨慎，所需要遵循的决策程序就要越科学，以最大化地减少决策失误、实现决策目标。

领导者面临的是一个动态的决策过程。在实施过程中，如果遇到最初未曾预料的巨大困难时，经过分析判断，就可以立即调整决策。紧紧地盯住目标不放松，相信只要思想不滑坡，办法总比困难多。

CHAPTER 08

第八章

领导决策误区

领导者在决策中要始终着眼于大局，超越自我利益、角度、视野，以对组织、对社会负责的态度，慎重对待决策权力。然而，不少领导者都因为各种原因产生决策失误。决策误区跟领导者不良的行事风格和主观认识的局限性息息相关。本章聚焦于此类决策误区，领导者可以加以借鉴，尽量避免此类失误的发生。

第一节 决策者角色与职责的误区

领导者在决策过程中要有强烈的角色意识，在自己职责范围内的事情积极承担决策责任，与自己有关的事情积极参与决策，属于领导班子其他成员责任范围内的事情根据需要参与决策。在角色与职责方面，领导者通常会有独断专行、责任推卸、越俎代庖、权欲膨胀等误区。

一、决策误区之独断专行

独断专行的领导者行事专断，不考虑别人的意见，喜欢一个人说了算。中国各级政府及其部门实行首长负责制，主要领导者在民主讨论的基础上，对本行政组织所管辖的重要事务具有最后决策权，并对此全面负责。如此来看，主要领导者的主观意志对决策本身有重要影响，甚至是最关键的环节。尤其取得一定成绩的领导者更要保持清醒的头脑。

集权制度的拥护者一个比较常见的论点是，权力集中可以提高效率。但从长远来看，由权力集中带来的非理性决策带来的人力财力和资源浪费、机会成本、民众和政府之间的信任损失计算进来，集权制度就不一定是最有效率的制度了。当然并不是所有的当权者都是非理性的，也并不是所有的民众都是理性的。但民主的意义恰恰在于，通过不同团体间的观念碰撞，使理性有更多的机会发出声音。中国各种公共决策的结果表明，决策高效未必是社会的福祉。不民主、不理性的“高效”决策，不过是通过把问题置后或者外部化来掩盖其社会成本而已，这些社会成本迟早要还的。[①]下属和公众参与决策过程可能降低决策的效率，但往往会因为决策合理、获得支持和切合民意而提高执行的效率，综合来看还是非常必要的。

从美国福特汽车公司百年盛衰史可以看出，领导者重用贤能还是刚愎自用对公司盛衰具有关键影响。最典型的如福特二世（Henry Ford Ⅱ）的经历。1945年“二战”结束当年出任福特汽车公司老板的福特二世当时邀请包括罗伯特·麦克纳马拉（Robert McNamara）在内的10名部队退伍的“蓝血十杰”相助。在这些人才相助下，福特汽车公司逐渐走出困境。多年之后麦克纳马拉成为福特汽车第一位并非出自福特家族的总裁（President）。但是，福特二世并不想完全放弃行政权，因此他改称自己为CEO，与麦克纳马拉形成了双头统治，这是现代企业历史上CEO职务流行的开始。刚刚出任总裁的麦克纳马拉随后被肯尼迪政府任命为国防部

① 刘瑜：《民主的细节》，上海三联书店，2011年版，第173—174页。

长，后来又出任世界银行行长。福特二世先后辞退几位总裁后，一个人独揽公司大权。福特觉得他才是这个家族企业的主人，他要说了绝对算，绝不允许下属人员“功高盖主”。在掌管企业的三十多年后，福特二世无法挽回企业昔日的雄风，这很大程度上要归罪于他的个人专断。到了1983年，福特公司终于不堪重负改朝换代了，从此，福特汽车公司不再是福特家族的私有企业了。

领导容易独断专行的一个原因是模仿，因为他的领导以前也是这样，这种行为模式就植入大脑，尽管有时让下属不舒服，但长期潜移默化地认为领导就应该这样，也似乎只有这样的领导才有魄力和权威。倾听是实现领导的重要途径，也是听取意见的重要方式，但有的领导沉浸在自己的世界里，忽略了倾听。反映了一个领导者的水平。不仅倾听，而且要听到心里，将其融化到自己的认识中来。唯有善于倾听和吸纳别人意见的领导者，才会做出让人信服的决策。

二、决策误区之责任推卸

决策权力意味着决策责任，尤其是面临风险决策时，由决策后果带来的决策失误责任令有些领导者望而却步，于是在决策上“打太极”甚至不决策，或者本能地把决策责任推卸给他人。在小说《我不是潘金莲》中，李雪莲遇到的一些领导没有去真正深入分析案情、从根本上思考问题解决方案，而是推卸责任、多一事不如少一事、利用该事为自己讨好处、担心告状上访担心影响自己的仕途等心态，从而导致事情越闹越大。

从方向上来看，责任推卸包括向上推卸、平行推卸、向下推卸、向外推卸和集体推卸等。

常常听官员说“符合上级政策”，其实下级工作不仅仅符合上级政策就够了的。下级在决策中的价值考量，常常是为保证程序合法性，而不惜牺牲结果科学性。下属为逃避责任，有时会把决策权“上推”而导致的高层超负荷。对于大量事物需要跨部门协作完成的公共部门来说，跨部门决策应该在体制中能够达成解决共识的最低层次进行。为此需要解决的问题包括：权力分散在不同的职能机构和地区而造成的政令不畅，因行政机构多层级而产生的信息扭曲和不允许发展任何完全独立的信息来源导致准确信息的缺乏，等等。

平行推卸是向其他部门推卸责任，将本属于本部门或本部门有部分职责的事务推得一干二净，出现责任也不愿意承担。对那些风险较大的决策事项，有些领导者会将本层次应该拥有的决策权向下压，这也是推卸责任的表现。有人认为，执行力甚至成为部分领导者推卸责任、掩盖自身能力不足的借口，如此一来，组织的难题都成了执行者的问题、下面的问题。还有领导者向外部推卸责任，将出现问题归咎于外部环境的影响、外部机构不配合，都不是自己的责任。

集体决策在保证决策不会出现明显疏漏的同时，一个弊端在于，“集体决策”最后变成“责任共担”和“责任推卸”，所有的人都是决策者，所有的人都不承担决策责任。很多人在决策中会形成搭便车行为，随大溜，不思考。防止集体决策中责任推卸的方法，一种是与个人决策相结合，另一种是详细记录决策过程中各方表态意见。

敢于决策、善于决策，是领导者敢于担当的表现。领导者的关键决策有时候不能怕下属反对，也不能怕人说自己不民主。很多组织问题的产生和长期存在关键根源在领导，看领导有没有狠心抓，必须领导重视才行。但很多领导几年任期不长就调走，也不愿轻易得罪下属。同时，下属的社会关系错综复杂，有些人是有后台的，弄不好得罪上司。因此只要单位工作基本顺利不出错，一般都不敢动真格，以至于很多问题就这样日积月累地沉淀下来。中国很多改革已经涉入深水期，一些领导干部容易把问题都推给体制原因，而不愿推进改革，在改革上动脑筋想办法。同样的体制下，不同单位、部门由于领导者的能力素质和精神状态不同，单位部门发展的态势就会差异很大。

三、决策误区之越俎代庖

与责任推卸相反，有些领导者在应该由别人来决策的领域进行决策，同样不可取。领导不要瞎指挥、下属不要瞎忙活。决策时要有多层次决策的观念，每一级主要做自己这个层面的决策。对于上级决策范围内的事情，在上级进行调研和征求意见时可以提供参考意见。对于下级决策范围内的事情，尽量让下级自己来做。

为了避免对下级越俎代庖，领导者应把握好下级决策中扮演的角色和起到的作用，具体包括：（1）告诉他们自己希望最终达成的目标是什么；（2）对下级进行原则性和方向性地指导；（3）帮助下级创造良好条件、理顺工作关系；（4）在下级很不成熟、确有必要时与下级一起来做决策。

决策中越俎代庖的另一个常见的情况是政府代替市场来做决策，中国转轨时期长期存在的政府与企业不分、市场与行政不分等现象。以布坎南为代表的公共选择学派在分析市场经济条件下政府干预行为局限性时涉及的一个主题，失败原因包括：（1）公共决策失误；（2）政府扩张；（3）官僚机构低效率；（4）寻租与腐败。这就是“政府失败”论，它说明政府角色的局限性。对于创新创业，政府虽激情澎湃，可他们并不承担任何个体创业失败的后果，因此绝不可越界。创新主体靠企业，政府不要强调创新，而是规范管理。当前中国政府创新主要指的是从全能政府到有限政府的职能转变。

政府与市场的逻辑不同决定了双方在决策中要保持一定的距离。借用贝尔在《后工业社会的来临》中对中轴原理的分析，可以说，政治领域和市场领域的中轴原理存在根本不同。现代政权在政治上的根本利益在于合法性的获取，而企业的市场决策的根本原则在于成本—收益分析后的利润最大化。基层政府领导者如果按照企业的决策原则行事，结果导致了其对于公共物品、公共服务疏于供给，而且由于政府变成市场运行中的利益主体，成为与民争利的既得利益者，也使得社会冲突，包括市场其他主体与政府之间的冲突不仅无法得到有效的管理，而且矛盾还被激化。因此呼唤治理，让各个治理主体根据自己的逻辑产生交集，共同参与到公共事务的管理中来。

四、决策误区之权欲膨胀

领导者是拥有权力的人。权力本身意味着对资源的支配，常人没有的一些奢望，一旦在拥有权力后变得那么触手可及的时候，仅凭道德是难以消除的。政府的“恶”在民主时代并没有过时。法家主张人性恶，其“奸臣假设”与休谟的“无赖假设”表面上一样，也提示我们注重制度建设而不是道德的教化。战国时的法家代表韩非子的一切构想都是为君王而不是为民众服务，以致他设计的制度不可能运用于君王这一最需要防范的掌权者，因而无法实现对权力本身的有效制约。休谟指向的主要是社会的公共利益。权力基础是针对在权力承受一方的人们，不同文化和不同情境下权力基础不同，纳粹集中营是极端绝对控制，更通常是稍弱的不平衡，承受方有各种可以借以反抗的资源，大量平衡的权力关系也在学校、家庭、社区、商业、协会等存在。

作为被称作“中国权力最大的官”的县委书记，除了外交、军事和国防，其他权力几乎都具备。这一级别的官员权力高度集中，对辖区内各种事务具有一言九鼎的地位。一旦失去约束，他们可以不受限制地提拔自己的亲信。他们任职的地区和部门，也常常被视作他们的个人领地。

在地方事务中，按职权划分，党委书记管干部和大政方针，省（市、县、区、乡、镇）长管行政事务，但实际上有些党委书记对行政事务“想管多少管多少，想管多深管多深”。比如，要想插手行政事务，县委书记有办法绕开制度：成立各种各样的领导小组，组长由书记或副书记担任，副组长由县长或常务副县长担任，将书记个人的意志一竿子插到底。

在县一级，各种职能齐备，国家机器配备完整。相应地，本级机构也承担着综合的社会管理和公共服务职能，它对下必须承受全部源于基层的矛盾，对上必须全盘担负“发展”和“稳定”两个基本责任。也正是由于功能齐全、权力综合，一个不称职的书记，不仅祸害一方，而且直接导致民众对基层权力的不信任。有些地方试行省直管县，县委书记“高配”副厅级，班子其他成员的级别保持不变，将意味着，县委书记不仅仍是本级班子的一把手，而且事实上还将成为他们的“上级”。如此一来，县委书记的官级完全凌驾于班子成员之上，对县委书记的权力监督更加成为一个难点。

领导者都在一定的权力配置下进行决策。在权力配置失当的地方，手握重权的领导者很难克服自己的私利因素。王阳明有言“平山中贼易，除心中贼难”，“心中贼”主要是干扰正常思维判断的私心杂念和过度欲望。在缺乏有效权力制约的决策中，领导决策常常会错误地被用来作为维护个人私利、维护部门狭隘利益、满足过度欲望或权力斗争的工具，因而不能全面客观地考虑，就会为决策结果带来隐患。领导者在决策中考虑个人利益完全可以理解，也不可避免，但不能因此而以邻为壑，以他人利益和集体利益为代价。领导决策应超越自我利益，以追求总体利益最大化为目标。如果因执行决策发生某些群体或局部利益受损现象，则可考虑从其他方面做出相应补偿。

第二节 决策思维与目标的误区

对领导者来说，最大的浪费是决策失误。每犯一个重大决策错误，就背负一个沉重的包袱，后面要用很大的代价来弥补。决策思维和目标的误区有很多表现，此处阐述最为常见的误区，包括思维定式、急功近利、目标漂移和价值迷失。

一、决策误区之思维定式

思维定式也称惯性思维，是由以前的经验带来的一种对某种事务的特殊的心理准备状态。在环境不变的条件下，思维定式使人能够应用已掌握的方法迅速解决问题。而当情境发生变化时，它则会妨碍人采用新的方法。小说《红高粱》中的朱豪三与余占鳌，一个县长一个土匪，都是亦正亦邪的人。朱豪三的信条是“是土匪就要缴”，至于土匪是什么人并不重要，重要的是土匪的身份。余占鳌深信“官府都不是好东西”，至于县长是什么人并不重要，重要的是官府的人。这就注定了这两个具有思维定式的强人之间的不断争斗。

第一种思维定式是路径依赖。路径依赖是人们一旦选择了某样东西之后，就会越来越认为这一选择是正确的，即便发现其存在瑕疵仍然会坚持。在路径依赖下，过去的成功经验可能是现在失败的根源。20 世纪 90 年代之后，当时世界感光材料行业领导者柯达公司一路高歌猛进，不断兼并其他胶卷公司。然而随着数码影像的迅猛崛起，柯达的辉煌战功开始被人们指责为“逆潮流”。在争夺传统胶片市场的战斗中，柯达的竞争优势更多地体现在市场策略和商业模式上，相关替代技术的开发往往被放在了次要位置。但在IT背景下的数码影像市场中，关键技术的竞争变得更加激烈。柯达领导者当时对模拟影像与数码影像共存共荣的判断太自信了，做出转型的决策太迟了。其实，1976年柯达就开发成功了数字照相技术，1991年柯达就有了130万像素的数字相机，但决策层迷恋既有优势，在数码影像上一直步履蹒跚。在拍照从“胶卷时代”进入“数字时代”之后，昔日影像王国的辉煌也随着胶卷的失宠而不复存在。柯达的悲剧说明，人们过去做出的选择，决定了其现在可能的选择。

第二种思维定式是思维固化。当外部环境已经发生变化时，当事人的思维仍然停留在以前的状态，以至于与新环境格格不入。古巴无产阶级革命家埃内斯托·切·格瓦拉（Ernesto Guevara）是一位理想主义和浪漫主义者，在辅助卡斯特罗（Fidel Castro）完成古巴革命之后，怀着共产主义的伟大理想，放弃古巴共产党和政府高级领导人的职位，进入刚果（金）、玻利维亚丛林打游击，试图在那里发动新的共产主义运动，最后格瓦拉牺牲在自己的理想中。主要由格瓦拉经历而形成的“格瓦拉困境”，指一定历史阶段、特定社会形态与特殊政治活动基础上形成的思维方式和价值观念，由于主客观原因，这种思维和价值观走向固化，甚至僵化，即使时代发生再大变化，都执着而不调适或更易。

时代的发展是不以人的意志为转移的。若决策者思维不能与时俱进，就会招致失败。第二次世界大战初期，法国政府由于视野狭窄，局限于第一次世界大战时期阵地战的巨大成功，没有看到机械化战争形态的演变，投入了巨大的人力、物力，耗巨资在靠近德国和比利时的西部边境修建了一条号称固若金汤的“马其诺防线”，企图凭此抵御德军的入侵。在德国机械化军队的迂回“闪击战”面前，整条防线最终一文不值。当时波兰军队的视野更是短浅，在德军机械化装甲部队的进攻面前，其战争思维还局限于骑兵时代的辉煌，竟然还用血肉之躯的骑兵去冲击德国人的坦克装甲集群，遭致惨败。1973 年第四次中东战争中，以色列为了防御埃及的进攻，斥巨资沿苏伊士运河东岸修建了一条“巴列夫防线”，以色列人陶醉于第三次中东战争取得的巨大胜利，主观认为阿拉伯人不堪一击，没有看到埃及等阿拉伯国家为复仇所做的长期准备和收复失去领土的坚强决心，最终在埃及等国的突袭面前一度损失惨重。到了 1991 年的海湾战争，伊拉克不仅没能跳出过去机械化战争时期大兵团地面作战的圈子，而且还局限于两伊战争时期的历史经验，沿科威特和沙特边境修建了一条由几十万大军构成的“萨达姆防线”，企图打一场大规模的地面消耗战。在多国部队发动的代号为“沙漠风暴”的空中战役面前，“萨达姆防线”变得毫无用处，最终只能接受失败的命运。

第三种思维定式是“锚定”陷阱。人们总是倾向于对最先接收到的信息赋予过高的权重，结果最初的印象、估计或数据会“锚定”随后的思考和判断。比如，在面试时，考官不自觉地将第一个考生作为标准，将后面的考生与其做参照。营销人员在预测下一年度的销量时通常会参考过去几年的销量，过去的数据就成了“锚”。这种方法看似合理，但弊病是过多关注历史情况，而对其他因素考虑不足。

摆脱思维定式的干扰，是一种特殊的能力，也是一个领导者智商高低的体现。在古代地中海地区，马其顿国王腓力二世有匹无人能驯的烈马，腓力二世之子、后来继位并成为军事天才的亚历山大大帝（Alexander the Great）发现，这匹马之所以暴烈，是因为害怕自己的影子，只要看不见影子，它就平静下来。由此，亚历山大驯服了这匹名为塞弗勒斯的马，骑着它征战四方。按照常人的思维定式，就无法观察到这一细节。这种见人所未见的能力，不只是在驯马上有用，亚历山大之所以善于把握战场瞬息万变的局势，与这种对细节的敏锐观察力有很大关系。在公元前333年的伊苏斯战役中，面对数倍于己方的敌军，亚历山大硬是在十几万人的敌阵中发现了一处转瞬即逝的空隙，带领近卫队直冲到大流士三世面前，这位波斯帝国的君主吓得狼狈逃窜，波斯大军整体崩溃。在这个决定性的瞬间，亚历山大骑的是塞弗勒斯，用的也是驯服塞弗勒斯的技能——对于细节的敏锐观察力，他跳出了抽象性的牢笼，直接感知到战场上的真实态势，才能发动那次经典奇袭。

人的思维空间是无限的，有亿万种可能的变化。也许正在被困在一个看似走投无路的境地，也许在有限的空间里进行着有限的“霍布森选择”，也许正囿于一种两难选择之间，这时一定要明白，这种境遇只是因为我们固执的定式思维所致，只要勇于重新考虑，一定能够找到不止一条跳出困境的出路。对领导者来说，在决策时要认真盘点，对决策事项是否真正调研了、真正从本源思考了，真正感知到了真实的世界。

二、决策误区之急功近利

如果决策者对某一事物的过分追求超出自身能力范围，容易发生决策冒进，甚至违反程序。20世纪90年代初，广东省珠海市领导层决心建造“全国最大最先进的机场”，于是拍板投资40亿元（总造价69亿元）建设珠海国际机场。他们原本指望机场靠营业收入来偿还银行的贷款和拖欠的工程款，但是事与愿违，由于珠海是个中等城市，周边江门、中山等地到机场的交通并不便捷，客源不足，航班越飞越少。珠海市为这项过于超前的决策吞下苦果，拖欠的巨额债务迟迟没有能力偿还。珠海机场工程项目决策过程违背项目决策程序，在工程项目进展过程中，作为项目决策机构的珠海市政府在未征得国家计委和国家民航总局同意的情况下，自行把机场的定位升格，将原军用机场改建为民用机场的标准改为按国际机场的标准建设，拟先建成国际机场，再申请主管部门补批。正是这种“先斩后奏”直接酿成了决策失误。

正是投资对GDP的拉动效果和经济刺激效应，多地的机场建设热潮一直“高烧不退”。有些决策者为追求政绩，就会选择那些能够显示政绩、拉动经济的项目，而忽视那些虽然重要但无法彰显政绩的领域。有些地方为了经济发展和政绩，搞各种开发、建设，产生大量土地需求。要拿土地，或征地，或拆迁，但土地与房子是人家的命根子，所以征地拆迁往往会闹出大矛盾。如果地方官员一门心思想出政绩，就容易将目光放在在建的广场、车站、中央商务区等。他们通常不会想到，在硬性的、有形的公共利益之外，还有柔性的、无形的公共利益——那种“硬碰硬”搞强制拆迁，毁坏了一个地方的基本形象，破坏了一个地方的软环境，而这形象与环境，就是柔性公共利益。

在急功近利的思维作用下，决策者可能只做表面工作，而不愿深入研究与思考，工作做得不扎实、不牢靠。在大众创业万众创新的氛围下，全国各地大量涌现各种创业孵化器，但是有些孵化器功能单一，无法为创业企业提供高质量的孵化服务。高质量的孵化服务除了传统的办公空间和注册服务之外，还应包括：创新氛围营造、商业模式指导、融资机会、成功人士指导、各行业优秀创业者经常在一起交流，等等。对其中最为关键的创新氛围的营造，政府的作用非常有限，创新生态主要靠创新者集聚在一起形成，进行创新示范、交流指导。后面这些条件若不具备，孵化器只能沦为简单的“创业房东升级版”而已。

领导者要厘清实现决策目标的根本手段，在这些根本手段上全力以赴做得最佳。如果偏离根本手段，一味追求细枝末节，最终得不偿失。战国末期的荆轲刺秦王就是燕太子丹政治决策上的一大败笔。荆轲成就了自己的英雄主义形象，但加速了燕国的灭亡，与最初的战略目的背道而驰。人们在肯定荆轲抗暴的勇气和牺牲精神的同时，也需检讨燕太子丹的决策失误。即使站在燕国自身角度来看，也应加强国力与军备，与相关国家进行军事合作共同抗秦。凭着血气之勇的刺秦，固然可以赢得千古英名和美学价值，但既给行动者本人造成劫难，又对事业进程毫无补益。荆轲成了悲壮的英雄，而燕国则很快成了彻底的失败者。与之相反，元末农民起义中，朱元璋面对不利局势，注重军事训练、发展农业生产，广纳各种人才，经过“高筑墙，广积粮，缓称王”战略方针的实施，迅速巩固和发展了根据地，兵壮粮多，得到百姓拥护。这一切，为他以后逐鹿中原进而统一中国做好了充分的准备。

很多决策效果都是长期积累的结果。事物的发展都是有一个过程的，很多决策不要期望立即见效，要持续发力，“一张蓝图干到底”。决策要考虑时间长度因素。决策的短板有时体现在可持续性上，短期出成效是能力的体现，持续出成效则是一种精神的体现。有些领导上台后，短期内全力以赴，工作很快出成效，但是逐渐地，两三年之后，没有劲头了，开始产生惰性，工作没有力度了，有些决策可能就会半途而废。

决策效果的产生既与决策方法有关，也与决策领域有关。有些决策领域比较容易见效，比如户籍政策改革、提高养老金等，有些决策领域只能是慢工夫，比如教育培养、人才引进、城市更新、产业转型等，这些领域从决策到实施，到人们接受再到逐渐落实并最终产生效果，会经历一段时间，因而无法立竿见影。决策者还要注意的一点是，常规工作一定要全覆盖，不可为片面追求创新或热点而使常规工作有疏漏，否则最终得不偿失。

三、决策误区之目标漂移

目标漂移是决策过程中出现的偏离最初决策目标的现象。开决策会议时，大家意见不可能都一致，一旦发生分歧，人们通常的做法是去分辨谁对谁错，而这时人们为了说明自己的观点正确，就开动脑筋为自己的观点辩解，并对别人的观点进行诘难。随之而来的是人们情绪化的反应，争论可能变成争吵。其实，决策本来就不是分辨是非的过程，而是寻找解决问题的行动方案。决策的目标不是分是非，而是求优劣，所以决策过程是一个寻求更好或更满意的过程。分是非容易把人们导向非此即彼的思维方式，求优劣则可以有不同观点的共存互补。

决策者如果私心作怪，会导致目标发生漂移。此时决策者为了维护自身的利益，很可能选择对自己有利的目标。20 世纪 30 年代，英国和法国在纳粹德国一步步对外扩张期间，长期奉行“绥靖政策”，不仅不制止德国，还要辅助其向东扩张，其主要目的就是祸水东引，企图借德国之手对付苏联。受该思路遮蔽，英法当局对纳粹德国当时真实战略意图的严重误判，看不到希特勒在为实现征服世界的野心而进行大规模扩军备战。

价值观的不同也影响决策目标，导致目标漂移。此时领导者容易将团队引向自己所向往的目标，不管这个目标符不符合大家的心愿。在忠义水浒传中，“呼保义”宋江的义其实只是手段，归根结底还是忠的，他本质上效忠皇帝，效忠体制。宋江领导众多梁山英雄走向招安的目标。这件事情宋江根本就不容兄弟们有异议，即便是很多人明确表示反对，宋江仍然是一意孤行，丝毫不考虑这些兄弟们的感受，结果必然导致梁山英雄群体的悲剧。

做领导要抓住主要矛盾，如果把次要问题当作主要矛盾，就看不到事物的本质，带来决策误判。创业者如果看不到所在行业的本质，就无法抓住盈利点，创业失败的可能性非常大。根据哈佛大学教授西奥多·莱维特（Theodore Levitt）的“营销近视症”，人们不该不适当地把主要精力放在产品上或技术上，而不是放在市场需要（消费需要）上，其结果导致企业丧失市场，失去竞争力。

组织的目标往往是多元的，是在公平与效率之间寻求平衡。中国各单位有中秋节发月饼的习惯，但是众口难调。有人抱怨年年发月饼，吃不完很容易浪费掉，还不如发钱来得实在。若不发月饼，就又有人会抱怨中秋节连月饼都不发，太没有人情味了。基于中秋月饼的特殊意义，有一个公司老总发现，“每逢佳节倍思亲”，“思乡”就是“真”问题，必须把满足员工这种心理需要作为选择月饼发放方式的决策目标。公司改变了以往月饼发放的方式，通过邮寄将月饼送到员工家里，同时还附上公司的慰问信，结果效果很好，员工和他们的家人都很高兴。老总通过洞察员工的心理需要，瞄准了“真”问题，命中了“真”目标，恰当的选择月饼发放的方式，效果自然会好。

官员的职务发展去向与其政绩紧密关联，而其政绩的评价标准，又直接掌握在对其有任命权的上级领导和党委手里。这种“向上负责”的利益取向，容易导致领导干部在做决策时，目标偏离地方或部门的远景发展规划和群众的长远利益，而将那些立竿见影的政绩和短、平、快的项目作为优先目标。比如现实中有这样一个悖论案例：有甲乙两个邻县县长同时上任，甲县长重视水利，抓紧带领全县修缮水利工程，数月后高品质竣工，乙县则无动静。当洪水来临时，甲县固若金汤，乙县则四处汪洋，抗洪抢险，记者云集，乙县滚动播发领导指示，县长频频在救灾一线出境，声名大噪、贡献卓著，不久后即获提升。甲县长恍然大悟，从此不修水利，盼下一次洪水。这个案例引人思考，在特别强调生态文明建设中，如何用制度保证关注长久生态建设的好人的利益。

四、决策误区之价值迷失

价值泛指客体对主体表现出来的积极意义和有用性，从哲学上看是那些有助于促进真、善、美的积极因素，从经济学上看是能够促进经济主体实现经济利益的积极因素。在决策中，可供选择的方案和目标是从价值目标而来。从根本意义上来讲，制订选择方案只是实现价值目标的手段。如果我们在决策中仅仅将全部的注意力都放在选择方案上，那就是舍本逐末了。也就是说，决策中所有的方法服从于决策方向。如果决策方向找错了，方法再好都没有用，甚至方法越好，错得越远。汉娜·阿伦特（Hannah Arendt）对大屠杀罪责思辨的观点之一，是纳粹体制下滔天罪行的一部分是由许多普通人的平庸所造成的，即“平庸的恶”。执行大屠杀任务的大多是只想执行命令、完成任务的普通人。

领导者在多元化的决策目标中，往往会根据自身利益有所取舍，从而陷入价值迷失。比如，虽然中国环境保护法制定了排污总量控制、排污许可证、环境影响评价等环境监管制度，但由于地方财政是采取“分灶吃饭”的制度，地方干部生活条件好坏、工资水平高低直接取决于地方政府的财政状况。只有实现经济高速增长，才能改善本地财政状况，才能提高当地干部的收入水平，才能显示自己的政绩。所以，真正按照制度抓环保的地方官员，把资金用在污染治理上，不但影响发展速度，而且影响政绩，甚至因影响了财政收入而得不到本地干部的拥护支持。在这种环境下，环保法律很难充分发挥作用。不过由于各地此起彼伏的雾霾天气引起广泛关注，使得环境治理问题又成为地方官员不得不面对的一个难题。

判断领导决策是否合理的标准一般主要看效果，然而同样效果在不同的价值观那里也会产生判断差异，关键是如何判断这种干预带来的后果的好坏。现实中好心办坏事的现象很多，因此“善意”不构成领导决策的正当基础，有些措施看似能产生好的效果，但是长远讲会带来更糟的后果。因此在看决策结果时，不能片面强调成败。若忽视成败的客观条件会迫使人们就利避险，若忽视事业的长远发展会迫使人们急功近利，若忽视“失败乃成功之母”的道理会迫使人们不敢进取。因此也不能单纯看其一事成败，要透过其工作成效看决策者的初衷以及才能高低。

领导者需要基于价值来进行决策，比如，某人赌博赢了一笔钱，绝不代表赌博是一种正确的决策，因为长期赌博容易形成赌徒心理，诸如只想碰运气发横财，不愿意劳动致富、创业致富，敢于孤注一掷，铤而走险，甚至不惜以生命为代价，为了达到目的，可以不择手段，等等。有“股神”之称的沃伦·巴菲特（Warren Buffett）作为投资界的领袖，其投资方向一直引领行业很多人。巴菲特自2000年起每年拍卖一次与他共享午餐的机会，把拍卖收入捐给美国慈善机构格莱德基金会（Glide Foundation），用于帮助旧金山地区穷人和无家可归者。每年拍卖的巴菲特午餐之所以备受世人注目，引得众多投资人趋之若鹜，其中一个重要原因是希望面对面向投资大师取经。巴菲特的关键投资诀窍是进行价值投资——看企业的经营者、财务报表及企业品牌所占市场份额等，那些业务清晰易懂，业绩持续优秀并且由一批能力非凡的、能够为股东利益着想的管理层经营的大公司就是好公司，只有这样的好公司才有好股票。这种做足功课的稳健投资是把安全放在首位的，不太在乎短期的波动。

巴菲特的价值投资理念与情景领导理论的创始人之一、美国管理大师肯尼斯·布兰查德等提出“价值管理”的概念不谋而合，布兰查德认为，依据组织的远景，公司设定符合远景与企业文化的若干价值信念，并具体落实到员工的日常工作上。一般的工作性质或问题，只要与公司的价值信念一致，员工即不必层层请示，直接执行工作或解决问题。唯有公司的大多数股东、员工和消费者都能成功，公司才有成功的前提。价值管理对企业的好处，在于期望将管理者的决策重点放在价值的驱动因素上，将远景总体目标、分析技巧及管理程序协调起来。这一点对任何组织都是实用的，即如果领导者习惯于回到愿景、使命、价值观上来思考问题，眼光就不会被眼前小事所遮蔽，做出的决策就会更具深远意义。

第三节　决策方法与过程的误区

决策方法和过程的误区有很多表现，此处阐述最为常见的误区，包括先入为主、沉没成本干扰、朝令夕改和优柔寡断。

一、决策误区之先入为主

先入为主是决策中经常出现的一个错误。人们往往会被自己的第一感觉所影响，就忽视收集信息。有的时候，相信第一感觉是一种决策方式，但是决策者还需要能够从第一感觉中跳出来，从更加客观、全面的角度进行分析和思考。

决策要建立在扎实的信息基础上，一旦信息失真，决策很容易偏离。经典童话《小王子》中说，“只有用心才能发现真相，只靠眼睛是看不见的”。对领导决策中的调研也是如此。如果领导者作风浮躁，仅仅走马观花，很难调查出一些没有表现出来的问题。而上级领导如果根据基层单位的安排来进行调查，同样常常无法全面了解情况。这就需要领导者更加审慎地对待自己的决策权，不要先入为主。如果负责外交决策的领导意志过强到主宰一切，职业外交官连真实的情况都不敢汇报，只汇报领导喜欢听的内容，报喜不报忧。领导者掌握外部信息不全面，就无法做出准确的决策。

领导者在决策中要深入全面地了解信息，防止证实性偏见，即过于关注支持自己决策的信息。当人们在主观上支持某种观点的时候，往往倾向于寻找那些能够支持自己原来的观点的信息，而对那些可能推翻原来的观点的信息往往忽视掉。1915 年 12 月，首任中华民国大总统袁世凯宣布自称皇帝，改国号为中华帝国，建元洪宪，史称“洪宪帝制”。此举立即遭到各方反对，引发护国运动，原本“拥护”他称帝者纷纷倒戈，袁世凯不得不在做了 83 天皇帝之后宣布取消帝制，数月后病亡。袁世凯在倒清时立下功劳，本能够青史留名，最终却因逆历史潮流称帝而身败名裂。在称帝决策中，袁世凯仅仅看到当时的前清遗老遗少和各路军阀政客心怀鬼胎地“一致拥护”他早日登基，却忽视了更大的反对声音，很显然他当时接受的信息被过滤了，但同时他自己选择性地接受信息，只喜欢听那些拥护效忠的声音。

决策切忌感情用事，在情绪不稳定时不要做重要决策，要等头脑冷静时再做决策，否则很容易被感情左右，做出错误的决策。刘备出兵东吴败走夷陵就是情绪不稳定时的昏招。公元 221 年，刘备为夺回荆州，为大意失荆州而被擒杀的二弟关羽报仇，不顾诸葛亮等亲信的劝阻，亲率大军攻打东吴。征讨初期三弟张飞又被下属杀害，令刘备更加悲愤，全力出兵东吴。东吴统帅陆逊用以逸待劳的方法，阻挡了蜀汉军的攻势，然后在夷陵一带打败蜀汉军。夷陵之战导致蜀汉一蹶不振，以至于失去了争夺天下的希望。刘备本人也在夷陵之战之后深受打击，一年后就去世了。刘备此战“以怒兴师”，恃强冒进，犯了兵家之大忌。蜀川帝国真正的敌人，是逼迫汉献帝禅位的曹魏政权，刘备与结盟对象东吴决战，只能让曹魏坐收渔翁之利，又犯了战略错误。

有些领导者认为自己对决策领域很熟悉，就忽视调查研究和深入收集分析信息，只根据以往经验进行决策，结果变成拍脑袋决策、拍胸脯保证、拍屁股走人的“三拍”干部。黑格尔（G. W. F. Hegel）有言“熟知并非真知”，揭示了人对事物的认识，不要只是认识事物的表面现象，要认识事物的实质。因为表面现象里面包含着假象，容易使人上当受骗。认识事物的本质并非易事，需要长时间观察、研究、调查，反复思考，有一个从现象到本质的认识过程。有的政策与工作任务，出发点是好的，但由于调研不充分、时间要求紧，不按程序走等各种原因，导致基层理解不到位、执行不下去等情况，更有可能激化矛盾。

先入为主的决策有时也会歪打正着，取得了不错的效果。这里面有灵感的因素。对于一次、两次决策，拍脑袋拍中了，也不是不可能。但是决策不能仅仅靠灵感和运气，决策的准确性更应该建立在扎实的信息收集和分析、科学的方法和过程的基础上，因为一次决策失误就可能会造成重大损失，多次决策失误更会造成难以承受的后果。

二、决策误区之沉没成本干扰

人们把那些已经发生不可收回的支出，如时间、金钱、精力等称为“沉没成本”，它是由于过去的决策已经发生了的，而不能由现在或将来的任何决策改变的成本。领导者要有机会对先前所做的决策进行重新检视，面对已经发生过的事，考虑要不要继续投入做下去。决定未来该做什么不是一件容易的事，因为未来之事还没有发生，人们无法准确预测，但过去之事是已经发生过的事情，相对要客观准确得多。对于已经发生过的事，确定是不是要继续做下去，比判断未来要简单得多。德鲁克对此的判断是，问问自己，假设这件事你今天还没做，你还会再做吗？如果你的回答是不会，那就应该果断地终止这件事。

人们在决定是否去做一件事情的时候，不仅是看这件事对自己有没有好处，有时也看过去是不是已经在这件事情上有过投入。沉没成本是一种历史成本，对现有决策而言是不可控成本，常常在很大程度上影响人们的行为方式与决策。领导决策时如果过分关注沉没成本，很容易导致两种决策误区：害怕走向没有效益产出的沉没成本而不敢投入，从而失去很多机会；对沉没成本过分眷恋，继续原来的错误，造成更大的损失。在决策时排除沉没成本的干扰是十分必要的，排除方法是，对事关未来的决策一定要向前看，而不是向后看。

如何对待自己以往的投入或损失，相当大程度上是一个人的心态决定的。一次，印度的“圣雄”甘地乘坐火车出行，当他刚刚踏上车门时，火车正好启动，他的一只鞋子不慎掉到了车门外。就在这时，甘地麻利地脱下了另一只鞋子，朝第一只鞋子掉下的方向扔去。有人奇怪地问他为什么，甘地说：“如果一个穷人正好从铁路旁经过，他就可以拾到一双鞋，这或许对他是个收获。”甘地在此以博大的胸襟坦然面对自己的“失”。不计沉没成本也反映了一种向前看的心态。对于整个人生历程来说，以前走的弯路、做的错事、受的挫折，都是一种沉没成本。过去的就让它过去，总想着那些已经无法改变的事情只能是自我折磨。领导者要知道自己的限度，即使在职权范围内，也不是什么事情都是自己能完全掌握的。在自己无法完全掌控的时候，顺其自然、无为而治也是一种智慧。

如果人是理性的，那就不该在做决策时考虑沉没成本，从而对下一步的决策做出干扰。20 世纪 60 年代起，英法两国合作生产超音速协和飞机。自 1976 年投入使用后，协和飞机飞行了 27 年，运载旅客 200 万人次以上，航空界对其褒贬不一。虽然在技术水平上已经达到很高的水平，但商业实用性是制约协和飞机的重大障碍。协和飞机的缺点包括：第一，经济性差。由于耗油率过高，载客量偏小，成本高，协和号的票价非常昂贵，大多数乘客望而却步。第二，航程短。协和号的航程仅为 5110 千米，只能勉强飞越大西洋，这一航程无法发挥超音速飞机的优势。特别是在太平洋航线上，协和号难以发挥作用。第三，声音污染严重。协和飞机由于音爆水平高，所以被限制不得在大陆上空进行超音速飞行。由于成本过高，又受到诸多限制，协和飞机亏损日益严重，英航和法航不得不痛下决心停飞，2003 年协和飞机全部退役。

社会科学与自然科学相比，很难说什么绝对正确，什么绝对错误。在解决社会问题时，有很多种可行的做法，但没有一种做法没有缺陷。纠正错误必须在和谐的气氛中才能做到。当一个人的心中充满抵触与逆反的时候，绝不可能改进自己。因此领导者要让下属能够愿意接受决策及其调整，就要在平时积累下属对自己的认同。

三、决策误区之朝令夕改

否定自己以前的决策固然需要勇气，但有些领导者决策随意，朝令夕改，又会大大损害决策的严肃性和连续性。最典型的体现在城市规划领域。“规划规划，纸上画画，墙上挂挂，橡皮擦擦，最后能不能实施，全靠领导一句话。”规划是城市建设的龙头，城市的建设和发展必须以科学的规划来引领，然而一些城市管理者对城市建设缺乏一个明晰的思路和规划，在城市建设上带有浓重的长官意识和个人色彩，规划变更频繁，标准制定落后，缩短了建筑的寿命。

在当代中国，决策朝令夕改与领导干部更替有很大关系。一名地方高官落马后，其在位时决定的大项目、大工程几乎都会处于停顿或者半停顿状态，这样的决策，离科学论证与民主决策还相去甚远。某地十多年来分别轮流的四个一把手分别沿着老城区外围的东、北、西、南四个方向依次开发，无一例外都是另起炉灶，谁也不管前任留下的摊子。为了避免因人而变的决策随意化，邓小平曾说：“我们应该建立一个体制，这个体制不能因为领导人的变化而变化，更不能因为领导人注意力的变化而变化。”

决策朝令夕改的现象大多缘于决策者与决策部门出台政策时的草率、武断，缺乏对形势的足够分析，对政策的可行性没有进行充分的论证，还不愿参考不同人的意见；有的单位内部的管理制度执行起来前松后紧，造成事实上的不公平而招致反对；有的领导者没有体察百姓处境，了解百姓疾苦，弄清百姓期待，草草出台的政策因招致反对而流产；有的新任领导怕干部群众说自己没思路、没政绩、没魄力，因此想方设法打造全新的样板工程，另起炉灶成了常事，这也是很多规划和决策短命的原因。尤其是对于影响深远的公共决策，需要决策者广泛收集信息，科学理性分析，在深思熟虑的基础上做出合理决策。

决策朝令夕改有时也与领导者的决策能力有关。如果一个领导者对自己管辖的事情无法做出有效的判断，过于优柔寡断而无法下决定，或者不断修改，基本上可以从能力上判断这个领导者不适合这个职位。

对于下属来说，遇到领导决策朝令夕改常常会无所适从，白白浪费很多时间精力。如果下属遇到这种情况，可以利用下列的“RACE”四步骤来思考：（1）找寻信息（Research）：可以用问或查的办法，发现事情的状况及其前因后果；（2）分析（Analysis）：分析所有信息，也可以重新提出计划及建议；（3）与领导沟通（Communication）：提出自己了解的信息和判断；（4）参与执行，评估效果（Evaluation）：有了充足的了解，如果下属也认同领导的改变，就全心全力地执行；也可以融合自己的想法，向上级分析后建议，在计划上做调整。朝令夕改有时说明领导也没有想好，这种决策通常都还有些讨论的空间，不能只是拒绝，也不能一味接受。不用害怕向领导反映你的想法，在这个过程之中，反而是下属表现自己的机会。领导会看得出来谁是有能力做大事的人。会思考提问而不是唯命是从的下属才是领导应该重视的。

四、决策误区之优柔寡断

战国时期的《韩非子》提出“缓心而无成，柔茹而寡断，好恶无决，而无所定立者，可亡也”。意思为：行事迟疑而无法成事，性格懦弱而没什么决断，不能决断怎么样做才好，怎么样不好，国君如果有这样的性格是要败亡的。战国时代，楚国令尹春申君黄歇任职期间，有人劝他及早地把一个实力派人物李园除掉，黄歇犹豫不决，优游寡断，迟迟没有接受劝告，后来反被李园派来的刺客杀死，正所谓“当断不断，反受其乱”。犹豫是生命中最大的惰性因素。领导者迅速做出决断，很可能这就是改变命运的关键性一步，世界上许多伟大事业的成功者都属于敢想敢做的人，而有些所谓智力超群、才华横溢的人却因没有做出关键决断而终无所获。

优柔寡断有几种情况：（1）瞻前顾后，不知取舍。各种方案都是各有利弊，很难有通吃的最佳方案，此时决策者归根结底不愿意做任何舍弃，因而也无法收获，陷入“布里丹选择困境”陷阱。唐高祖李渊在立嫡问题上优柔寡断，久久不决。太子李建成与二弟李世民之间嫌隙渐生，猜忌日重，而在此过程中李渊一直采取和稀泥的态度，导致两子矛盾愈演愈烈，直至不共戴天。秦王李世民战功赫赫，他在合法夺嫡无望的情况下，孤注一掷，发动了玄武门之变，杀死太子李建成和四弟李元吉，夺得皇太子之位，并最终登上了皇帝的宝座。（2）过度收集信息。当人们面对一个复杂的、基于变量的决策时，很容易持续收集信息、寻求更多意见，或者在做决定前不停地分析。如果前期准备时间过长，糟糕的决策者就会选择延迟，好机会就这样错失了。（3）过度谨慎，不愿冒险。过度地考虑不利结果，没有勇气承担这种后果。（4）依赖他人。有些人无法独立做出决策，总在等待其他人意见，但他人意见可能并不可靠，或者有各种不同意见。

高效决策者在关键时刻知道如何独立行动。决断力能控制行动，只要敢于决断，便可以创作属于自己的奇迹。比较理想的领导决策应是“静若处子，动若脱兔”，该句原意指军队未行动时就像未出嫁的女子那样沉静，一行动就像逃脱的兔子那样敏捷。领导者不要事事都决策，而是决策在关键处发力，减少决策频率，提升决策质量。如果没有一定投入或把握，宁愿暂时不做决策，维持现状或趋势。

【案例阅读】李自成为何功亏一篑?

1644 年，从 3 月 19 日到 4 月 30 日，覆灭了摇摇欲坠的明王朝的大顺军在北京一共经历了四十二天。这是李自成领导的农民起义的极盛时期。大顺政权当时管辖的范围，包括了整个西北、华北和山东、河南两个全省，湖北、江苏的部分地区，广袤千里。然而，从 1644 年 5 月到 1645 年 4 月的一年，从北京城仓促撤退的李自成大顺军在连续遭到清军重创后，实力损失很大，士气低落。1645 年 5 月初，当李自成率余部行至湖北通山县境九宫山下，突然遭到当地地主武装的袭击。混战当中，李自成和随从侍卫被击杀。李自成的牺牲标志着大顺政权的最终覆灭，大顺军余部从此在联明抗清斗争中揭开了新的篇章。当初意气风发攻占北京城的大顺政权顷刻间就灰飞烟灭，功亏一篑，令人扼腕叹息!

李自成称帝后，实施追赃助响政策，将官绅地主推向了敌对位置。一方面采取了部分办法招徕官绅，另一方面又大范围地以追赃助饷打击这个阶层。在追赃过程中官绅们巧取豪夺所得的家赀难以保住，而且往往遭到刑拷，官绅体面扫地以尽，这对于大批归附大顺政权的官绅地主来说确实是始料不及的。官绅地主归附大顺政权，正是为了保护自身利益不惜在政治上变节，把过去痛骂的“闯贼”李自成当作新的靠山。然而，他们当中的绝大多数失望了，明朝廷中央官员被录用的占少数，地方官员由于大顺政权选用的原则是以未曾出仕的举人为重点，吸收的明朝官员所占比例很小，就整个官绅地主而言基本上处于被打击的地位。他们在饱尝铁拳之后，不胜愤慨地说：“是岂兴朝之新政哉，依然流贼而已矣。”当大顺军所向无敌时，官绅们慑于大顺政权的兵威，一般不敢公开反抗，但已经暗中“人人饮恨，未及发也”。

大顺军队领导人缺乏战略眼光，麻痹轻敌，部署失误。从万历末年起辽东的满洲贵族军事力量日益崛起，成为明朝廷棘手的课题，而明末农民战争的全过程又是同明清之战交织进行的。为了抵御满洲贵族的进犯，明朝廷多次从陕西三边抽调兵将。按情理说，李自成在西安决策大举东征，以推翻明王朝为目标时，就应当对下一步迎战清军做到胸有成竹。事实却完全相反，他几乎没有意识到清军将是同自己争夺天下的主要对手。

这首先表现在他在北京地区集结的军队不足以抵御清军大规模的进犯。大批主力部队分布在西北、湖广襄阳等地；进占山西、畿辅、山东以后，兵力进一步分散。这种部署对稳定大顺政权统治区的局势虽然有积极作用，但是分兵驻防的结果势必造成在京师和京东地区缺乏足够的兵力。例如，李自成在湖广荆襄地区部署了以大将白旺为首的七万兵马，当大顺军向北京推进时，明军左良玉部乘机进攻湖广承天、德安；河南刘洪起等地主武装也同左良玉相呼应，颠覆当地的大顺政权。白旺上书请援，李自成当即决定派绵侯袁宗第带领一支相当庞大的军队由陕西奔赴湖广先击败左良玉部，随即北上河南平定了叛乱，直到大顺军在山海关战败，袁宗第和白旺的军队仍滞留于河南与湖广。这种局部的胜利只是导致了全局的失败。白旺七万之众完全可以牵制住左良玉部，不在于一城一地的得失，袁宗第所统右营为大顺军攻城野战的五大主力之一，本应调到北京地区，等到稳定辽东局势以后再回头收拾左良玉等手下败将，是易如反掌。李自成计不出此，说明他对用兵的轻重缓急缺乏战略头脑。

占领北京以后，李自成的麻痹轻敌思想进一步暴露出来。当时他身边的军队总数大约有十万人，受封侯爵的大将有刘宗敏、李过、刘芳亮、张鼐、谷英，加上明朝投降过来的军队，兵力也还可观。然而奇怪的是，李自成在大同留下了大将张天琳镇守，在真定委任了大将马重信为节度使，唯独在京东山海关一带没有派遣“老本”嫡系大将去镇守。他的着眼点仅限于招降撤入关内的吴三桂、黎玉田和关门总兵高第，而对关外虎视眈眈的清军却置之度外。开初，李自成对吴三桂、黎玉田率领的辽东官兵和山海关总兵高第的招降进行得很顺利，吴三桂在大顺政权“许以父子封侯”的条件下同黎玉田、高第一道归附大顺政权，吴三桂奉李自成之命率部由永平府前往北京“朝见新主”；黎玉田被委任为大顺政权四川节度使。李自成在招降了辽东和关门明朝官军后，似乎认为京东的问题已经解决，对清廷出兵干涉的危险毫无认识。

他在山海关地区的军事部署只是派了几天以前在居庸关投降的明朝总兵唐通率领原部八千兵马接管山海关防务，而没有派大顺军嫡系大将出镇该地区。从他下令吴三桂率部进京和派原驻畿辅地区的明朝投降总兵马科率原部一万兵马同黎玉田一道远征四川来看，证明他根本没有料到清廷利用明朝覆亡必然有分羹之心。似乎在他看来清兵在辽东的用兵和三次深入内地都是明朝的事，大顺政权从未同清军交锋，彼此无怨无仇，可以相安无事。也许是出于这种天真的考虑，他既不派大顺军主力前往山海关一带布防，又把同清军作战最有经验和实力的吴三桂部调来北京，充分说明李自成对清军即将参加逐鹿中原的严峻形势毫无认识。即使不发生吴三桂叛变，仅凭唐通八千兵马也绝对抵挡不住清军的进犯。何况，李自成进京后，如果对吴三桂安抚得当，并立即派遣大顺军高级将领率主力协同吴军镇守山海关一带，吴三桂叛变的可能性很小，京东的局势也将比较稳定。

摘自顾诚:《南明史（上）》，光明日报出版社，2011 年版。有删节。

案例启示：

李自成入京称帝到大顺政权覆灭非常迅速，这跟李自成在政治、军事上重大决策上的失误关系密切。进京后李自成政权的角色没有顺应情境而及时调整。李自成实施的追赃助饷政策让那些投降的官绅地主感觉到不仅新靠山不可靠，而且自身利益难保，于是站到他的敌对位置上去。领导者要满足利益相关者的合理诉求，才能够取得同盟。

进京后李自成政权风险意识没有时刻保持，对敌我力量对比缺乏清醒认识。军事部署没有抓住重点，旧臣降将没有合理安抚，导致吴三桂再次叛变，以及其他军队投靠清军，军事上忽视清军的威胁以及轻信前朝降将，军事布局失误，所有这些，体现了李自成政权陷入急功近利和忽视事业长远发展需要的决策误区。

C H A P T E R 0 9

第九章

领导决策风险

如果说决策误区具有相对的主观性，属于较长时间形成的错误认识或错误做法，经过调整是完全可以避免的，那么决策风险是既包括主观也包括客观的因素，是某一特定环境下，在某一特定时间段内，某种损失发生的可能性，有时候不容易避免。

第一节　识别领导决策风险

如果将常规性的管理活动与变革性的领导活动分开，领导决策属于领导活动，本身就充满了不确定性，不确定性意味着风险。领导决策风险是在领导决策活动中，由于主、客体等多种不确定因素的存在，而导致决策活动不能达到预期目的的可能性及其后果。

一、领导决策风险的发生

决策风险是一种可能性，既可能发生，也可能不发生，发生的决策风险包括决策偏差和决策失败两种情况。

决策偏差是在感知、判断或选择等环节中，人类的认知与客观事实存在着差异。它主要是在决策过程中发生的决策风险。李斯是辅助秦王嬴政横扫天下的政治家，作为丞相的他在秦始皇沙丘病逝之时，错误地选择跟宦官赵高合作，推举公子胡亥为帝。这一决策无疑是与虎谋皮。赵高深谙权术，当时抓住李斯贪慕功名的弱点，说服李斯与自己同流合污，假传圣旨将太子扶苏赐死。李斯一念之差不仅葬送了秦朝的前途，而且落得自己被腰斩并被三族灭门的悲惨命运。

决策失败是决策后果未达到预期效果，或者虽达到预期效果，但同时带来未曾预料到的较大危害的情形。它主要是从决策结果角度来审视发生的决策风险。孟良崮战役是国共内战期间，华东野战军与国民党军在沂蒙山区进行的一次大规模战役。两军开战后，张灵甫率领国民党军整编第七十四师在缺乏两翼掩护的情况下孤军深入，这一决策让他一进入战局就非常被动，在意识到进入解放军包围圈有被围歼危险后，第七十四师进入了孟良崮一带，准备依据山地有利地形坚守待援。可是这次张灵甫又选错了地点。孟良崮地形崎岖不平，第七十四师机械化部队在山地难以发挥其特点，很多重型武器由于受机动影响，没有用上。还有山上缺水，一旦围困，官兵无以为继，弹药也没有补充，势必军心大乱。最后在援军无望的情况下，第七十四师被完全消灭。孟良崮战役成为国共双方在华东前线的重要转折点。

二、领导决策风险的来源

1. 来自领导者的风险

领导者角色不当会导致资源分配扭曲。组织中的决策权不是平均分配的，而是掌握在少量核心成员手里的，这些掌握资源分配权力的人就是领导者。距离权力越近，在资源分配上就占有越高的优先级。在当代中国，商界精英们向政治权力靠拢的趋势明显。政治权力把很多关键资源控制在自己手中，而这些资源正是商界精英想要得到的。改变以政治权力为核心的财富分配体系是当务之急。

集体决策虽然可能更加严谨，但也有一些缺点，比如观点相异相持不下导致决策分歧。在企业界，那些技术出身的领导者更倾向于看技术领先程度，然而，技术前沿固然重要，但决定胜负的却是市场。技术不等于市场，更不能代替市场。技术的领先只是为市场创造了条件，但市场认可不认可还有许多因素起重要作用，比如价格、服务质量、成本等。1994 年，联想集团的发展蒸蒸日上时，发生了一起“柳倪之争”，擅长组织、管理和市场的总裁柳传志主张发挥中国制造的成本优势，加大自主品牌产品的打造，一向力主自主核心技术的总工程师倪光南坚持认为联想应当全力进军核心技术，选择芯片为主攻方向。最后联想选择了“贸易”“制造”“技术”的发展优先次序，并循着这一发展思路逐步成长壮大。当时两人的争论代表着“中国制造”走到一个十字路口时的彷徨与争执。

集体决策有时还会产生群体迷思问题。群体迷思是由于群体压力或是从众效应的影响，使得集团中的决策一面倒地倾向主流或领导者的意见，反而使得决策变得不理性和不周全。美国政府在古巴“猪湾事件”中的决策过程就存在群体迷思。“猪湾事件”是指 1961 年美国政府旨在对付古巴卡斯特罗政府而实施的一项失败的秘密军事计划。当时美国政府训练了一千多名古巴流亡分子，并且让他们全副武装乘坐登陆艇在哈瓦那附近的猪湾上岸，想要制造内乱推翻卡斯特罗的政权，由于整个军事行动策划草率，这些流亡分子只撑了 3 天就以惨败收场。在最初谋划这个军事行动的决策会议中，有某些专家并不赞成这个冒进的计划，由于整个会议的决策气氛是倾向入侵古巴，因此这些人最后并未提出异议，最终使得这个冒进的决策成了定论。

2. 来自被领导者的风险

领导决策要考虑下属的感受，切忌好心办坏事。根据投射作用，人们倾向于按照自己的想法来知觉别人。如果你是诚实之人，你会想当然地认为别人同样诚实可信。某学者型官员调任某县担任县长，他以学者出身的习惯让全县干部人手一册笔记本记录自己的工作与读书心得，这是借用研究所用的“工作日志”法。这种做法本来没有错，但由于基层干部们普遍没有这个记录习惯，当他发现很多人没有按照要求来记录的时候，便开始建立严格的制度，逼迫大家必须记，否则就要接受处罚，引起干部们反感。于是有人反映到上级，上级组织部门派人前来考察时，干部们众口一词说他不好。当然，下属呼声很高的事情不一定合理，领导者要从整体上分析各种利弊得失，不能被下属意见绑架。

3. 来自决策方案的风险

决策方案一般要经过特定决策程序，采用正确方法，才能最大限度地保证不会偏离目标太远。一个不完备的决策方案，很难有效解决问题，并可能带来新的问题，甚至产生突发事件。第一次世界大战之后的凡尔赛会议是帝国主义分赃会。对德和约是会议讨论的中心问题。法国总理克里孟梭（Georges Clemenceau）力求最大限度削弱德国，重建法国在欧洲的大陆霸权，英国首相劳合·乔治（David Lloyd George）竭力主张削弱德国海军，剥夺他的殖民地。由英法主导的凡尔赛和约对德国提出非常严苛的限制。德国被逼得没有办法，走上法西斯主义，由此拉开“二战”序幕。也就是说，凡尔赛和约是“二战”罪恶的始作俑者。再往前追溯，凡尔赛合约的源头是普法战争，普法战争之后德意志对战败国法国的处理太过残酷，至此德法结下世仇。

4. 在不确定性环境的决策风险

风险型决策与不确定型决策都是在环境的不确定下的决策。前者是指一个方案可能出现几种结果，但每种结果出现的概率大概知道。后者是指一个方案可能出现几种结果，但每种结果的概率不知道。对于新兴科技产业是否都要坚持投入以及如何投入，都存在很大的不确定性。比如对核电、磁悬浮、超高压输电的争议很多，投入大笔经费但短期内看不到直接的经济社会效益。它们可能都应该坚持投入下去，但未必现在就应该大力发展，因为前景不清，环境、经济、社会效益不明。此前中国的风电和光伏产业在条件不成熟时过度发展，加上一些地方政府的盲目财政支持，造成这些新兴产业生产过剩，对经济转型升级和发展质量造成一定压力。

5. 在博弈情境下的决策风险

领导决策中要有博弈思维，不能静态地看待事物。对对手策略的判断是决策的重要考量因素。博弈论是研究个体或组织之间存在利益冲突情况下如何进行最优决策。个体理性决策常常导致集体非理性结果。有些决策风险来自竞争对手，比如对中国企业来说，经营中一个很大的问题是因为缺乏强有力的知识产权保护，导致花费很大代价研发的新产品在市场上很容易被竞争对手仿冒，追究责任却非常困难，就这样形成“劣币驱逐良币”的局面，因而很多企业没有积极性去做前沿性的研发。

很多公共政策都是各方博弈的结果。由于中国在改革开放之后形成“地方竞争”格局，在涉及地方切身利益的领域，地方都积极争取。这种竞争行为如果过度，会带来政策失当和资源配置扭曲。比如水电工程建设这类重大工程要分阶段科学进行，但各个电力公司都在抢地盘。本来一个水电站理想的立项过程是政府行为，这个程序应该是有规划的，要立项，立项后做可行性论证报告，国家批准可行性报告，决策之后开始招标。现在都是企业占领了地盘，企业在出这个前期的费用。此外还关系到中央、省市县的政府层级关系。利益主体多了，原本严谨的程序就出现了博弈关系。高铁项目也是如此，一些地方政府出于政绩考虑，千方百计吸引在本地建设高铁站，民间呼声在其中也起到不小的作用。铁路部门的铁路走向决策相当大程度上成为各方博弈的结果。

在博弈决策前，领导者要弄清楚如下事项：（1）博弈是一次博弈还是多次重复博弈。要想长久地兴旺发达，就必须把绝大多数博弈当成多次重复博弈。凡是目光深远之人，莫不如此。（2）揣测对方是否足够聪明睿智，是否也能明白博弈的性质。要有充分的防范之心，因为别人可能会把博弈当成一次博弈，如果出现误判会有很大损失。（3）揣测对方可能采取的策略。如果遇到无法避免的一次博弈，要选择相应的策略。搞清楚博弈究竟是一次博弈还是多次重复博弈，是很重要的，因为两者的最优策略完全不同：一次性博弈可以不择手段，而多次重复博弈要遵守规则和道德，才能成为长期的胜者。

三、决策风险产生的根源

由人来进行的决策只能尽量减少风险，无法完全避免，因为人类的理性是有限的。决策理论大师赫伯特·西蒙（Herbert Simon）提出经典的有限理性理论，即现实生活中作为决策者的人是介于完全理性与非理性之间的“有限理性”的“管理人”。“管理人”的价值取向和目标往往是多元的，知识、信息、经验和能力都是有限的，错误是不可避免的。西蒙提出，要重视心理因素、人际关系等社会因素在决策制定中的作用。哈耶克（Friedrich August von Hayek）从知识论的独特角度推进了人们对“有限理性”的理解。（1）就人与人相互关系而言，知识是分立的，因此对于单个决策者而言，必然处于“无知”状态；（2）就人与其自身所拥有的知识关系而言，我们掌握的很多重要知识恰恰是默会的知识，即“只可意会不可言传”；（3）就人与社会知识的关系而言，个人有时甚至处于根本无知的状态。既然任何人都不知道谁知道得最清楚，并且我们能够找到的唯一途径就是通过一个社会过程使得每个人在其中都能够尝试和发现他能够做的事情。

人类的无知状态充分体现在对转基食品这类事物上。对转基因食品可能带来的风险，社会各界认识非常不统一，支持者与反对者立场截然对立。一些权威机构声明，经过安全论证的转基因产品与传统农产品一样安全。但有很多论者认为这并不代表其没有危害，即使现有科技水平无法证明转基因食品的危害，或许经过若干年之后这种危害才暴露出来，因此人类对转基因的推广食用一定慎重。转基因、核能源等涉及人类重大安全甚至整体命运的领域，若采纳会缓解食品、能源等相关领域的供应紧张的局面，但在现有技术条件下无法保证绝对安全。对该类问题的决策属于事关国家和世界命运的重大决策，充分显示了人类理性的限度。

社会发展的不确定性很多，只有极少数先贤才能够看清楚未来。比如中国大城市的发展规模似乎超过人们的预料。比如大城市修路，不仅城市规划的设计人员要很有远见，关键是拍板的领导者要有魄力。不然就算设计人员建立了再多的数学模型，列出了再巨大的车流量，能够决定是否拨款的领导者也会比较慎重，因为面临经费的压力、拆迁的压力、预期车流量的不确定性等。新中国成立后在 20 世纪 50 年代北京的城市规划方案中，北京市委对长安街宽度的规划是不少于 100 米，最终划定为 120 米，这一规划被当时一些中央部门和规划人员批评为“大马路主义”。1956 年，时任北京市委第一书记兼市长彭真在市委常委会上坚决表态：“你说我是大马路主义，我说你是小马路主义。将来的问题是马路太窄，而不是太宽，现在北京的汽车还不太多，等你们这些年轻人到八九十岁，北京有几百万辆车的时候，再看谁对谁错。”后来长安街在承担政治功能的同时，还是一条繁忙的交通干道。若抛开新中国成立后对北京城市规划利弊得失的争论，现在单看长安街宽度的超前规划与现在的车流，应该说决策者是比较有远见的。

组织文化与组织能力制约往往也是产生决策风险的一个因素。文化比较保守的组织在应对创新事务决策的时候往往力不从心，封闭文化下也很难开放心态欢迎异己意见。中国各级政府有很强的资源组织能力和实施能力，这对搞硬件基础设施建设很有效，对于短期综合性项目，如奥运、世博也有效；但对于需要长期运作并充满投机等各种风险挑战的资本市场制度与环境建设而言，政府的动员能力是捉襟见肘的。对这类软事务，需要的是“无为而治”的耐心和文化营造而不是集中力量办大事的雄心壮志，如果决策方法不对会适得其反。在这方面有些地方政府领导者的能力尚有很大提升空间。

第二节　规避领导决策风险

风险无处不在，领导决策主要不是为了杜绝风险，而是为了降低风险发生的概率，同时努力提升组织承受风险的能力，在风险发生时不至于对组织造成致命打击。

一、规避来自领导者的决策风险

最高领导者要先从日常管理中脱身，集中全力做好决策，才能成为合格的决策者。对领导者来说，是工作内容定义了自己的身份，而不是岗位定义了自己的身份。决策者可能永远无法获得决策事项的所有资料，经常要在不确定性的情况下做出选择，不确定型决策有时要靠直觉。但是决策又必须保证尽可能有效，否则宁肯不做决策。这种矛盾的处境，需要决策者不断反思，事先做好决策准备，做长远的决策，少做短期的、不必要的决策。

领导者应是性格比较完善的人，才能在做决策时把握风险，提升决策准确度。明朝末代皇帝崇祯虽然勤政节俭，希望力挽狂澜，但性格上具有刚愎自用、猜忌多疑、刻薄寡恩的缺陷，导致他在处置一些重大问题时连连失误，丧失了许多为王朝拼死效力的文臣武将，摧残了帝国的肌体，加速了帝国的灭亡。比如，他不放心手握重兵的边关将领，派宦官前往监视，对监视宦官也不放心，就派人前去监视太监，层层监视，明监视又加暗监视，臣下对此心里都清楚，整天提心吊胆，不求有功，但求无过而人人自危。

二、规避来自他人的决策风险

领导者在决策中要关注下属对决策可能的反应，如果不考虑这一因素，可能会因为下属的反对而导致失败。有些领导者“一言堂”作风严重，有些决策中考虑不周全而损害下属利益，都会挫伤下属的积极性，容易引发群众不满，甚至上访告状等事件发生。

决策信息来源要准确而畅通，没有真实的信息来源对决策者来说是致命的。“CEO 病”是“情商之父”丹尼尔·戈尔曼（Daniel Goleman）在一篇文章中命名的，症状是在患者周围，形成一个巨大的信息真空。他不知道组织内和组织面临的环境的真实情况，以及组织内的其他人对自己的真实想法。因为为了讨好领导，下属一贯有报喜不报忧的习惯，所以领导者对下属提供的信息，要睁大眼睛，认真识别，不能盲目轻信。破解真话困境是领导干部减少决策风险必须解决的现实课题。有民谣“村骗乡，乡骗县，一直骗到国务院”。用夸张的方式凸显了领导干部不听或者听不到真话、群众不讲或者不愿讲真话的危害。1840 年开始的鸦片战争，清朝失败固然有军力薄弱、指挥不力等原因，但瞒报信息也是直接原因之一。在战争中，清军从上到下，自始至终都存在严重的瞒报问题，这导致了一个很可怕的局面：各级官员不肯把前线真实的情况告诉道光皇帝，也不敢汇报英国人的真实要求，以至于在鸦片战争开打了很长一段时间，皇帝还不知道英国人为什么开战。英军在战争中全程都是在压着清军打，但是在皇帝接到的奏折里，战争初期却全是清军大获全胜的喜报。在这种完全的信息真空中，道光皇帝也就不可能对前线下达正确的命令。

社会学上有个“阴暗面的放大效应”，指一项决策哪怕是99%的人赞成，其声音也是沉默的，不会主动反映好处；而1%不赞成的人会不断发出声音，把阴暗面放大了。因为赞成的人基本上采取默许的态度，或者不需要表态，而反对的人更倾向于表态。因此领导者在做决策时，有时要做好关键少数反对者的工作，这些人的工作一做通，决策便可顺利推行。

领导者在决策中要关注相关者的意见，必要时给予吸纳，不能一味固守己见。新加坡一向以法律极为严苛而著称。在1993年，15岁的美国学生迈克菲在新加坡涂鸦，被法官判处鞭刑6鞭。当时的美国总统克林顿出面求情，新加坡总理吴作栋经过慎重研究，做出一个巧妙的决定，把迈克菲从6鞭减为4鞭。吴作栋的这一决策，既保住了国家法律的尊严，又给了克林顿总统一个人情，避免了与当时正如日中天的唯一超级大国的正面矛盾，可谓一箭双雕。

值得领导者注意的是，有些决策风险还来自人为因素。有些单位会不时传出一些不利传言，对某些领导的决策造成被动局面。这些传言一时真假难辨，或者当事人一时无法澄清。传言产生之后，形势很不明朗，大家可能都处于观望中，对领导者决策工作造成严重干扰。如果传言局限在单位内部还是可控的，一旦传到网络上甚至媒体上就会成为大事。一旦传言达到一定传播范围，领导者就不能置之不理，而要尽快干预，比如调查传言的来源、核实传言的真实性、防止。如果传言是真的，就可能对领导者决策工作造成实质性影响；如果传言是假的，就要立即在适当场合予以澄清；如果查明虚假传言来源，要对发起者与恶意传播者进行谈话警戒。

三、规避来自决策方案的决策风险

正确的判断是经验的结果，而经验是错误判断的结果。领导者在做决策时可以依靠经验，但是绝不能盲目依靠经验，正确决策更多的时候需要实践进行检验。《伊索寓言》中讲了“驴子渡河”的故事。主人要求驴把盐驮到河对岸，驴不小心滑到了水里，爬到岸上时，盐变轻了。第二天，驴想上次掉进水里身子变轻了，这次也会吧，于是，驴就跳下河去，果然盐变轻了许多。有一次主人要求驴驮海绵到河对岸，驴以为跳下河会使驮的东西变轻，于是就跳下河去，结果差点淹死了。盐放进水里，被溶解了，所以变轻了。海绵放到水里，吸进水结果变重了，就沉下水里。

决策很多时候都是选择与放弃，决策都会面临风险，如果很单纯地确定结果，那么只能说是决定。如此，风险必定伴随决策，扩大信息源和增加信息深度用来降低风险。比如大城市流行的垂直绿化、屋顶绿化等，看起来是一种形式多、占地少、见效快、绿化效率高的现代流行的绿化方式，解决了绿化空间不足等问题。但是若做不好则更不环保，比如费水、费人工，每天都要浇水、松土，存在养护成本高、成活率低、有安全隐患等问题。因此，对这种流行趋势要进行综合分析，环保的效果与用水与人工费用等相比进行综合分析。

有些决策难度特别大，比如社会制度变革、危机决策、创新性重大工程、科技创新项目等，它们被称为不确定型决策，是指决策者面临可能出现的自然状态有多种，各种自然状态出现的可能性也无法做出主观的分析和估计的决策。由于非常规性决策的不确定性，领导者在决策过程中对其发展条件、影响因素等不能完全控制，只能对发展的可能性进行概率性统计。规律性越强的事务，决策相对越容易。埃及阿斯旺水坝的建设自 1960 年开始，历时 10 年，耗资 9 亿美元。这座水坝位于开罗以南900公里的尼罗河畔，是世界第二大人工湖，吞下尼罗河的全年径流，实现河水多年调节，使埃及的粮食基本自给自足。但是，阿斯旺水坝的建设却产生了一系列无法挽回的影响：严重威胁到岸边的历史文物，有不少古迹神殿沉入湖中。由于大坝设计的时候对环境保护的认识不足，大坝建成后在对埃及的经济起了推动作用的同时也对生态环境造成了破坏。对这些没有先例的事务，规律无法摸清，只能摸着石头过河，尽可能慎重决策。

四、规避来自决策过程的决策风险

决策出现偏差，要反思决策过程。决策过程的基本要求是民主化、科学化，以往国家的各项政策贯彻落实时，最容易出现偏差或难落实的现象，主要原因是国家战略目标确定后，在策略和措施上研究不够，大道理从“部长讲到村主任”，思考和研究措施、策略的却很少。

政府在出台涉及群众切身利益的政策或重大项目的立项时，要主动而且充分地考虑群众利益，维护好、发展好群众最直接、最关心、最现实的利益应该成为一切决策的刚性约束。利益是人类为了生存和发展所必须具有的资源与条件。当人的需求没有受到限制时，资源与条件并不表现为利益。现在部分群众对自身利益高度敏感，算得很精很细，稍有触碰就会开出很高的价码，因此做基层群众工作需要更加耐心细致。

领导要多进行民主决策。民主决策的对象包括下属和群众。下属往往了解基层情况，而且下属负责执行，因为要征求他们意见；群众是公共政策的主要受益者，政策有时候还要以群众的直觉，以群众的生活经验来决策，这样决策会有很好的微观基础。公共决策出来以后，最后还是要落实到群众身上，如果群众支持政策，就意味着政策获得了广泛的认可。多数群众不愿意的事情最好不要做，就算是做也得先做通群众的思想工作，慢就慢一点，以积累群众的不满为代价去做政府自认为正确的事很不值得。

领导者要多进行科学决策，包括科学的理念、科学的方法、科学的措施等。专家可以在一些专业性较强的领域发挥智囊作用。政府大量委托外部专家开展宏观战略和规划研究，使政府从自己不擅长的专业性研究中解脱出来。过去战略与规划是政府部门自己做，但他们主要忙于内部事务管理。而战略与规划又是涉及面很广的问题，如果没有专业人员参加、时间不够，就起不到指导作用。在专家为政府做战略与规划时，有关资料的调查，以课题组名义发放问卷和以党政部门名义发放问卷的效果大不一样。政府还常常把一些专业化、基础性的工作外包给社会专业力量，可以最大限度地利用社会人才资源。

对于重大决策，还要经过风险评估、跟踪反馈和必要的责任追究。凡是有关经济社会发展和人民群众切身利益的重大政策、重大项目等决策事项，都要进行合法性、合理性、可行性和可控性评估，重点是进行社会稳定、环境、经济等方面的风险评估。要把风险评估结果作为决策的重要依据，未经风险评估的，一律不得做出决策。通常由项目主办方来组织风险评估，经费由项目中开支。在重大决策执行过程中，决策机关要跟踪决策的实施情况，通过多种途径了解利益相关方和社会公众对决策实施的意见和建议，全面评估决策执行效果，并根据评估结果决定是否对决策予以调整或者停止执行。对违反决策规定、出现重大决策失误、造成重大损失的，要按照谁决策、谁负责的原则追究责任。

第三节 如何面对决策偏差

无论如何防范，有些决策风险还是会不可避免地发生。本节聚焦于一旦发生决策偏差和决策失败等情况，人们所用来处理的方法。

一、对决策偏差的纠错

根据公共选择理论的假设，当今的公共组织都是层层授权的模式，无论是决策还是执行一般都要经历各级官员不断转化、扩展和变通的过程，各级官员的差异化的动机和利益目标、认知模式，以及信息自身的差异和不确定性导致上级权威的流失。结果一项决策与执行往往最终成为综合了众多层次官员彼此不同乃至相互冲突的目标、利益和认识的复合体。至于这一决策与执行结果最终是否符合决策的初衷，反而没有人再去关心。基于上述假设，对决策偏差结果的纠正至少包括两种时候，一种是中间过程检查，另一种是最后回顾总结。无论什么时候，一旦发现问题就要及时纠错，纠错措施包括：减缓、中止和补偿。

减缓措施，适合弊稍大于利，或者形势有所改变的情况，可避免急刹车带来的冲击。“一次良好的撤退，应和一次伟大的胜利一样受到奖赏。”新中国成立之初，在自身财力紧张、物质匮乏的情况下，对第三世界友好国家慷慨解囊，大力援助。尤其是“文革”期间，在极左思想支配下，中国对外援助支出猛增，而且基本上是无偿的或者无息的。这种单向的、条件优厚的付出，显然已经超过了国力所能负担的程度，纠偏势在必行。到了“文革”结束后，中国援外进入战略转型期，超出国力的对外援助开始踩刹车，中国对外援助开始注重平等互利共同发展，优惠贷款逐渐成为主要形式。新中国对外援助的历程，经历了从政治挂帅到经济先行，从狂热援助到量力而行的逐渐发展过程。

中止措施，适用于那些发现明显决策错误，再继续下去会造成更加严重的损失的情况。20 世纪 90 年代中期，韩国三星集团董事长李健熙（Lee Kun-hee）宣布三星将进入汽车市场。实际上当时汽车市场已经严重供大于求。三星汽车刚刚投产上市不久，1997 年下半年，一次规模空前的经济危机席卷了韩国乃至整个东亚地区，导致韩元大幅度贬值，进口原材料价格猛涨。此时韩国国内对小轿车的需求量也因此大大减小，从每年 13%的增幅（1990—1995 年）下降为 4%。经济危机和在汽车业的惨败让三星资金链近乎断裂，三星汽车再继续维持下去对三星集团会造成更严重的拖累，于是三星断然决定剥离非核心业务，三星汽车便是被剥离的业务之一。此次决策失误以 2000 年法国雷诺出资收购了三星汽车 70% 的股份而告终。

补偿措施，适合那些给相关人士带来无辜损害的情况。决策有时还会涉及给他人造成损害的事项，需要做出一定的补偿。比如各地机场一般都修建在离居民区比较远的郊区，但快速城市化的发展使得城市规模越来越大，有些机场周围已经开始产生一些住宅，少数外围缺乏空余土地的城市更是如此。飞机起飞、降落都是会发出巨大的声音，这些声音不仅仅会影响到附近居民的生活，也会对他们的听力造成一定的影响。有些机场就已经被动或被法院判决给周围被影响居民提供一定的补偿。

二、领导者要敢于担当

领导者敢于担当意味着愿意承担责任，这也是很多智囊人物无法担任主要领导的重要原因之一。责任在领导学中有两个意义：其一是领导行为符合道德伦理；其二是领导者为自己的行为承担责任，无论行为是否正确。责任是对其他人的需求和处境感同身受，决策时能够兼顾他们的利益和需求。责任最基本的体现是把自己职责范围的事情干好。

领导者敢于担当的表现，是对有些模糊范围的职责，必要时也要勇于承担。有些工作介于不同部门或职位之间，有些工作属于非常规工作，没有具体负责人，这时候就看哪个部门或人员有担当精神，将这些事务主动承担下来，并且能够认真完成。组织或社会的运行都需要一大批甘于奉献的人，从合理的制度安排角度来说，这种奉献不应是完全无私奉献，而是个人收获与组织或社会受益相结合。

领导者敢于担当的心理基础是对决策事务的敬畏之心。首先是尊重决策事务。认真对待每一个决策事项，按照民主化、科学化的原则来进行，不可随意地进行决策。其次是畏惧决策事务。领导决策的影响面一般比较大，一旦决策失误，就可能造成不可弥补的损失。心怀畏惧之心，就会慎之又慎。

领导者敢于担当，就要从事情本身出发来考虑工作如何开展，而不一味地服从上级的指示、文件和各种规则。在实际工作中，人们经常被规则与变通困扰。比如面对新出现的工作或现象，没有固定的法律法规和流程规则，在这种情况下，如何来决策与执行？首先，规则是必要的，规则给予人们确定的预期；变通也是需要的，它弥补了规则天然的缺陷：局限性、滞后性、普遍性与独特性之间的矛盾。其次，规则与变通都不是最重要的，因为它们之上还要服从一个更高层次的东西——原则。有时候为了坚持原则而坚持规则，有时候为了坚持原则而进行变通。再次，变通的依据也要明确，不能乱变通。最后，变通最后还要形成新的规则，将合理的变通固定下来。因为现实在不断发展，变通最后还要形成新的规则。

领导者对上级敢于担当，就是多汇报，少请示。领导者遇到不确定性较强的事情不请示上级，敢于自己做主，其实也就是敢于承担责任。下属认为是整体而重要的事情对上级来说可能只是更大系统中的局部，作为具体负责人就要把这个大系统中的局部事务独立地全面负责起来。多汇报，是让领导知道自己在干什么，重要工作进行到哪一步了。少请示，是因为领导工作很多，往往并不非常清楚下属做的具体事情，所以请示时让领导表态是难为领导。一个好的领导，应该是工作放手让下属去干，在下属遇到关键环节和重要难题时介入即可。所以下属一般只有在工作中遇到上述两种情况下才向领导请示。

领导者对下级敢于担当，就是多担责，少揽功。领导者与下属之间是合作共赢的关系，下属为领导者拼命工作，领导者也要呵护下属。领导者勇于为犯错误的下属承担责任，在短时间内会吃亏，也让其他一些人无法理解，但日久见人心，时间长了周围的同事，尤其是下属，会把领导者的这份恩情记在心里，会更加认同和追随领导者。做下属的最担心的就是做错事，特别是花了很多精力却又出了错，而在这个时候，领导说“一切责任在我”，对下属来说如沐春风。

三、组织要有容错机制

道德和自律对领导决策会起到一定作用，但它们并不总是对领导决策产生作用。任何领导者都有本能的自我保护，因此与其让人担当，不如让制度担当更可靠。上面讲到对领导者来说，决策中要敢于担当，而对组织来说，要有容错纠错机制来为领导者决策保驾护航，增强领导者在改革创新过程中的决策自信，提高决策水平。

如果制度没有激励性，人们行为就会选择自身利益最大化或损失最小化。甲午战争期间，日军在旅顺口登陆，之后在海岸活动十几天，附近驻扎的清军居然没有一点反应。理由很简单，谁发现日军，谁就要去狙击，以此前的战役来看，谁去狙击谁就是送死。如果装聋作哑没看见，最多只是玩忽职守。两者孰轻孰重，清军将领心里清楚。同样，如果没有合理的容错机制，一旦犯错就处罚，就没有人愿意去承担。

对没有前人经验的大事难事的决策，组织上要能够容错，因为这类大事难事的不确定性很大，由于经验不足、意外事件、不确定性等诸多原因均可能导致决策失败。当中国改革已经进入深水区的时候，很多事情都是从未经过的，因此容易犯错。要激励各级领导干部开拓创新、勇于担当，愿干事、敢干事、能干成事，建立合理的容错机制迫在眉睫。容错机制可包括如下一些内容。

1. 评价标准

对一位领导者决策的科学评价标准可参考如下几个方面进行综合考量：（1）出发点，领导者该项决策的出发点是积极的，从决策当时来看并无太大过错；（2）决策程序与方法，决策程序符合要求和规范，并且运用民主、科学的决策方法；（3）作为，领导者在决策和实施过程中努力的程度较大；（4）善后的工作，当发现出错之后，能够积极纠正，减少损失；（5）没有触犯底线，其相关行为没有触犯“三条线”——道德底线、法律红线、党纪高压线。如果领导者在决策中符合这几点，不应该因为决策失败对其进行处罚。

2. 容错程序

建立容错机制是为鼓励创新、宽容失败提供重要的制度保障。改革创新决策中可能产生错误的认定主体，根据事项本身特点，由本单位领导、上级单位、行业专家、群众代表或市场评价等多主体相结合。认定错误的部门和程序，一事一议和制定通用标准，评价原则和具体标准，这些也需要予以明确。总之，上述程序都应在科学论证的基础上公开透明，接受监督。

3. 容错等级

在实际中，为确保某些决策工作的顺利进展，还可以分为一级容错机制、二级容错机制甚至三级容错机制等，根据不同容错等级划分采取相应的应对措施。比如对于暂时无法完全执行到位的良好政策，可规定一个过渡期，在这期间对违规者化为三级容错，只提醒谈话、诫勉谈话等而不具体处罚。

4. 容错氛围

建立容错机制，还需要全社会范围内对决策风险的承认，对能够正常范围内的决策偏差能够容忍。另外需要注意的是，社会不能被传统媒体与网络媒体绑架，传统媒体有自己的生存之道，有时为了吸引公众吸引力而策划的新闻不一定全面，网络媒体上更是充斥着各种极端和负面言论，对这些新老媒体的观点要有所鉴别，不可盲目跟风，必要时也要做出舆论引导。

第四节　危机事件与决策风险

危机事件属于决策者需要面对的突发性风险。危机事件是风险的集中体现，它的爆发具有一定的偶然性，人们事先往往难以准确估计到，无法迅速找到根源，难以准确判断事态发展方向，但又需要立即做出决策。有些危机事件是由于领导决策风险带来的。另一些危机事件虽与领导决策无关，但需要通过领导决策予以及时解决。

一、危机三阶段与决策风险

制度与流程是领导危机决策的基础工作。危机的一大特点是不可预测性，因此不少人容易忽视危机管理的制度与流程建设，认为即使平时把这类基础工作做得再扎实，到危机时刻还是用不上。危机时固然不可能完全按照预先设计的方案操作，但是如果预先有方案，并且按照方案进行过处置演练，当危机发生时就至少会有部分流程可以按照方案处置，为危机事件成功处理赢得更大的机会。

危机管理一般分为危机预警、危机控制、危机善后三个阶段，下面按照这三个阶段揭示在危机事件中领导者的决策特征。

1. 危机预警阶段与决策风险

预警是指在灾害或其他需要提防的危险发生之前，根据以往总结的规律或观测得到的可能性前兆，发出紧急信号，报告危险情况，以避免危害在不知情或准备不足的情况下发生，从而最大限度地减轻危害所造成的损失的行为。危机预警阶段分为三种途径。

（1）预警。源头治理是最好的危机管理。应急管理不能仅仅盯住在出事后如何做，如果能事前避免最好，损失也最小。在春秋时期，魏文王曾求教于名医扁鹊："你们家兄弟三人，都精于医术，谁是医术最好的呢？"扁鹊："大哥最好，二哥差些，我是三人中最差的一个。"魏王不解地说："请你介绍得详细些。"扁鹊解释说："大哥治病，是在病情发作之前，那时候病人自己还不觉得有病，但大哥就下药铲除了病根，使他的医术难以被人认可，所以没有名气，只是在我们家中被推崇备至。我的二哥治病，是在病初起之时，症状尚不十分明显，病人也没有觉得痛苦，二哥就能药到病除，使乡里人都认为二哥只是治小病很灵。我治病，都是在病情十分严重之时，病人痛苦万分，病人家属心急如焚。此时，他们看到我在经脉上穿刺，用针放血，或在患处敷以毒药以毒攻毒，或动大手术直指病灶，使重病人病情得到缓解或很快治愈，所以我名闻天下。"魏王大悟。由故事可见，最有智慧的领导者是能够防微杜渐的，及时发现问题的苗头并将其消灭在萌芽状态。

（2）评估。评估是危机预警阶段的重要措施，大型项目必须进行风险评估。从评估主体来看，目前，社会稳定风险评估的主要原则是"谁决策，谁评估，谁负责"。政策制定者既当运动员，又当裁判员。虽然决策、评估者也是责任人，但这并不能充分发挥评估的制衡作用。从评估客体来看，在实践中，社会稳定风险评估的客体均为涉及国计民生、事关公众福祉的重大行政政策。它们的出台可能会引发现有利益格局的调整，引爆社会矛盾，导致群体性事件发生。

（3）演练。决策过程运转需要一定的时间，在一定时间内决策者可以做出相对合理的决策。然而危机事件的一大特点是需要立即做出决策，因此提前进行演练模拟显得格外重要。提前演练可以让真正遇到类似危机时缩短决策过程，减少决策时间，做出高效决策。

2. 危机控制阶段与决策风险

突发事件时的决策主要关注结果的有效性。领导者处理问题往往需要既合理又有效，越是长期的决策越要注重合理性，越是短期的决策越是要注重有效性。面对突发事件的当场处理就不要过分追求合理，只要平息就是有效。处理过程中出现的某些不妥善之处，可以在事态平息后再去补救。

危机处理不仅仅利用内部资源，还可以放眼外部来借助资源参与解决。在自然灾害危机中，有时可以借助市场的力量一起处理危机。2005年11月，中石油吉林石化公司双苯厂发生爆炸事故，事故产生的主要污染物苯、苯胺和硝基苯等有机物随事故排出的污水进入松花江，导致哈尔滨市全面停水。事件发生后，短短4天时间整个城市组织进来12000吨饮用水，其中政府组织2000吨，10000吨都是民间的。这种看得见的民间力量主要来自利益驱动，当然也有一定的道德，但主要是利益。这等于让市场这只无形的手的力量帮助政府去解决困难。所以危机时一般说打击哄抬物价，但也是可以借助市场力量的，关键是控制力度，而真正应该打击的是制假、造假、坑蒙拐骗。[①]

危机的到来，各种消息会以不同的渠道在社会迅速流传，很容易造成恐慌或混乱。“真相还在系鞋带时，谣言已经跑遍全世界。”谣言是真相迟到的产物，因此危机中媒体沟通是非常关键的一环。在群体性事件中，当群情激愤之时，官方寥寥数语的简略通报很多时候就显得苍白无力。此时官方切忌自说自话，而要真诚地向公众提供关于事件的清晰透明、真实可信的信息，形成与公众的有效沟通。传统观点认为，官方处置突发事件有“黄金24小时”之说，即在事发24小时内发布权威消息主导舆论是平息事件的关键。但是到了移动互联网时代，各种消息通过微信、短信、网

① 朱文轶：《做官：13位中国官员应对危机之道》，广西师范大学出版社，2010年版，第14—15页。

络论坛等通信方式迅猛传播。因此传统的“黄金 24 小时”法则渐显无力，人们把此前 24 小时减去 20 小时，变成“黄金 4 小时”。公共危机事件中新闻发布要具及时性，政府要第一时间发声，政府要第一时间处理问题，做突发事件的“第一定义者”。在第一时间通报危机事件时，注意速报事实，慎报原因，以原则应对具体。

对企业来说，一旦陷入“墙倒众人推”的危机境地，对公司的直接影响是品牌价值受损，多年经营的形象面临崩塌，尤其是众多主流媒体介入后这种伤害性是不可估量的。1997 年 1 月中旬，报纸上开始披露巨人集团陷入破产边缘，短时间内该消息传遍大江南北，各种版本的巨人内幕、公众质疑、专家评论开始蔓延，一些人对此持幸灾乐祸的态度。由于缺乏危机处理能力，巨人集团仅仅委派了律师与债权人和记者周旋，巨人与媒体的关系迅速恶化。于是种种原本在地下流传的江湖流言迅速地在媒体上被放大曝光，直接导致很多债主催账，公司关门。

企业危机公关的要点包括：快速反应，承担责任，诚恳沟通，抓住核心点、核心人物。当危机突然爆发时，大众急于了解事情的真相，负面情绪容易高涨。如果企业这时候不及时发声，让大众了解其中原委，极大可能会遭受到大众的各种猜想，此时如果不幸有网络大咖和主流媒体发出负面言论，企业就非常被动了。当前危机公关一般是分线上和线下两部分，线上，一般策略是围绕搜索引擎、微信、微博、门户网站等去做，手段包括稀释、压制、屏蔽、优化、转移话题焦点等；线下，当危机出现后第一时间与报社、杂志社、电视台等媒体进行公关协调，防患于未然。

面对突发性事件，有些决策是需要无准备情况下当机立断的，有些决策则是长期准备和酝酿的结果。有些情况下需要做临时决定，只是为了缓和某些紧急情况，直到一个经过深思熟虑的永久决策做出为止。比如某主要领导人在任期间突然离职或去世，找到该职位理想人选不能仓促决定，为了让工作能够正常开展，就先紧急指派一人（通常是副职）临时代理，使得能够有充分的时间找到新人选。

3. 危机善后阶段与决策风险

危机事件持续的时间长度不一，有些事件转瞬即逝，有些事件持续数月甚至数年不等。对于长时间的危机事件，需要做长期打算。危机结束之后，还要进行总结与反思，防止今后发生类似事件。

善后工作还可以分层分类，根据条件和紧迫性逐步推进。然而现实目标要有限度，以便具有可行性。比如，1935 年 1 月长征路上召开的遵义会议结束了博古、李德“左”倾中央的统治，在关键时候挽救了党、挽救了红军、挽救了中国革命。但由于环境和条件的限制，遵义会议只是解决了当时最迫切的军事问题与组织问题，并未触及思想上、政治上的问题。主要因为当时时间紧迫，军情紧急，军事路线才是最关键的问题，而且军事路线也是大家基本形成共识的问题。如果同时解决政治路线，就有可能发生意见分歧。思想上、政治上的问题就留待延安整风运动时给予解决。

有些危机是某一事件发生的起点，甚至可能开启一个重要事件，需要为之做长期打算。“二战”之初，美国在对日作战的问题上犹豫不决，美国政府并不缺乏有远见的人物，也不缺乏信息，更不缺乏对抗法西斯主义的道德制高点。但受制于国内孤立主义思潮，就是无法开展有效行动，直到 1941 年 12 月 7 日清晨珍珠港事件爆发，数千官兵伤亡，美国才真正团结起来，从无休无止的争论走向了真正的行动。

危机往往也意味着机会，外部的危机酝酿本组织的发展机会。2003 年正值“非典”疫情，航空公司的生意非常萧条，因为人们都不敢出门，快递的业务量猛增，顺丰速运总裁王卫抓住时机与多家航空公司签订协议，利用国内上百条航线的专用腹舱，运送全国各地的快件。飞机运快件虽然成本高，但赢得了服务时效性优势，运货量快速上升的规模优势抵消了包机增加的成本。这种良性循环，进一步巩固了顺丰在速度方面的优势。此后，低调的顺丰闷声不响地在物流界形成强大气场，成为国内快递界的排头兵。

二、危机事件中的领导者

有计划不忙，有原则不乱。平时对事物有深刻的理解，决策时就有强大的思想基础。领导者要有坚定的价值观做支撑，良好的理念做基础，没有这些思想层面的基础，在决策时，尤其是危机决策时很难选择出正确的方案。如果同一个危机重复出现，往往是领导者的疏忽和懒散造成的。领导决策水平的高低，很大程度上可以从关键时候与危急关头表现出来。

1. 领导者对危机事件处理的能力

一个对特定情况或熟悉的事件有经验的领导者，遇到突发问题时会迅速地做出决策，看上去似乎他当时所获得的信息非常有限，思考时间很短。这时领导者并不依靠系统性的问题分析和评估多种备择方案，而是运用他自己的经验和判断来决策。2016 年 10 月 11 日中午，上海虹桥机场发生了惊险一幕：一架东航 A320 客机在跑道上加速准备起飞时，突然发现一架 A330 客机正准备横穿跑道，当班机长短暂判断后立即决定起飞，飞机从 A330 上空飞过。据事后调查，事件中两架飞机垂直距离最短仅 19 米，翼尖距 13 米。A330 机组存在 SOP（标准作业程序）问题，A320 机长临危决断，操纵正确，避免了一场重特大航空事故。

战国时期的《韩非子》讲到，造父正在地里锄草，有一对父子驾车从田边经过时，马儿受了惊，不肯往前走，父子俩一起推车，马就是不走。累得满头大汗的父子俩跑过来请造父帮他们推车，造父答应后，拾起田里的锄头放在车上，从儿子的手中接过缰绳，坐在驾车的位置上，轻轻地揽起马辔，不等他挥起鞭子，马已经开始跑起来了。这个故事说明领导的本质和特征，即有效的领导应该在紧张复杂的形势下，把握关键，迅速决断，从而主宰局面。1931 年 4 月，中央特科和交通局负责人顾顺章被捕叛变，给正处于秘密战线的中国共产党组织的安全带来了极大的威胁。万幸的是，打入国民党内部的中共地下党员钱壮飞得知消息后，立即向中央报告。这是千钧一发的紧急时刻，周恩来亲自领导了这一工作。他临危不惧，沉着镇静，在陈云等同志协助下，经过几天几夜不眠不休的紧张战斗，终于抢在敌人的前面，把中央所有的办事机关进行了转移，所有与顾顺章熟悉的领导同志都搬了家，所有与顾顺章有联系的关系都切断。等国民党动手的时候，重要机构和大部分人都已转移。由于周恩来等人的沉着应对，使顾顺章叛变事件对中共及其革命事业的危害降到了最低点。

领导者在处理突发事件或复杂局面时，往往需要有经验的积淀，包括个人经验和组织经验两个方面。1921 年 7 月 30 日晚，中共一大正在秘密举行第六次会议时，突然有一陌生男子闯进了会场，当询问他时，他答称走错了地方。这位不速之客的行动引起了共产国际代表马林的警觉，他立即提议会议中断，代表们迅速分头离开。十几分钟后，法国巡捕赶来，包围并搜查了会场，但一无所获。因此一大最后一天转移到嘉兴南湖举行。具有丰富的秘密工作经验的马林对闯入密探高度警觉，对危机有较强的预判能力，其当机立断在一定程度上可以说挽救了全体一大代表以及正在成立中的中国共产党。

领导者在处理突发事件或复杂局面时，尤其要有系统思维和大局意识。1936 年 12 月 12 日，面对突然发生的西安事变，中国共产党内一开始有各种不同处理意见。不少人主张“审蒋”和“除蒋”，张闻天总书记最早提出应尽量争取时间，进行和平调解；中国共产党的方针是把局部的抗日统一战线，转到全国性的抗日统一战线。随着局势的发展和认识的深入，到 12 月 19 日，中央政治局会议在认识上取得一致，会议遂正式做出决定，和平解决西安事变。由此可见党中央做出和平解决的决策是有一个过程的。这说明，即使是在革命战争年代，对于如西安事变这样突发的重大而复杂的事件，中央能做出正确的决策，靠的是党内民主，靠的是集体智慧，而不是靠任何的个人专断。西安事变发生时的大局是停止内战，一致抗日，建立抗日民族统一战线。如果仅凭一时之气，公审甚至杀了蒋介石，就会削弱中华民族的国防力量，给日本帝国主义以可乘之机。

从博弈危机处理可以看出不同领导者的能力。如果我们把鸿门宴作为一场危机的话，项羽与刘邦两人的危机决策高下立见。项羽一介武夫，没有政治家的头脑，如果他有长远眼光，就绝不会在这一关键时刻让刘邦全身而退。刘邦赴宴危机的化解上，十分沉稳机智，善于借力使力，可谓“四两之力”能够“巧拨千斤”。从鸿门宴刘邦危机的化解能力可以预见刘邦四年之后的最终胜利，而项羽放过刘邦也预示着其后来的必然失败。

危机事件中，领导决策有一个对时机的把握问题，在需要的时候应当机立断，果断拍板。在春秋时期著名的“曹刿论战”中，曹刿指挥鲁军在“齐人三鼓”之后才开始反攻，在观察了齐军败逃的情况之后才决定追击。齐军第一次击鼓进军，士气正旺，鲁军按兵不动，养精蓄锐；齐军第二次击鼓，士气开始低落；齐军第三次击鼓，士气已经完全衰竭。在此关键时刻，曹刿提出“一鼓作气，再而衰，三而竭”的真知灼见，采取“敌疲我打”的策略，终于化劣势为优势。曹刿在指挥作战时充分体现出胸有成竹，沉着思断，善于捕捉反攻和追击的时机。

2. 危机事件的决策主体

在重大危机事件发生时，科层体系暂时瓦解，很多事情都处于不明朗状态。此时，很多时候相关与不相关的领导纷纷到达现场，一旦机制没有理顺就会出现多头指挥的混乱局面。当发生突发性事件时，主要领导者一般都会第一时间到达现场，但是否由主要领导者直接指挥，则要根据情况而定。如果现场情况比较复杂，多名领导人员组成指挥部进行协作，而由一名最熟悉现场情况的领导者去直接指挥更加合适。主要领导者和高层领导者在现场起到两方面作用，一是表明领导者高度重视，稳定人心；二是协调各种必要的资源，比如人、财、物的调配。在危机中，领导者要确定自己的角色和限度：什么该做，什么不该做，不要什么事务不分青红皂白都往自己身上揽。

虽然危机处理现场让了解现场情况的领导者来指挥，但实际上了解现场情况的人往往是基层或单位领导，他们往往没有足够能力与思路来处理危机事件。因为单就某个基层遇到的危机事件往往非常有限，让没有遇到过的危机事件的基层领导者去指挥，他们往往很难担任。而上级有关职能部门专门负责危机事件处理更加专业，同时相对来说上级领导也更见多识广，视野开阔有思路，调动资源能力强，指挥起来可能更加顺畅。

在建立危机处理机制的同时，在具体的处理过程中危机管理的指挥人员的心理素质与经验也非常关键，指挥得当与否直接决定了能否成功化解危机。尤其碰到较为重大的危机事件时，更加需要专业素质高且经验丰富的人员来处理。危机事件中，领导者面临巨大的心理压力，同时又没有足够的时间收集和分析信息。在一切不明朗的情况下，领导决策的风险很高。心理安全区比较大的人在紧急的情况下能够冷静思考，不会手足无措。

在危机事件处理中，还要注重借助专业机构的力量。平时多沟通联系，借助专业机构进行指导，培养专门危机处理指挥人员并建立专家库，必要时能迅速获得外部支援。在地震、台风等灾难事件中，以及火灾、踩踏等严重危机事件，一部分人心理恐慌是正常的，关键是如何消除群众疑虑，需要有能够把握群众心理的专家。有些大型危机事件还需要有能够把握群众心理的专家，同时在灾后对受灾群众进行心理辅导。专家出面对处置人员和群众进行专业知识辅导，帮助他们正确认识，提升应对能力。

3. 领导者对危机事件的担当

在危机事件中非常考验领导者的担当精神，具体体现在如下几个方面。

首先，领导者对危机事件的担当体现在对自己的责任不回避。领导干部处理危机事件常常要承担巨大的风险，如果处理得当固然有功，但如果处理不当或出现严重后果，就很可能被问责。领导者如果只考虑自己的安全，遇着矛盾和问题绕着走，等待上级指示是最易脱责的。

其次，领导者在危机时刻能够根据自己的能力勇敢地挑起领导重任。所谓“时势造英雄”，有些历史英雄因危机事件脱颖而出。丘吉尔是 20 世纪最著名的政治领袖之一，但在 1940 年初，丘吉尔却被普遍视为前途无望的议会后座议员。如果不是希特勒 1940 年 5 月入侵法国，丘吉尔将不过是历史上的一个小人物而已。在大敌当前，英国岌岌可危之时，一贯主张强硬对待法西斯扩张的丘吉尔挺身而出，带领英国人民进行了英伦保卫战，成功地捍卫了英国的独立和地位。

最后，领导者在面对危机事件处理不当时，主动认错和承担责任，也可能会赢得公众谅解。1979 年 11 月，伊朗首都德黑兰的学生 4000 余人在霍梅尼的支持下，占领了美国大使馆，将 52 名美国外交官扣押起来，作为要求美国交出巴列维的人质。当时美国总统吉米·卡特（Jimmy Carter）采取强硬措施，准备营救作战。1980 年 4 月，在营救驻伊朗的美国大使馆人质的作战计划失败后，卡特即在电视里郑重声明：“一切责任在我。”仅仅因为上面那句话，卡特总统的支持率骤然上升了 10% 以上。直到 1981 年美伊双方做出让步，就释放人质达成协议，伊朗才释放全部人质。

三、群体性事件的危机应对

群体性事件是网络时代中国比较常见的一类危机事件，发生的原因复杂。当前中国处于利益格局急剧变动的阶段，各种矛盾层出不穷，政府职能也处于转型阶段，社会生活深刻变革，社会矛盾相互交织，因此客观上会产生一些引发因素，比如个别地方政府决策失误导致部分民众利益受损，个别项目规划不透明导致周边民众不满情绪，等等。普遍规律是，群众此前曾向有关部门反映，但或见不到回应，或被“踢皮球”，最终导致“小事拖大、大事拖炸”。

除了适用于一般的危机事件处置方法之外，群体性事件的危机应对还需要特别注意以下四个方面。

1. 群体性事件控制特别强调“第一时间”和“第一地点”

在群体性事件中，领导者要第一时间亲临第一现场，对现场群众会产生一种心理抚慰作用，采取有力措施，此时讲求措施的有效性。在现场不要轻易动用警力，慎用警械武器、慎用强制措施。领导者要用真诚的态度和平等协商的方式与现场群众沟通，取得他们的理解。

2. 群体性危机事件的处理更具博弈特点

群体性事件中，公众的情绪不仅具有传染性，而且会自我强化。部分群众发起和参加群体性事件，是源自错误地认为利益分配上会哭的孩子有奶吃，个别政府不讲原则地“按闹分配”。领导者在现场的主要工作包括：面对面了解群众需求；安抚现场群众，缓解现场躁动情绪；劝说现场群众可以选出代表与有关方面进行沟通，其他人员先回家；承诺一定会及时全面向组织上反映大家的意见。这些都是双方博弈的表现。

3. 领导者要在群体性事件现场进行担当

有一个地方发生小规模群体性事件，部分群众到了市政府闹访，叫市委书记出来谈判。市委副书记出来接待，有人大叫“不跟你谈，叫书记出来解决”。副书记立即朗声回答：“书记今天不在，这里现在我说了算，你们有什么要求尽管跟我说。如果我回答不了再向组织汇报后给你们反馈。”这位副书记在该情境下很好地应对了当时的情境，取得与闹访者的对话权，为成功化解群体性事件赢得对话机会。

4. 领导者要把群体性事件处理的过程，变成密切联系群众的过程，变

成为群众排忧解难的过程

在善后工作中，对处置中承诺群众解决的问题，要尽快兑现落实，取信于民。对可能出现事态反复的不安定因素要采取措施进行化解，对不合理的政策措施予以调整，防止今后类似事件的再次发生。

邻避运动是当前中国群体性事件的重要根源之一。邻避运动指在城乡规划和建设中，社会公众普遍不希望甚至反对垃圾处理场、重度污染工厂、变电站、核电站等对周边环境具有风险的设施建在自家附近的社会现象。邻避运动对公共管理活动和政策实施造成很多难题，对部分公共设施的选址带来巨大舆论压力和难题，也甚至造成部分地区出现群体性事件，但正面作用也很明显：加强公民参与意识与行动；促进生态环保意识与建设。它迫使重大项目决策方式和决策过程不断改革，以求最大限度地吸纳公众意见。这些方面的改革和创新体现了公共政策领域的进步。

美国的卡图研究院（Cato）设计一个以市场化方式解决邻避运动的环境补偿方案。它包括以下三个环节：第一是津贴原则，凡是给周边居民带来风险的项目，必须由政府支付津贴，用于提升当地社区的公益、环保、福利设施和服务；第二是多点原则，从一开始就提出多个可选的地点，不是只定一个；第三是拍卖原则，就是将该项目加上津贴款项，在多个选定的地点中拍卖。这套方案可供正处于邻避运动发展阶段的中国借鉴。这三个环节的关键是津贴原则，除了加大公共服务供给之外，有时可以对利益受损方直接进行资金或实物补偿，从而减轻选址阻力和舆论压力。

【案例阅读】被政商关系压垮的巨人集团

巨人集团到1992年迅速成长为全国第二大民营高科技企业，所以当它决定总部设在珠海时，珠海市政府送给它很多厚礼，比如解决科技骨干人员特区户口调动、公司高层赴港澳长期往返通行证、税收减免、对史玉柱大规模宣传和进行科技重奖等。珠海市政府安排所有到珠海视察的国家领导人到巨人参观。落户后，香洲区领导就开始紧锣密鼓地造访与视察，时任市委书记定期现场办公。就在一次现场办公会上，市政府表示将给巨人集团一块1万平方米中心地带的土地，按当时地价减免50%，并可分期付款先行使用，后来这块土地又被改为2.9万平方米，价格125元/平方米，几乎等于白送。

对这块突如其来的土地厚礼，史玉柱开始膨胀起来，此后在这块土地上建巨人大厦层层加码。最初按满足自用需求，十三四层就够了，有人提出18层带8字对广东人来说比较吉利，又有人认为18层寓意地狱不吉利，建议19层。然而当时正值房地产爆发期，邓小平南方谈话后，广东、海南房地产迅速升温，暴利和非理性占据了人们的头脑。在此背景下，史玉柱又决定建38层的商业楼宇，这个想法出来后不久，一位领导来参观时建议把楼盖得高一些，1994年初又一位领导来视察珠海和巨人集团，大家觉得64层有点犯忌，又加高到70层。在当时，盖一座38层的大厦，大概需要资金2亿元，工期为2年，这对巨人集团来说，并非不能承受之重，可是，盖70层的大厦，预算就陡增到了12亿元，工期延长到6年。不但在资金上缺口巨大，而且时间一长，便也充满了各种变数。1994年初，巨人大厦一期工程动土，此时，不断加码的楼层已经远远超出巨人集团当时的能力范围，极大地加重了集团本已十分沉重的财务负担。

1995年底，巨人集团由于市场扩张太快，内部出现了很大的管理和体制上的裂痕，财务状况开始恶化。因外欠加工费，一些加工厂采取过激的报复行为，故意将药装错，短斤少两。巨人的形象在一步步被毁灭。1996年，施工缓慢的巨人大厦资金告急，史玉柱被迫抽调保健品公司的流动资金来填补到巨人大厦的建设中。保健品方面因为巨人大厦“抽血”过量，加上管理陷入混乱，迅速盛极而衰。在危机爆发的那段时间，一直鼓励巨人“大胆试验、失败也不要紧”的当地政府也束手无策，拿不出有建设意义的方案。到 1997 年上半年，不堪重负的巨人集团想申请破产，但当地政府不同意，因为巨人集团当时的知名度非常大，是珠海最著名的企业，如果巨人集团破产了，对珠海的投资环境影响很大。不久巨人大厦停工，巨人名存实亡。巨人自己也救活不了自己，就拖着，直到几年之后史玉柱在长三角东山再起赚钱来还款。

案例启示：

红极一时的巨人集团轰然倒下，通常被认为是由于不切实际的盲目扩张带来的管理失控，再加上建设巨人大厦力不从心。这些固然重要，但背后还有一个更深层次的因素，那就是不正常的政商关系。可以说，巨人集团一定程度上是倒在地方政府盲目追捧带来的负面效应上。

官商之间的裙带关系对企业的发展是把双刃剑。一方面，政府主导着政治资源，又是最大的供应商和客户，甚至决定着企业的未来。另一方面，企业政治化就是企业承载着政治意义，承载着官员的政治前途。一些好大喜功的官员会抓住机会把企业变成自己积累政绩的一枚棋子，民营企业为了满足政府政绩需要进行冒险时，政府并不会为冒险失败承担责任。企业对政府招商引资政策、产业政策乃至宏观经济政策了解，其实要求把企业的利益与政府的利益进行“对接”，需要了解政府欢迎企业做符合政府利益的事情，但这绝不意味着企业家应成为政府的附庸而忽视市场风险，否则企业将吞下苦果。

参考文献

1. 曹给非:《帝国模式:历史兴衰成败终极密码》,中国国际广播出版社,2014 年版。

2. 高奇琦、阙天舒、游腾飞:《“互联网 +”政治:大数据时代的国家治理》,上海人民出版社,2017 年版。

3. 顾诚:《南明史(上)》,光明日报出版社,2011 年版。

4. 刘澜:《领导力沉思录 2》,中信出版社,2011 年版。

5. 刘瑜:《民主的细节》,上海三联书店,2011 年版。

6. 秦德君:《公共生活的地平线》,中国社会科学出版社,2007 年版。

7. 邵景均:《怎样做好官》,中国方正出版社,2014 年版。

8. 王雪峰:《领导方法创新实例解析》,中共中央党校出版社,2008 年版。

9. 王雪峰:《领导者必须掌握的二十四条黄金法则》,中共中央党校出版社,2009 年版。

10. 王亚南:《中国官僚政治研究》,中国社会科学出版社,1981 年版。

11. 易中天:《帝国的惆怅:中国传统社会的政治与人性》,文汇出版社,2005 年版。

12. 朱文轶:《做官:13 位中国官员应对危机之道》,广西师范大学出版社,2010 年版。

13. 廖雄军:《关于创建比较领导学的几点思考》,《成都行政学院学报》,2002 年第 8 期。

14. 顾文涛等:《“势”的战略管理研究》,《南京理工大学学报(社会科学版)》,2011 年第 4 期。

15. 马俊林:《东西方领导思想的八大差异》,《领导科学》, 2001 年第 13 期。

16. [美] 奥托·夏莫:《U 型理论: 感知正在生成的未来》, 邱昭良等译、徐莉俐审校, 浙江人民出版社, 2013 年版。

17. [美] 保罗·托马斯、大卫·伯恩:《执行力》, 白山译, 中国长安出版社, 2003 年版。

18. [美] 彼得·圣吉:《第五项修炼——学习型组织的艺术与实践》, 张成林译, 中信出版社, 2009 年版。

19. [美] 道格拉斯·C. 诺思:《经济史中的结构与变迁》, 陈郁、罗华平译, 上海人民出版社, 1994 年版。

20. [加] 亨利·明茨伯格:《管理者而非 MBA》, 杨斌译, 机械工业出版社, 2010 年版。

21. [美] 杰克·韦尔奇、约翰·拜恩:《杰克·韦尔奇自传》, 曹彦博等译, 中信出版社, 2010 年版。

22. [美] 罗纳德·海菲兹、马蒂·林斯基:《火线领导力》, 燕清联合译, 机械工业出版社, 2004 年版。

23.[奥] 斯蒂芬·茨威格:《人类的群星闪耀时》, 舒昌善译, 广西师范大学出版社, 2004 年版。

24. [美] 提姆·爱摩:《自我领导的艺术》, 曹文丽译, 万里审校, 新华出版社, 2006 年版。

25. [美] 约瑟夫·奈:《灵巧领导力》, 李达飞译, 中信出版社, 2009 年版。

26. [美] 詹姆斯·库泽斯、巴里·波斯纳:《领导力: 如何在组织中成就卓越 (第 5 版)》, 徐中等译, 电子工业出版社, 2013 年版。

27. [美] 约翰·科特:《领导者应该做什么?》,《哈佛商业评论》, 1990 年 5/6 月号。